특수교육에서 함께 디자인하는 좋은 수학 수업

이성진 · 남윤석

교육과학사

프롤로그

오스카상을 받은 기생충이라는 영화에서 주인공 송강호는 박 사장 역할을 하는 이선균의 차를 운전한다. 송강호는 내비게이션을 끄고 운전을 하는데, 이를 걱정하는 이선균에게 30년 기사 경력으로 38선 밑으로는 골목까지 훤하다며 자신의 경력에 따른 능숙함을 자랑한다. 이에 이선균은 한 가지 일을 오래 하신 분을 존경한다고 하며 운전을 하는 송강호의 능숙한 코너링과 운전 실력에 찬사를 보낸다. 일반적으로 한 가지 일을 꾸준히 한 기술자분들의 능수능란한 기술과 그분들의 전문성을 종종 볼 수 있다. 하지만 학교에서의 수업은 어떠한가?

교사에게는 수업, 생활지도, 업무처리 등 학교에서 다양한 역할이 요구되지만 그 중 가장 중요하다고 생각하는 것을 선택하라고 하면 수업일 것이다. 이는 일반교육에서든 특수교육에서든 마찬가지이다. 하지만 30년 교직경력을 가진 선배 교사나 심지어 수업을 전문으로 하는 수석 선생님께 수업에 대해 물어봐도 매 순간 수업은 자신 없고 어려운 것이라고 한다. 특히 수학 교과는 일반교육에서는 입시의 비중이 높은 주요 교과로, 특수교육에서는 다른 교과의 학습을 위한 도구 교과이자 장애학생들의 자립을 돕는 실생활과의 밀접한 관련성으로 인해 중요하게 다루어진다. 하지만 정 · 오답이 명확하고 위계가 분명한 수학과의 특성으로 인해 수학을 어렵고 지겨운 학문으로 여기는 학생이 많을 뿐만 아니라 교사들도 수학 수업에 많은 어려움을 겪고 있다.

나 역시 특수학교와 특수학급에서 십여 년간 수학 수업을 하였다. 특히 특수학교에서는 수학 전담으로 장애학생들에게 수학만을 가르쳤다. 그 기간 동안 인연이 되어 기본교육과정 수학교과서와 지도서를 개발하였고, 특수교육 수학교육론에 관한 책을 교수님들과 집필하기도 하였다. 그뿐만 아니라 특수교육 수석교사, 수학 교과용도서 개발 경험이 있는 교사 등 특수교육 수학 수업에 관심이 많은 현직 교사 20명과 함께 좋은 수학 수업에 대해 깊이 있는 이야기를 나눈 경험도 있다. 이러한 경험이 토대가 되어 이제는 수학 수업이 쉽고 능숙할 만도 한데 아직도 매시간 수학 수업은 어렵다.

먼저 중증의 장애학생들에게 어떤 수업을 통해 배움이 일어나게 할지 고민이 되고, 같은 주제와 같은 학습자료를 사용하여 서로 다른 반을 수업하여도 학생들의 참여 정도와 학습동기는 매시간 달라 과연 좋은 수학 수업은 무엇인지 혼란스럽기도 하다. 이러한 물음에 대한 답으로 서경혜(2004)는 수업의 복합성과 다면성으로 인해 좋은 수업을 한다는 것의 의미가 개인과 사회 문화 및 시대에 따라 계속해서 달라지기 때문이라고 하였고, Gowin(1981)은 수업은 교사, 학생, 교육자료(교육과정)의 어느 한쪽 측면만을 강조하는 것이 아니라 세 가지 요소가 서로 복합적으로 상호작용하며 만들어지는 것으로 이해해야 한다고 주장하였다. 이는 수업이란 정형화되거나 한쪽에서 지식을 전달하는 일방적인 것이 아니라 교사와 학생이 서로가 서로의 숨결과 반응을 살피며 함께 만들어가는 활동임을 말한다.

수업의 어려움에도 불구하고 많은 교사들이 초임 때와 비교해 보면 자신의 수업에 대한 주제가 조금씩 늘어남을 느끼고 있다. 수업을 우리가 흔히 아는 요리에 비유하자면 첫해는 김치찌개밖에 할 줄 몰랐다가 한 해 한 해 지날수록 된장찌개, 불고기, 계란말이 등을 할 수 있게 된 것이다. 다만 이러한 기본적인 요리 레시피를 먹는 사람의 입맛에 맞게 간을 조절하는 것은 매 순간 교사의 몫이다.

최근 수업에 대한 현장 교사들의 다양한 고민과 함께 일반교육에서는 현직 교사의 수업 노하우를 전하는 많은 책들이 발간되고 있다. 하지만 특수교육에서 현직 교사가 구체적인 수업사례를 전하는 책은 찾기 어렵고, 특히 수학 수업에 대한 이야기를 나누는 책은 아직 발간되지 않았다.

특수교육 현장에서는 이론만을 전하거나 단순한 수업사례만을 전하는 책이 아니라 머리와 가슴이 함께 움직일 수 있도록 이론과 실제가 융합된 책이 필요하다. 이러한 필요성에 따라 장애학생의 성장과 배움을 위한 좋은 수학 수업의 모습을 디자인하여 장애학생의 삶에 도움이 되는 수업의 방향을 제시해 보고자 한다.

이 책은 특수교사가 디자인하는 좋은 수학 수업이라는 책의 내용을 바탕으로 수학의 대가 남윤석 교수님과 힘을 합쳐 특수교육에서 수학 수업을 담당하는 교사들이 고민하는 내용을 보완하여 만들어졌다.

이 책에서는 특수교사들의 이야기를 중심으로 특수교육에서 9가지 좋은 수학 수업의 모습을 담아내었다. 이와 함께 왜 그러한 수업이 좋은 수학 수업인지에서 시작하여, 특수교육 현장에서 좋은 수학 수업을 실현하기 위해서는 구체적으로 무엇을 어떻게 해야 하는지에 대한 내용과 방법적 측면을 다루었다. 그뿐만 아니라 좋은 수학 수업의 모습에 기초가 되는 이론적 배경을 살펴보았으며, 실제 수업 장면과 자료들을 수록하여 이론을 바탕으로 수업을 실행해 볼 수 있는 예시자료를 제시하였다. 또한 평소 특수교육 현장에서 교사들의 수학 수업에 대한 궁금증을 물음과 답변 형식으로 추가하여 제시하였다.

이 책이 수학 수업을 고민하는 현장의 교사들과 예비 특수교사, 그리고 학부모님과 장애학생들에게 의미 있는 수학 수업의 방향과 구체적인 방법을 알려주는 실질적인 안내서가 되기를 기대한다.

마지막으로 스승으로서 좋은 가르침의 길을 제시해주며 이 책을 함께 디자인한 남윤석 교수님과 이 책에 출연한 아이들, 좋은 수학 수업에 대한 이야기를 전해준 선생님들, 이 책의 감수를 맡아준 사랑하는 아내 김영재 선생님, 출판을 위해 수고해 주신 교육과학사 한정주 사장님과 편집실 직원 여러분에게도 진심으로 감사의 마음을 전한다.

2023년 6월

대표 저자 이성진

목차

I

삶의 문제를 해결하는 실생활 중심 수학 수업

1 왜 실생활 중심 수학 수업인가?

특수학교의 수학 수업 시간, 중증의 장애학생과 함께 1부터 5까지의 수를 수십 번, 수백 번, 읽고 쓰고, 개수를 세어 본다. 수많은 반복으로 학습이 되었다고 생각하여 교실에서 연필 3개를 가져오라고 한다. 학생은 3이라는 숫자는 알지만 3개의 연필은 가져오지 못한다. 분명 숫자 3을 읽고 쓸 수 있는데 생활에서 그것을 활용하지 못하니 과연 장애학생 수학교육의 목적은 무엇인지 고민해 본다.

이러한 고민은 일반교육이나 다른 여러 교과에서도 마찬가지이다. 내가 어릴 적 음악 시간에 단소를 배운 적이 있다. 흰색 표시 검은색 표시로 중임무황태를 구분하여 단소 운지법에 대해 익혔고, 단소를 소리 내기 위한 입 모양도 배웠다. 암기력이 좋았던 나는 음악 지필시험에서 항상 만점을 받았다. 하지만 실제 단소를 연주하려고 하면 단소의 소리를 내기는커녕 훡훡 새어나가는 바람 소리만 들을 수 있었다. 분명 나는 단소를 불기 위한 입 모양과 단소 운지법을 정확히 머릿속에 기억하고 있는데 말이다. 과연 무엇이 문제인 걸까?

수학을 안다는 것은 수학을 할 수 있다는 것으로, 수학에 있어 가장 중요한 활동은 주어진 구체적인 상황(실생활)에서 수학적 개념을 인식할 수 있거나, 수학적 개념을 추출하여 그것을 일상생활에 적용하는 것이다(Treffers, 1987).

수학은 일상생활에서 접하는 다양한 문제를 해결하는 기능적이고 실용적인 교과이자, 다른 교과의 학습을 위한 도구 교과이다. 하지만 특수교육 현장에서 장애학생과 함께 하는 수학 수업은 숫자 읽기와 쓰기, 단순 연산 능력 향상에 중점을 두고 있다. 우리가 특수학교나 특수학급에서 교사가 장애학생의 손을 잡고 숫자를 쓰거나 1+3과 같은 한 자리 수의 덧셈을 무수히 반복하게 하는 모습을 여러 번 보았듯이 말이다. 그렇다면 장애학생에게 좀 더 의미 있는 수학교육이 되려면, 어떻게 해야 할까? 최근 학교에서는 수업에서의 배움을 삶에 적용할 수 있는 문제해결학습, 프로젝트 학습 등이 강조되고 있다. 우리가 장애

학생에게 수학을 가르치는 이유를 생각해 보면 미분적분과 같이 고차원적인 문제를 해결하는 수학자를 양성하기 위한 목적은 아닌 듯하다. 그렇다면 이러한 배움과 삶의 연계는 장애학생에게는 더욱 중요한 문제이지 않을까?

장애학생에게 좀 더 의미 있는 수학교육이 되려면 생활 주변의 여러 소재와 일상생활의 문제 상황을 출발점으로 하여 수학을 접하게 하고 그것을 삶에서 지속적이고 반복적으로 실천하여 실생활에 활용하게 하는 교육이 필요하다.

2 듀이의 실용주의 교육과 문제기반학습(PBL)

듀이는 교육은 생활 그 자체라고 주장하며, 실생활의 문제를 바탕으로 한 경험의 재구성과 성장이 교육이라고 하였다. 풀어서 이야기하면 우리는 생활 속에서 다양한 경험을 하게 되고 그러한 경험 과정에서 다양한 사건과 상황들을 겪게 되며 이렇게 '경험하는 것'과 '겪게 되는 것'으로 경험의 재구성과 성장이 일어난다는 것이다. 특히 수학은 추상성이 강조되는데, 학생 자신의 활동을 통한 충분한 경험이 없는 형식화, 추상화는 너무 형식적이고 추상적이라서 수학이 우리의 삶과는 아무런 관련이 없는 어렵기만 한 것으로 인식되어 학생들이 수학을 싫어하게 만든다는 것이다(송상헌, 2000).

최근 일반교육에서는 실제적인 문제를 기반으로 진행되는 문제기반학습(Problem Based Learning)이 강조되고 있다. 문제기반학습은 1970년대 중반 의과대학 교육의 문제점을 개선하기 위해 개발된 교수학습 모형으로 학습자들이 교실 밖에서 직면할 가능성이 높은 실제적인 문제를 자기주도적이고 협력적으로 해결하는 과정에서 학습이 일어나도록 하는 수업 방법을 말한다(Barrows, 1996). PBL 모형을 정리한 캐나다 맥마스터 의과대학의 Barrows 교수는 의과대학 학생들이 오랫동안 힘든 교육을 받았음에도 불구하고, 실제 진료 현장에 나가면 환자를 진료하는 데 어려움을 겪자, 의사가 되어 실제로 직면하게 되는 상황에 대처하는 능력을 육성하기 위해 PBL 수업방식을 제안한다(Barrows, 1994). PBL 수업방식에서는 환자를 연기하는 배우가 수업에 들어오고 학생들은 팀을 이루어 환자에게 문진을 통해 병력과 증상을 추측한다. 그리고 환자를 진단하기 위해 필요한 의학적인 정보들을 수집하여 팀에서 토의를 거쳐 최종진단을 내린다. 왜냐하면 의과대학 학생들이 많은 지식을 암기하지만 실제로 환자를 진료할 때는 의학적인 지식을 통합하고 분석하여 의사결정을 내리는 것과 같은 고차적인 문제해결능력이 요구되기 때문이다.

이러한 PBL 수업방식은 4차 산업혁명 시대와 디지털 전환 시대의 교육적 요구와 맞물려 교육현장에서도 활발히 실행되고 있다. 인공지능과 빅데이터를 기반으로 하는 4차 산업혁명 시대에는 지식을 단순히 암기하기보다는 그것을 창의적으로 융합하고 활용하는 능력, 타인과 협력하고 의사소통하는 능력, 일상생활에서 문제를 포착하고 그것을 해결하는 능력이 중요시되기 때문이다.

특수교육에서도 예전부터 기능적 생활 중심 교육과정이나 실생활 중심의 교육과정 재구성이라는 이름으로 실생활 중심의 교육을 강조하여 왔다. PBL 수업방식에서 학생들의 자기주도적 학습능력만을 강조한다면 특수교육에 적용하기 어려워 보이지만 구체적인 삶의 맥락과 문제 상황을 중시한다면 특수교육과 PBL도 꽤 관련성이 있어 보인다. 그럼 최근 유행하는 PBL 수업방식을 장애학생들의 학습능력에 맞게 변형하여 특수교육의 수학 수업에 활용해 보는 것은 어떨까?

3 실생활 중심 수학 수업에 대한 특수교사들의 이야기

가. 장애학생 삶에 필요한 수학교육

우리 학생들의 수학교육의 목표가 삶을 살아가는 데 있어 도움이 되는 내용을 배우는 거잖아요. 이러한 배움을 통해 궁극적으로는 일상생활의 적응과 자립을 하는 것이고, 이러한 것이 모든 교과 교육의 목표이기도 하고요. 또 아이들이 살면서 가장 필요한 것이 무엇일까 생각해 보았을 때, 실생활에 필요한 기술을 습득하는 것이 가장 중요하다고 생각하거든요.

수학은 실생활과 엄청 밀접하게 관련되어 있어요. 아이들이 수학 시간에 덧셈, 뺄셈, 시간이나 측정 같은 여러 가지를 배우는데, 그런 걸 살펴보면 단위 같은 것도 많이 나오고 아이들이 실생활에서 당장 써야 할 것이 많거든요. 그런 것들을 가르쳐주는 것이 필요한 거죠.

학생이 집에 가기 위해 엘리베이터의 버튼을 눌러서 올라가고 집에 가서 몇 동 몇 호를 찾아가는 모습을 보았어요. 그리고 버스의 번호를 보고 버스를 이용하고 버스를 탄 후에는 몇 정거장을 지나서 내렸거든요. 즉 수학 수업에서 배운 것을 생활 속에서 일반화시키는 것을 보았을 때 실생활과 관련된 수업이 중요함을 깨닫게 되었어요.

나. 제한된 시간에 꼭 필요한 내용을 가르치기 위해서는

특히 장애학생이잖아요. 우리가 만나는 학생들이 발달장애 학생들이 많은데 얘들이 학교에서 배울 수 있는 시간은 한계가 있더라고요. 그 시간이 너무 짧은 거예요. 수와 연산을 하다 보니깐 어느새 졸업을 한다든가. 정작 배워야 할 것은 그게 아닌데 그럴 때가 많았어요.

우리 아이들은 배우고 받아들이는 것에 제한이 많이 있는 것 같아요. 그래서 추상적인 내용이나 논리적인 내용보다는 직접적으로 실생활에 활용할 수 있는 것을 학습하는 것만으로도 벅찼거든요.

다. 실생활의 소재를 활용하는 수학 수업

제가 한번은 꽃잎이랑 나뭇잎을 교실 앞에서 가져와 꽃잎과 나뭇잎의 수를 세고 꽃잎의 이름을 이야기하는 활동을 하였는데, 한참 지나서 어떤 학생이 저한테 그때 한 활동과 수에 대한 이야기를 하더라고요. 내가 지식을 강조하며 주입식으로 “이것은 이거야, 저것은 저거야”라고 하지 않았음에도 불구하고, 그 학생은 지식을 습득한 거죠. 그것을 보았을 때 의도하지 않은 것에서도 생활과 관련된 내용과 소재를 접촉하게 하였을 때 학생이 오래 기억하고 학습효과가 높다는 것을 깨달았어요.

교실에서 학생들에게 연필을 나누어주는데 학생마다 연필의 개수를 다르게 나누어 주는 거예요. 근데 아이들 대부분은 ‘선생님이 나한테 이거 줬네’에만 관심을 갖는데 어떤 아이는 “불공평해요. 선생님은 누구만 좋아해요?”라고 이야기하거든요. “선생님이 왜 누구만 좋아해?”라고 물으면 “저는 1개 주고, 저 친구는 2개 줬잖아요. 똑같이 줘야죠.”

라고 말하는 거죠. 학생이 이제 똑같이 나누는 거에 관심이 생겨서 표현할 줄 알더라고요. 그때 "아 똑같이 나누는 거. 어떻게 하면 똑같이 나누는 거야? 이런 건 분수라고 하는데 선생님이랑 이것 한번 배워 볼래?"라고 하는 거죠.

친구 생일이 다가오면 선물을 가지고 오라고 해서 자신의 선물 포장을 위해 포장지 길이를 재게 하고 그 길이에 맞게 포장지를 자르게 하였어요. 그리고 생일파티를 위해 가랜드를 만들면서 세모, 네모 모양을 찾아보기도 하고 규칙을 배워보기도 하였어요. 그리고 케이크를 자르고 나누는 것을 하면서 일상생활의 주제에서 수학적 성취기준이나 수학적 목표를 달성하는 것이 좋은 수학 수업이라고 생각해요.

라. 일상생활용품을 활용하는 수학 수업

인근의 특수학급 선생님은 재활용품을 많이 모아놓으시더라고요. 그 재활용품을 이용해서 상자 모양, 둥근기둥 모양, 공 모양을 지도하는 것을 보았어요. 그 선생님은 평소에도 일상생활용품들을 모아서 수업에 다양하게 활용하시더라고요. 수학 수업을 하려면 자료가 많이 필요한데 그런 것들을 사려고 하면 비싸거든요. 수 세기 하는 것도 몇 만 원 씩 하는데, 근데 일상생활의 자료를 활용하면 주변에서 쉽게 구할 수 있고 비용도 절감되고, 학생들이 쉽게 접근할 수도 있죠.

마. 수업에서 배운 내용을 삶에 활용할 기회 제공

아침에 애들을 보면 인사하고 달력 날짜 맞히는 것을 했어요. 어제, 오늘, 내일, 그리고 날씨를 말하는 거죠. 달력을 매월 만들어서 수업에 활용했었거든요. 애들이 1년 내내 하니깐, 기능 좋은 지적장애 학생들이나 자폐성 장애학생들은 달력을 보고 오늘 날짜를 이야기하고, 어제와 오늘 그리고 내일 날짜를 짚어보고 이야기하더라고요. 그런 거 보니깐 실생활에서 필요한 것들을 가르쳐주는 것이 좋은 것 같아요.

바. 수학적 요소에 대한 자극을 자연스럽게 받을 수 있는 환경 조성

장애학생들은 일반화가 어려우니깐 일상생활과 유사한 환경이면 그것을 받아들이기 쉽죠. 교실을 상점처럼 꾸며서 물건값 계산하기 수업하는 것을 보았거든요. 밖에 나가서 상점 이용하기를 하는 것이 제일 좋지만 매번 나갈 수가 없고 밖에 나가면 다른 사람들도 있고 변수가 많잖아요. 교실 환경을 꾸며 놓으니깐 나가야 하는 부담도 없고, 학생들이 훨씬 안정감 있게 하면서도 실제 물건을 사는 것과 같은 절차를 거쳐야 하니깐 도움이 많이 되더라고요.

수 세기 수업을 한다면 자연스럽게 수 세기를 할 수 있도록 환경을 미리 조성해 놓는 거죠. 예를 들어 학생들이 스티커 받는 것을 좋아한다면, 칭찬 스티커의 개수를 셀 수 있도록 칭찬게시판을 만들어 교실에 게시해 놓고, 아이들이 자연스럽게 자신이 받은 스티커를 셀 수 있도록 하는 거죠. 아이들한테 무작위로 주어지는 자극들이 아닌 교사의 의도 아래 자연스럽게 조성된 환경이 필요한 거죠.

사. 전이와 일반화가 가능한 평가

수업 시간에 시각 알기를 가르쳤으면 생활 속에서 실제 시계를 보고 그 시각을 알 수 있는지를 평가하는 것이 중요하다고 생각해요. 우리 아이들이 수업에서 배운 것을 실생활에 적용할 수 있어야 한다고 생각하거든요. 그래야 수업에서 배운 내용이 이 아이의 삶에 도움이 되는 거니까요.

우리 아이들은 수업활동 중에는 다 아는 것 같아 보여도 사실 수업이 끝나고 나서 5분 10분 뒤에도 잊어버리는 경우가 많거든요. 그래서 수학 수업 시간에 배운 내용이 유지되고 있는지 혹은 일반화가 가능한지를 평가하는 것이 가장 중요하다고 생각해요.

평가를 할 때 단순히 지식을 묻는 것도 필요하지만 배운 내용을 일상생활에서 활용할 수 있는지를 직접 수행하도록 해보는 것이 중요한 것 같아요. 예를 들면 친구들에게 색종이를 두 장씩 나누어 보자고 하면서 수 개념과 대응의 개념을 실생활에서 활용할 수 있는지를 평가하는 거죠.

4 실생활 중심 수학 수업을 위해 동료 교사들이 전하는 수업 노하우

장애학생 삶에 필요한 수학교육은 무엇인지 고민하라.

- 장애학생들이 수학을 배우는 궁극적 목적은 삶을 살아가는 데 필요한 지식을 배우는 것이며 학령기 교육을 마치고 일상생활에서 자립하는 것이다.

학습의 효율성을 생각하여, 학생에게 가장 필요한 내용을 가르쳐라.

- 학교 수업 시간은 한정적이며, 장애학생의 경우 제한된 시간에 많은 내용을 습득하기에 어려움이 있다.

실생활의 소재를 활용하라.

- 실생활과 관련된 소재는 학습에 대한 필요성을 높이고, 학생들이 수업에 좀 더 쉽게 접근할 수 있게 한다.

일상생활용품들을 수업에 활용하라.

- 일상생활용품들은 수업 부담과 비용을 줄이면서도 수업의 효과가 높다.

수업에서 배운 내용을 일상생활에서 적용할 수 있는 기회를 지속적이고 반복적으로 제공하라.

- 수업에서 배운 내용의 일반화와 유지에 큰 도움이 된다.

생활 속에서 수학적 요소에 대한 자극을 자연스럽게 받을 수 있는 환경을 조성하라.

- 아이들에게 일상생활 속에서 자연스럽게 수학적 경험을 할 수 있게 하고, 효율적인 수업을 가능하게 한다.

수업 중 배운 것을 실제 생활에 적용할 수 있는지 여부를 평가하라.

- 수업에서 배운 내용을 일상생활에서 활용할 수 있는지를 직접 수행하게 해보는 것이 중요하다.

5 실생활 중심 수학 수업 디자인

1. 짝이 되게 만들기

수업 펼치기

열기	■ 생활에서 짝이 필요한 물건 살펴보기 - 궁금 주머니 안에 무엇이 들어있는지 알아맞혀 보라고 한다. - 양말을 꺼내며, 양말을 살펴보고 만져본다. - 이 양말은 누구의 양말인지를 물으며, 양말을 한쪽만 신은 친구의 모습을 보여준다. - 양말은 짝이 필요함을 말하며, 생활 주변에서 양말처럼 짝이 필요한 물건을 함께 찾아 짝지어 주자고 한다.
함께 하기	【활동1】 양말의 짝 찾기 - 학생과 교사 모두 양말을 벗어서 모은 후 섞여 있는 여러 양말에서 양말의 짝을 찾게 한다. 【활동2】 신발의 짝 찾아 정리하기 - 교실에 있는 실내화와 운동화를 모아서 흩어지게 한 후 각각 신발의 짝을 찾게 하고 신발을 짝에 맞게 정리하게 한다.
나누기	- 오늘 짝이 되게 만들어 본 물건에는 어떤 것들이 있는지 살펴본다. - 양말, 실내화, 운동화, 구두 등이 있음을 함께 말한다. - 양말과 신발의 짝을 다시 한번 더 찾아보게 한다. - 나의 양말 짝과 신발 짝을 먼저 찾은 후 다른 사람의 양말 짝과 신발 짝을 찾아본다. - 앞으로는 교실에서 신발을 짝에 맞게 잘 정리할 것임을 약속한다.

학습목표	• 생활 주변에서 짝이 되는 물건을 찾아 짝이 되게 만들 수 있다.
학습자료	• 궁금 주머니, 양말, 신발

수업 TIP

- 짝짓기는 수 이전 개념에 해당한다. 장애학생의 수 이전 개념 형성을 위하여 대상 영속성 개념 획득을 위한 숨기기와 찾기, 변별하기, 짝짓기, 순서 짓기를 지도하여야 한다.
- 짝이 맞지 않는 양말이나 신발을 신어보게 하거나 신발이 정리된 모습과 정리되지 않은 모습 모두를 보여주어 짝에 맞게 양말을 신거나 신발을 정리해야 하는 필요성을 느끼게 한다.
- 교실에서 실내화와 실외화의 짝을 바꾸어 신는 경우가 종종 있다. 일상생활 속에서 지속적으로 반복하여 신발의 짝을 찾아 신고, 신발을 바르게 정리할 수 있게 한다.

실생활 중심 수학 수업 디자인

2. 개수에 맞게 물건 가져오기

수업 펼치기

열기	■ 교실에 있는 다양한 물건 살펴보기 - 교실을 둘러보며, 교실에 있는 다양한 물건을 살펴본다. - 텔레비전, 컴퓨터 모니터, 피아노, 책상, 의자 등이 있음을 말한다. - 물건의 이름을 말하고, 물건의 개수를 세어 본다.
함께 하기	[활동1] 심부름으로 개수에 맞게 물건 가져오기 - 생활 속에서 심부름하는 상황을 제시한다. - 오늘은 선생님이 필요한 물건과 그것의 개수를 말하면 가져오는 활동을 한다고 한다. - 교사가 해당하는 물건과 개수를 말하면 학생들이 가져오게 한다. [활동2] 숫자카드를 뒤집어 해당되는 수만큼 물건 가져오기 - 물건의 이름을 먼저 말한 후 숫자카드를 뒤집어 그 개수만큼 물건을 가져오게 한다.
나누기	- 교사와 함께 가져온 물건들의 개수를 세어 본다. - 풀이 하나, 둘, 셋, 넷, 다섯... - 빨대가 하나, 둘, 셋, 넷, 다섯, 여섯, 일곱... - 어떤 물건을 몇 개 가져왔는지 살펴보고 개수에 맞게 가져왔는지 확인한다. - 생활 속에는 필요한 물건의 개수를 세거나 개수만큼 가져와야 하는 경우가 있음을 말한다.

학습목표	• 개수에 맞게 물건을 가져올 수 있다.
학습자료	• 학용품, 숫자카드

수업 TIP

- ☑ 개수 세기를 위해 선행되어야 할 학습이 일대일 대응 개념이다. 1:1 대응은 한 집합에서의 개별 대상을 다른 집합에서의 개별 대상과 각각 연결시키는 활동이다. 이러한 일대일 대응은 달걀판을 이용하여 모형 달걀을 놓아봄으로써 쉽게 지도할 수 있다.
- ☑ 심부름 상황은 생활 속에서 자주 있는 것이고 수업 이후에도 친구들에게 우유를 한 개씩 나누어 주게 하거나 캐러멜을 2개씩 나누어 주게 하는 등의 역할을 부여할 수 있다.
- ☑ 단순한 수 세기가 아니라 수업에서 배운 내용을 삶에 적용시키는 것이 필요하다.

실생활 중심 수학 수업 디자인

3. 재활용품 분류하기

수업 펼치기

열기	■ 차박, 캠핑족의 쓰레기 무단 투기 - 차박을 하거나 캠핑을 하는 사람들이 버리고 간 쓰레기로 엉망진창인 바닷가 주변의 모습을 보여준다. - 캠핑족들이 버리고 간 쓰레기를 정리하여야 하는데 이때에는 쓰레기 봉투에 버려야 하는 일반 쓰레기도 있지만 다시 사용할 수 있는 재활용품도 있다는 것을 말한다. - 자원을 재활용하면 환경을 살릴 수 있음을 이야기하며, 재활용품에는 종이, 캔, 플라스틱 등이 있음을 말한다. - 재활용품들을 각각의 종류에 맞게 분리배출함에 넣는 것이 필요함을 이야기한다.
함께 하기	[활동1] 각각의 종류의 느낌 알기 - 여러 가지 재활용품을 만져보고 느낌을 알게 한다. - 종이류는 부드럽고, 플라스틱은 말캉말캉하며 들어갔다 나왔다 하고 캔은 차갑고 딱딱함을 느껴보며 종류별로 느낌이 다르다는 것을 안다. [활동2] 종류에 따라 재활용품 분류하기 - 교실에 있는 재활용품 통을 활용하여 종이와 캔, 플라스틱을 분류하게 한다. 이때에는 재활용품 통에 실제 사진을 붙여 학생들이 글을 모르더라도 사진을 보고 찾을 수 있게 한다.
나누기	- 여러 가지 쓰레기 중 재활용품을 종류에 따라 분류해 보았다고 한다. - 과자상자, 박스, 콜라 캔, 사이다 페트병 등 다양한 종류의 종이와 캔, 플라스틱을 보여주며, 이것이 종이와 캔, 플라스틱이라는 것을 다시 한번 더 확인한다. - 분리배출함에 종이, 콜라 캔, 사이다 페트병 등을 종류에 따라 넣어본다. - 앞으로 쓰레기와 재활용품은 분리배출해야 환경을 살릴 수 있다는 것을 알게 하고, 재활용품은 각각의 종류에 맞게 분리배출함에 넣을 것임을 약속한다.

학습목표	• 종류에 따라 재활용품을 분류할 수 있다.
학습자료	• 캠핑족으로 인해 더러워진 바닷가 사진, 우유팩, 캔, 플라스틱, 분리배출통, 우유팩 · 콜라캔 · 음료수 페트병 사진

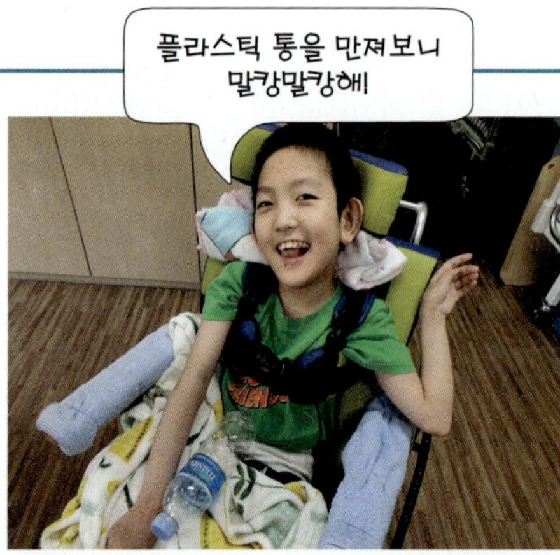

수업 TIP

- ☑ 우유팩, 콜라 캔 같은 것은 장애학생들이 쉽게 인지할 수 있으나 종이와 캔, 플라스틱의 종류가 너무 많아 기준을 찾아 분류하기에 어려움이 있을 수 있다. 따라서 처음에는 학생들에게 친숙한 우유팩, 콜라 캔과 같은 것을 찾아서 분류하도록 하고 조금씩 종류를 늘려가는 것이 학습에 도움이 된다.
  * 같은 것 찾기 → 종류를 늘려가기
- ☑ 캔의 경우 아이들의 손이 다칠 위험이 있어 윗부분에 테이프 처리를 하여 수업을 하면 혹시 모를 안전사고를 예방할 수 있다.
- ☑ 단순히 한 차시의 수업으로 끝나는 것이 아니라 쉬는 시간을 활용하여 교실에서 지속적이고 반복적으로 학생들이 직접 분리배출을 실천할 수 있게 한다.

실생활 중심 수학 수업 디자인

4. 화폐: 가계놀이

수업 펼치기

열기	■ 물건을 구입할 수 있는 가게 소개하기 - 물건을 구입할 수 있는 다양한 가게를 소개한다. - 오늘 가게놀이에서는 슈퍼마켓, 문방구, 건어물 가게, 분식집 등이 있음을 소개한다. - 각각의 가게에서 판매하는 물건을 알려준다. - 슈퍼마켓에서는 과자와 사탕, 문방구에서는 그림책과 학용품, 건어물 가게에서는 쥐포와 멸치, 분식집에서는 떡볶이와 어묵 등을 판다는 것을 알려준다.
함께하기	【활동1】 원하는 가게에서 물건 선택하기 - 강당에 놓인 여러 가게를 둘러보며 자신이 원하는 물건이 있는 가게를 찾고 가게에서 물건을 선택하고 구입한다. 【활동2】 물건의 금액 지불하기 - 자신이 선택한 물건의 금액을 지불하고 그에 맞는 거스름돈을 받는다. - 이때에는 정확한 금액보다는 물건을 구입할 때 돈이 필요함을 인지시키고 거스름돈이라는 것을 돌려받을 수 있음을 알게 하는 데 중점을 둔다.
나누기	- 오늘은 가게에서 원하는 물건을 주문해보았다고 한다. - 가게에서 원하는 물건을 구입하기 위한 순서를 다시 한번 더 알아본다. - 가게에서 자신이 원하는 물건 선택하기 → 카운터에서 계산할 순서 기다리기 → 비용 지불하기 → 거스름돈 받기 - 필요한 물건을 구입하기 위해서는 돈이 필요함을 다시 한번 더 확인한다.

학습목표	• 가게놀이에서 원하는 물건을 선택하고 지폐를 지불할 수 있다.
학습자료	• 여러 가지 가게놀이 물품, 지폐

수업 TIP

- ☑ 물건을 파는 역할, 물건을 사는 역할 모두를 해보면 가게에서 물건을 구입하는 것에 대한 관심을 높일 수 있다.
- ☑ 아이들이 정확한 금액을 알지 못하더라도 물건을 구입할 때는 돈이 필요하다는 것을 알고, 물건의 값보다 큰 돈을 주었을 때는 거스름돈을 받아야 한다는 것을 인지시키는 것만으로도 수업의 의미가 있지 않을까?
- ☑ 모의환경을 조성하여 실시하는 수업은 학교에서 이루어져 다른 사람에게 피해 없이 실제 환경과 유사한 상황에서 우리 아이들이 여러 번 실습할 수 있어서 좋지만 가게놀이를 준비하는 데에는 많은 시간과 노력이 필요하다.

실생활 중심 수학 수업 디자인

5. 가게에서 물건 구입하기

수업 펼치기

열기	■ 마트에서 살 물건 떠올리기 - 지난 시간에 배운 지폐들을 살펴본다. - 1천 원, 5천 원, 만 원... 이 지폐를 가지고 마트에 가서 사고 싶은 물건을 사자고 한다. - 무엇을 사고 싶은지를 아이들에게 물어본다. - 자신이 사고 싶은 물건을 떠올리며 학교 근처에 있는 마트에 함께 가자고 한다.
함께 하기	[활동1] 마트 둘러보며 물건 선택하기 - 마트에는 어떤 물건이 있는지 둘러보고 가격표를 보고 그 물건이 얼마인지도 아이들과 함께 알아본다. [활동2] 물건 구입하기 - 자신이 원하는 물건을 선택하고 구입하게 한다. 이때에는 학생의 의견을 존중하여 학생이 직접 참여하고 선택하는 경험을 가지게 한다.
나누기	- 오늘 마트에서 자신이 산 물건을 살펴보게 한다. - 각각의 과자마다 가격이 다름을 알게 하고 물건을 사는 데에는 돈이 필요함을 다시 한번 더 인식시킨다. - 물건을 구입하기 위해서 우리가 방문한 장소와 물건을 구입할 때 어떠한 절차를 거쳐서 했는지를 다시 한번 더 상기시킨다. - 오늘은 그동안 배운 지폐를 가지고 가게에 가서 원하는 물건을 샀음을 다시 한번 더 정리한다.

학습목표	• 가게에서 물건의 가격을 알고 지폐를 사용하여 원하는 과자를 구입할 수 있다.
학습자료	• 지폐

수업 TIP

- ☑ 아이들이 좋아하는 과자에 대한 의사를 표현할 수 있도록 유도하고 가게에서 직접 물건을 구입함으로써 물건 구입에 필요한 기능적인 부분도 익힐 수 있게 한다.
- ☑ 중증의 장애학생에게 각각의 물건값에 맞는 금액을 정확히 지불하는 것을 알게 하는 것은 어려울 수 있다. 따라서 중증의 장애학생을 지도할 때에는 물건을 사는 데 돈이 필요하고 물건값보다 큰 금액의 돈을 내면 거스름돈을 받는다는 것을 알게 하는 데 중점을 둔다.
- ☑ 가게에서 신용카드가 결제 수단이 될 수도 있다는 것을 경험하게 하는 것도 또 하나의 수업 방법이다.

6 궁금해요 교수님

궁금증

수학수업을 할 때 발달연령과 생활연령 중 어떤 것을 더 중요하게 생각하며 지도해야 할까요?

현장교사의 고민

수학은 단계적인 교과이기 때문에 선행기술을 충분히 익히지 못하면 다음 학습에 어려움이 있습니다. 충분한 학습시간을 제공하였을 때 선행기술을 학습할 수 있는 학생이 있다면, 생활연령에 맞지 않는 학년군 교육과정에 머물러 있는 것이 바람직할까요? 선행기술이 다소 부족하더라도 생활연령에 맞는 교육과정을 경험할 수 있도록 하는 것이 나을까요?

고민 해결을 위한 조언

발달연령 대 생활연령에 관한 논의는 가장 기초적이고, 오랫동안 논의되어 온 주제입니다. 발달연령에 맞추면 생활연령에 맞지 않고, 생활연령에 맞추자니 발달연령에 맞지 않게 되고.... 질의하신 선생님의 표현처럼 선행기술이 다소 부족하더라도 생활연령에 딱 맞는 교육과정이 있으면 좋겠습니다.

이 질문에 대한 답변은 두 가지로 전개해 보고자 합니다. 첫 번째는 발달연령에도 맞고 생활연령에도 맞추려는 교육과정에 관한 이야기입니다. 두 번째는 반대로 발달연령과 생활연령을 굳이 맞추어야 하는가의 문제입니다.

먼저, 첫 번째 이야기는 최근의 교육과정 변화에 관한 이야기입니다. 1998년 제7차 특수학교 교육과정이 개정된 10년 후, 2008년 개정 특수학교 교육과정에서부터 2011 개정 특수교육 교육과정을 거쳐 2015 개정 특수교육 교육과정에 이르기까지 10여년 사이에 특수교육 교육과정이 세 차례나 개정되는 커다란 변화를 경험하였고, 최근 2022 개정 특수교육 교육과정을 맞이하고 있습니다. 이러한 교육과정의 변화는 모두 특수교육 대상 학생들의 발달수준과 생활연령을 맞추려는 노력으로 볼 수 있지 않을까 생각됩니다.

제7차 특수학교 교육과정의 수학과 내용은 전체 특수교육 대상 학생들을 대상으로 기초적 수준에서 3단계로 묶어 놓음으로써 생활연령을 고려하지도 못하고, 특수교육 대상 학생들의 발달 수준을 너무 낮게 설정해서 한 자리 수를 익히는 것을 최종 목표로 삼았습니다. 이에 2008 개정 특수학교 교육과정에서는 특수교육 대상 학생들의 발달 수준을 보다 높여 한 자리 수에서 세 자리 수까지, 길이 재기에서 무게 재기로까지 그 내용 범위를 확장하였습니다. 그러나 여전히 생활연령을 충분히 고려하지 못한 3단계의 구조에 머물렀습니다.

2011 개정 특수교육 교육과정에서는 교육과정의 명칭을 특수학교에서 특수교육으로 변경하고, 특수학급에서 공부하는 특수교육 대상 학생들을 배려한 교육과정으로 개정하였습니다. 이에 특수교육 대상 학생들의 발달 수준의 범위가 엄청나게 넓어짐으로써 교육과정에서 다루는 내용 범위도 확장되었는데, 수 개념에서는 다섯 자리 이상의 큰 수, 분수, 소수, 정수까지로 그 내용 범위가 확장되었습니다. 또한 생활연령의 범위도 더 구체화된 학년군 체제를 따름으로써 초등 1-2학년군에서 고등 1-3학년군에 이르기까지 5단계로 세분화되었습니다. 이에 따르는 교과용도서도 개발되었는데, 일반교육 교과용도서와 거의 비등한 수준에서 특수교육 역사상 가장 많은 교과용도서가 개발된 시기였습니다. 그러나 너무나 큰 변화를 가져와서 특수교육 현장에서 많은 어려움을 호소하였고, 특히 특수학교에서 해당 교육과정을 적용하기 어렵다는 '교육과정 적용 적합성'의 문제가 제기되었습니다.

2015 개정 특수교육 교육과정에서는 기본 교육과정 적용 대상의 기준을 중도 지적장애로 설정하고, 현장 적용 적합성을 높이기 위한 난이도 조절 작업이 진행되었습니다. 다시 말해 중도 지적장애 학생들의 발달 수준에 적합한 교육과정을 만들기 위해 노력한 것입니다. 수 개념을 예로 살펴보면, 네 자리 수까지의 범위, 분수 개념까지를 다루는 것으로 내용 범위를 축소 조정하였습니다. 생활연령을 반영하기 위한 학년군 체제는 변함없이 그대로 이어졌으며, 내용 요소를 다루는 데에 활용할 기능을 명시적으로 표현하였고, 실생활에서의 활용

을 강조하여, 화폐, 공간감각, 시간 등의 핵심 개념을 전체 학년군으로 세분화하여 단계적인 학습이 이루어지도록 하였습니다.

2022 개정 특수교육 교육과정에서는 2015 개정 교육과정의 기조를 이어서 기본 교육과정의 적용 대상을 특수학교에 재학 중인 중도중복장애학생으로 제한하고, 특수학교에서의 현장 적용 적합성을 높이기 위한 개정이 이루어졌습니다. 중학교학년군까지는 학습내용의 난이도를 높여가지만, 고등학교학년군에서는 학습내용의 난이도를 높이기보다는 생활 범주를 확장하여 적용하는 데에 초점을 두고 생활수학을 구현하고자 하는 방향으로 개정된 교육과정입니다.

이러한 교육과정의 전체적인 변화는 결국 특수교육 대상 학생들의 수학 발달 수준을 제대로 찾아내고자 하는 노력이 반영된 것이라고 볼 수 있습니다. 기본 교육과정을 적용하는 특수교육 대상 학생들을 누구로 보고, 그들의 수학 발달 수준은 어떠할 것인가에 대한 고민의 산물이 아니었을까 생각됩니다. 또한 이러한 교육과정의 변화는 일반학생들과는 다른 발달 수준을 보이는 특수교육 대상 학생들의 생활연령에 알맞은 교육과정을 개발하기 위한 노력의 산물이 아니었나 싶습니다. 이렇게 최근의 특수교육 교육과정의 변화는 모두 특수교육 대상 학생들의 발달수준과 생활연령을 맞추려는 노력의 산물이라고 할 수 있습니다.

표 1 제7차 특수학교 교육과정(1998) 기본 교육과정 수학과 내용 체계

영역	Ⅰ 단계	Ⅱ 단계	Ⅲ 단계
수	• 변별하기 • 분류하기 • 짝짓기 • 순서짓기	• 수세기 • 수 비교하기	• 한 자리 수의 수, 숫자, 수사 알기 • 수의 순서 알기 • 수의 크기 비교하기
연산	• 구체물 가르기, 모으기	• 수 가르기와 모으기	• 합이 9 이하인 덧셈하기 • 한 자리 수의 뺄셈하기
도형	• 모양 분류하기 • 모양 구성하기	• 모양 알기 • 모양 만들기	• 평면도형의 모양 알기

영역	I 단계	II 단계	III 단계
측정	• 여러 가지 양 알아보기	• 여러 가지 양 비교하기	• 임의 단위로 길이재기 • 시계보기 • 달력보기
표와 그래프		• 조사표 만들기	• 그림그래프 그리기

표 2 2008 개정 특수학교 교육과정 기본 교육과정 수학과 내용 체계

단계 / 영역	I 단계	II 단계	III 단계
수	• 변별하기 • 분류하기 • 짝짓기 • 순서 짓기	• 개수 세기 • 개수 비교하기 • 수 1, 2, 3, 4, 5 알기 • 수 0 알기 • 수 6, 7, 8, 9 알기 • 한 자리 수의 순서 알기 • 한 자리 수의 크기 비교하기	• 19 이하의 두 자리 수 알기 • 50 이하의 두 자리 수 알기 • 51 이상 100 이하의 수 알기 • 100 이상 1000 미만의 수 알기 • 두 자리 수의 크기 비교하기
연산	• 구체물 가르기와 모으기	• 수 가르기와 모으기 • 덧셈식 알기 • 합이 9 이하인 덧셈하기 • 뺄셈식 알기 • 피감수가 9 이하인 뺄셈하기	• 받아올림이 없는 두 자리 수의 덧셈하기 • 받아내림이 없는 두 자리 수의 뺄셈하기 • 받아올림이 있는 덧셈하기 • 받아내림이 있는 뺄셈하기
도형	• 여러 가지 모양 알기(I)	• 여러 가지 모양 알기(II) • 여러 가지 모양 만들기	• 평면도형 알기
측정	• 여러 가지 사물의 특성 비교하기 • 위치와 방향 알기 • 일과 시간 알기 • 화폐의 종류 알기	• 구체물을 비교하여 여러 가지 종류의 양 나타내기 • 시계 알기 • 달력 알기 • 화폐의 액면가 알기	• 길이재기 • 무게재기 • 시각 읽기 • 달력보기 • 화폐 계산하기
표와 그래프	• 조사표 만들기(I)	• 조사표 만들기(II)	• 조사표 만들기(III) • 그래프 그리기

표 3 2011 개정 특수교육 기본 교육과정 수학과 내용체계

학교급 / 학년군 / 영역	초등학교			중학교	고등학교
	1~2학년	3~4학년	5~6학년	1~3학년	1~3학년
수와 연산	• 변별하기 • 짝짓기 • 순서짓기 • 구체물 가르기와 모으기 • 화폐의 종류	• 개수 세기 • 개수 비교하기 • 한 자리의 수 • 9 이하의 수 가르기와 모으기 • 덧셈식과 뺄셈식 • 합이 9 이하인 덧셈 • 피감수가 9 이하인 뺄셈 • 화폐의 액면가	• 두 자리의 수 • 세 자리의 수 • 합이 10인 덧셈 • 피감수가 10인 뺄셈 • 받아올림이 없는 두 자리 수 덧셈 • 받아내림이 없는 두 자리 수 뺄셈 • 받아올림이 있는 두 자리 수 덧셈 • 받아내림이 있는 두 자리 수 뺄셈 • 화폐의 교환	• 네 자리의 수 • 다섯 자리 이상의 수 • 분수의 이해 • 받아올림이 없는 세 자리 수 덧셈 • 받아내림이 없는 세 자리 수 뺄셈 • 받아올림이 있는 세 자리 수 덧셈 • 받아내림이 있는 세 자리 수 뺄셈 • 곱셈의 이해 • 화폐의 계산	• 소수의 이해 • 정수의 이해 • 나눗셈의 이해 • 자연수의 혼합 계산 • 화폐의 활용
도형	• 공간의 이해 • 여러 가지 모양	• 입체도형의 모양 • 평면도형의 모양	• 평면도형과 그 구성요소 • 도형의 기초 • 평면도형의 이동	• 원의 구성요소 • 여러 가지 삼각형 • 여러 가지 사각형	• 다각형의 이해 • 직육면체와 정육면체 • 입체도형의 공간 감각
측정	• 측정 가능한 속성 탐색 • 비교하기 • 일과 시간	• 양의 비교 • 임의 측정 단위 • 시각과 시간	• 길이 • 시간 • 달력	• 길이 • 무게 • 들이	• 각도 • 평면도형의 둘레 • 평면도형의 넓이
규칙성	• 규칙 찾기	• 규칙 찾기	• 규칙 찾기 • 규칙적인 무늬 만들기	• 규칙과 대응	• 비와 비율
확률과 통계	• 분류하기	• 분류하기 • 표와 그래프	• 자료의 정리	• 가능성 • 자료의 표현과 해석	• 비율그래프

표 4 2015 개정 특수교육 기본 교육과정 수학과 내용 체계

영역	핵심 개념	내용 요소					기능
		초 1~2학년	초 3~4학년	초 5~6학년	중 1~3학년	고 1~3학년	
수와 연산	수의 기초	• 숨기기와 찾기 • 변별하기 • 짝짓기 • 순서 짓기					• 찾기 • 짝짓기 • 배열하기 • 구별하기 • (개수) 세기 • 비교하기 • 가르기 • 모으기 • (수) 세기 • (수) 읽기 • (수) 쓰기 • 표현하기 • 이해하기 • 계산하기 • (화폐) 읽기 • 교환하기 • 문제 해결하기 • 탐색하기
	수	• 다섯까지 개수 세기	• 열까지 개수 세기 • 한 자리 수 • 순서수	• 두 자리 수	• 세 자리 수	• 네 자리 수 • 분수	
	수의 연산	• 구체물 가르기와 모으기	• 한 자리 수의 덧셈과 뺄셈	• 10이 되는 더하기와 10에서 빼기 • 받아올림(내림)이 없는 두 자리 수의 덧셈과 뺄셈	• 받아올림(내림)이 있는 두 자리 수의 덧셈과 뺄셈 • 곱셈의 기초	• 받아올림(내림)이 없는 세 자리 수의 덧셈과 뺄셈 • 나눗셈의 기초	
	화폐	• 화폐 탐색하기	• (1,000원 미만의) 동전 교환하기	• (10,000원 미만의) 화폐 교환하기(1)	• 화폐 교환하기(2)	• 화폐 활용하기	
도형	평면도형과 입체도형	• 사물의 모양	• 여러 가지 입체도형의 모양	• 여러 가지 평면도형의 모양	• 여러 가지 평면도형	• 여러 가지 입체도형	• 관찰하기 • 탐색하기 • 찾기 • 옮기기 • 만들기 • 표현하기 • 분류하기 • 정리하기 • 구성하기 • 이해하기 • 구별하기 • 꾸미기 • 쌓기 • (개수) 세기
	공간 감각	• 공간의 탐색	• 공간의 이해	• 공간의 구성	• 쌓기나무 쌓기	• 쌓기나무로 입체 모양 만들기	

영역	핵심 개념	내용 요소					기능
		초 1~2학년	초 3~4학년	초 5~6학년	중 1~3학년	고 1~3학년	
측정	양의 측정	• 측정 속성 탐색 • 직관적 비교	• 직접 비교	• 임의 단위 • 길이(cm)	• 길이(m) • 들이(L) • 무게(kg)	• 길이(km) • 들이(mL) • 무게(g)	• 속성 탐색하기 • 비교하기 • 표현하기 • 관찰하기 • 경험하기 • 일과(계획)표 만들기 • 이해하기 • 측정하기 • 측정도구 활용하기 • 어림하기 • (시각) 읽기 • (날짜) 읽기
	시간	• 시간의 흐름 경험하기	• 일과 시간	• 시계와 달력(1)	• 시계와 달력(2)	• 시간 계획 세우기	
규칙성	규칙성과 대응	• 규칙 경험하기	• 물체 배열의 규칙	• 물체, 무늬 배열의 규칙	• 물체, 무늬, 수 배열의 규칙	• 규칙과 대응	• 경험하기 • 따라 하기 • 규칙 찾기 • 배열하기 • 추측하기 • 무늬 꾸미기 • 규칙 정하기 • 표현하기 • 확인하기
자료와 가능성	자료	• 분류 경험하기	• 한 가지 기준으로 분류하기	• 여러 가지로 분류하기 • 표 만들기	• 간단한 그래프 • 막대그래프	• 꺾은선그래프 • 여러 가지 그래프	• 경험하기 • 찾기 • 분류하기 • 표 만들기 • 그래프 그리기 • 해석하기 • 비교하기
	가능성				• 놀이 속의 가능성	• 생활 속의 가능성	

표 5 2022 개정 특수교육 기본 교육과정 수학과 내용 체계

영역	하위 영역	내용 요소				
		초 1~2학년	초 3~4학년	초 5~6학년	중 1~3학년	고 1~3학년 (생활 수학)
수와 연산	수의 기초	• 찾기 • 변별하기 • 비교하기 • 짝짓기 • 순서 짓기				
	수	• 다섯까지 개수 세기	• 열까지 개수 세기 • 한 자리 수 • 순서수	• 두 자리 수	• 세 자리 수	• 네 자리 수 • 생활 속의 수
	수의 연산	• 가르기와 모으기	• 한 자리 수의 덧셈과 뺄셈	• 몇 십의 덧셈과 뺄셈 • 10이 되는 더하기와 10에서 빼기	• 몇 백의 덧셈과 뺄셈 • 받아올림이 있는 한 자리 수의 덧셈 • 곱셈의 기초	• 큰 수의 덧셈과 뺄셈 • 받아내림이 있는 십 몇과 한 자리 수의 뺄셈 • 나눗셈의 기초
	화폐	• 화폐 탐색	• 동전 활용	• 지폐 활용	• 여러 가지 화폐 활용	• 화폐 활용과 관리
도형	모양과 도형	• 사물의 모양	• 입체 모양	• 평면 모양	• 평면도형	
	만들기와 꾸미기		• 입체 모양 만들기와 꾸미기	• 평면 모양 만들기와 꾸미기	• 평면도형 만들기와 꾸미기	• 생활과 도형
	공간 감각	• 공간의 탐색	• 위치와 방향의 변화	• 공간의 이해	• 쌓기나무쌓기	• 공간의 활용
측정	양의 측정	• 직관적 비교	• 직접 비교	• 길이(cm) • 들이(L)	• 길이(m) • 무게(kg)	• 생활과 측정
	시간	• 시간 경험하기	• 하루의 일과	• 시각과 날짜	• 시간과 달력	• 시간 계획하기
규칙성	규칙성	• 규칙 따라 하기	• 물체 배열의 규칙	• 물체, 무늬 배열의 규칙	• 대응하는 규칙	• 규칙의 활용
자료와 가능성	분류하기	• 분류 경험하기	• 두 개로 분류하기	• 세 개 이상으로 분류하기	• 두 가지 기준으로 분류하기	• 여러 가지 기준으로 분류하기
	표와 그래프			• 표 만들기	• 간단한 그래프	• 여러 가지 그래프
	가능성				• 놀이 속의 가능성	• 생활 속의 가능성

결과적으로 우리는 14년의 짧은 기간에 특수학교를 대상으로 하는 낮은 발달 수준을 가정한 수학 교육과정(2008 개정 특수학교 교육과정), 특수학급을 대상으로 하는 비교적 높은 발달 수준을 가정한 수학 교육과정(2011 개정 특수교육 교육과정), 중도 지적장애 학생들을 적용 대상으로 하는 중간 발달 수준(?)을 가정한 수학 교육과정(2015 개정 특수교육 교육과정), 특수학교의 중도중복장애학생들을 적용 대상으로 하는 낮은 발달 수준을 가정한 수학 교육과정(2022 개정 특수교육 교육과정)이라는 네 종류의 교육과정을 가지게 되었다고 할 수 있습니다. 이러한 교육과정의 급격한 변화를 경험한 특수교육 현장은 많은 혼란을 겪었으나, 그러한 혼란 속에서 학생들의 발달 수준과 생활연령을 모두 고려하고자 하는 교육적 의지를 키우고, 특수교육에서의 교과교육에 대한 나름의 토대를 다지는 계기가 되지 않았을까 생각됩니다.

두 번째 이야기는 학생들의 개인차에 대한 이야기입니다. 첫 번째 이야기가 개인간 차이에 관한 이야기라면, 두 번째 이야기는 개인내 차이에 관한 이야기입니다. 애초의 질문으로 다시 돌아가서 해당 학생은 충분한 학습시간을 제공해 주면 학생 자신의 발달 수준에 알맞게 학습할 수 있는 수학 내용이 있다는 것이고, 이러한 수학 학습 내용은 학생의 생활 연령에는 맞지 않는다는 것입니다. 또, 그럼에도 불구하고, 이 학생에게는 선행기술이 부족해서 다소 어려울 수 있겠지만 생활연령에 맞게 지도하고 싶은 수학 내용이 존재한다는 것입니다. 가르치고 싶은 욕심이 많은 선생님이신 것 같아, 그 제자들이 행복하겠구나 하는 생각이 드네요. 가르치고 싶은 수학 내용은 두 종류인데, 이 둘은 함께 다루어질 수 없기 때문에 생기는 문제겠지요.

그런데 생각을 조금 달리 해볼 수 있지 않을까요? 특수교육 대상 학생들의 개인내 차이로 다르게 바라보는 것입니다. 수학과의 어떤 내용은 차근차근 학습하면 쫓아갈 수 있는데, 수학과의 또다른 내용은 아무리 속도를 늦추어도 쫓아가기 어려운 경우, 이러한 개인내 차이를 반영하여 수학 교육과정을 두 개의 트랙으로 구분하여 진행해 보면 어떨까요. 차근차근 학습하면 쫓아갈 수 있는 수학 내용은 학생이 달성해야 할 성취기준으로 삼아 지도하고, 쫓아가기 어려운 수학 내용은 학생이 경험해야 할 성취기준으로 삼아 지도하는 것입니다. 이렇게 하면 굳이 발달연령과 생활연령을 모두 맞추려는 하나의 교육과정 혹은 하나의 수업이 아니라, 발달수준에 맞는 수학 수업과 생활연령에 맞는 수학 수업을 동시에 2개 트랙으로 적용할 수 있습니다. 예를 들어, 계열성이 또렷한 연산 영역은 발달수준에 맞게 더디게 나아가고, 실생활과의 관련성이 큰 도형, 측정, 규칙성 영역은 생활연령에 맞추어 수업을 진행하는 것입니다. 계열성과 실용성의 두 마리 토끼를 모두 잡아보자는 것입니다.

국어과에서 듣기 말하기 능력은 뛰어난데, 쓰기 능력은 부족한 학생에게는 듣기 말하기의 성취기준은 높게 잡고, 쓰기 영역의 성취기준은 낮게 잡는 것과 같이 두 종류의 성취기준을 동시에 적용하는 것과 같은 방식입니다. 이렇게 한 학생을 대상으로 두 가지 종류의 성취기준을 병행하여 운영한다고 가정하면, 그 적용 방식을 학급 상황에 맞게 다양하게 운영할 수 있습니다. 차시를 번갈아가며, 혹은 단원을 번갈아가며, 주 단위나 월 단위로 번갈아가며 적용할 수도 있고, 수학과 생활수학으로 시간표를 구분하여 2시간씩 번갈아가며 운영하거나, 주 1시간은 생활수학으로 운영하는 등의 다양한 방식을 고려해 볼 수 있습니다.

Ⅱ

학습동기를 높이는 수학 수업

1 왜 학습동기를 높이는 수학 수업인가?

KBS의 한 예능 프로그램에서 전현무 아나운서가 양치승 트레이너에게 끌려 헬스장으로 가는 모습이 카메라에 담겼다. 전현무는 운동이 싫다며 헬스장으로 가는 것을 거부했지만 양치승은 전현무가 좋아하는 라면으로 전현무를 유혹하며 운동을 권유한다. 라면을 무지 좋아하는 전현무는 양치승 관장에 이끌려 헬스장으로 향한다. 퍼스널 트레이닝이 시작되고, 트레이닝에서 악덕하기로 유명한 양치승 관장은 우려와는 달리 전현무에게 정말 친절하고 부드러운 방법으로 헬스를 가르치기 시작한다. 양치승 관장의 이런 모습에 지켜보는 이들은 놀라움을 금치 못하였지만 양치승은 "맞춤형으로 해야지 누구나 세게 할 수는 없어요. 현무 씨 같은 경우는 세게 하면 탈이 나는 스타일이에요"라고 말하며, 전현무가 한 번으로 끝나는 운동이 아닌 꾸준히 잘 할 수 있는 운동을 하도록 이끌어 준다. 이와 함께 전현무는 새로운 여자 친구에게 자신의 멋진 몸을 보여줄 생각을 하며 열심히 몸을 만든다.

이 장면은 몸을 만들기 위한 헬스 트레이닝에서 무엇을 하고자 하는 동기에 대한 자극과 각각의 수강생마다 개별화된 중재가 얼마나 중요한지를 보여준다. 실제로 헬스장에 가보면 사람마다 식단과 운동방법을 달리 적용한다. 또한 트레이너는 몸을 만드는 중에 땀을 뻘뻘 흘리거나 숨을 헉헉대며 힘들어하는 수강생에게 멋진 몸매를 기억하게 해 줄 바디프로필을 이유로 어떤 이에게는 멋진 몸을 만들면 여자 친구가 생긴다고 말하며 운동하는 이의 동기를 자극한다. 이러한 자극들과 지원들은 운동을 포기하지 않고 꾸준히 할 수 있게 하며, 정해진 시간에 최고의 몸을 만드는 데 기여한다.

장애학생의 경우 개인 내 차와 개인 간 차가 큰 집단으로 각각의 장애영역에 따라 다양한 특성을 나타내고 있다. 또한 거듭된 학습 실패로 학습된 무력감에 빠져 있고, 학습에 대한 필요성과 흥미를 느끼지 못하는 경우가 많다. 이러한 이유로 교사들은 장애학생의 교육 효과를 높이기 위해서 각 개인의 필요와 요구를 고려하여 각기 다른 방법으로 교육적 지원을 하고 있다. 하지만 많은 교사들이 수업의 효과성과 효율성은 중시하는 반면에 나의 수업을 매력적으로 만드는 수업의 매력성은 소홀히 하는 경우가 많다.

우리 반 학생 현민이는 수학 수업 시작 5분만 지나면 지겨워서 얼굴 위에 손을 올리고 자는 척을 해 버린다. 때로는 자리에서 일어나 돌아다니기도 한다. 이는 수학 수업에 흥미가 없다는 것을 나타내는 표현이다. 하지만 자신이 좋아하는 만화영화 캐릭터를 보여주면 눈이 똘망똘망해진다. 특히 만화영화 중 또봇과 도티를 좋아하는데 수업 시간 자는 척을 하다가도 또봇을 보여주면 갑자기 고개를 든 후 손가락으로 또봇을 가리키며 '킄킄킄' 웃는다. 이런 모습을 보며 여러 가지 모양 찾기 수업에 또봇을 활용하여 또봇 안에서 네모 모양과 동그라미 모양 등을 찾게 하였는데 학생이 높은 집중력으로 수업에 참여하는 모습을 보였다.

특수교육 현장에서 장애학생의 수업 참여와 학습효과를 높이기 위해서는 장애학생 개개인의 특성과 학습 수준을 파악하고, 학생의 좋아하는 활동과 강화인자를 발견하여 그에 맞는 교육적 지원을 하는 것이 필요하다. 개인차를 인정하여 학생의 학습동기를 자극하고, 다양한 지원을 하는 것, 이것이 바로 PT(Personal Training)의 핵심이며, 우리 장애학생들에게 필요한 수업이지 않을까? 지금이라도 장애학생들이 나의 수업에 풍덩 빠질 수 있도록 매력적인 방법을 고안해 보는 건 어떨까?

2 켈러의 학습동기화 모형(ARCS 모형)

학습동기는 개인이 어떤 것을 학습하게끔 하는 힘이나 경향성을 말하며(위키백과, 2021), 학생에게 있어 학습동기는 학습의 방향, 진행과정, 학습 성과를 결정하는 데 영향을 미친다(신재한, 권택환, 2013).

켈러는 여태껏 수업에서는 교수학습 설계가 강조되어 학습과정에서 동기가 무시되고 있다고 지적하면서 동기 설계 및 개발과정에 대한 체계적 접근이 필요하다고 주장하였다(백영균, 2005). 이에 켈러는 학습동기 향상을 위해 주의력(Attention), 관련성(Relevance), 자신감(Confidence), 만족감(Satisfaction)을 강조하며, 학습동기 이론인 ARCS 모형을 제안하였다.

표 1 ARCS 이론의 네 가지 범주

구성요소	의미
주의 집중 (Attention)	학습자가 학습과제에 흥미와 관심을 보이는 정도
관련성 (Relevance)	학습과제와 학습활동이 학습자들에게 의미 있고 가치 있어야 한다는 것
자신감 (Confidence)	학습자의 학습 성공에 대한 신념
만족감 (Satisfaction)	학습자의 성취에 대한 보상

표 2 ARCS 이론을 활용한 수업전략

주요 요소	수업을 위한 전략
주의 집중 (Attention)	• 애니메이션, 동영상, 그림 등을 활용하여 학습자의 주의 유도 • 일상생활과 관련된 문제나 상황을 제시함으로써 학생의 호기심과 탐구심 자극 • 수업 진행상에 변화를 주어 지속적인 주의 집중 유도
관련성 (Relevance)	• 친숙한 인물과 예시 사용 • 학습자의 흥미와 관심사에 기초한 실제의 경험자료 활용 • 학습내용의 미래 지향적 가치 인식
자신감 (Confidence)	• 다양한 출발점 고려 • 과제를 쉬운 것에서 어려운 것으로 제시 • 반복연습 및 훈련을 통해 완전 학습 실시
만족감 (Satisfaction)	• 배운 것을 적용할 수 있는 기회 제공 • 칭찬, 격려 등 수행 결과에 대한 다양한 피드백 제공

출처: 신재한, 권택환(2013). ARCS 이론을 적용한 특수교육 대상 학생의 학습동기 유발 전략 탐색, 지적장애연구, 15(4), pp.176-177의 내용을 일부 발췌하여 수정하고 보완함.

주의 집중, 관련성, 자신감, 만족감 4가지 요소는 서로 상호작용하며 학습자의 학습동기에 영향을 미친다. 따라서 교사는 학습자의 동기유발을 위해 4가지 요소를 고려하여야 하고 수업 시작 5분 동안의 학습동기 유발이 아닌 이러한 학습동기가 지속적으로 유지될 수 있는 방안을 고민하여야 한다.

3 학습동기를 높이는 수학 수업에 대한 특수교사들의 이야기

가. 학생의 요구를 고려한 수학 수업

저희 반에 중증의 자폐학생이 있어요. 이 학생의 경우 자발어가 거의 나오지 않고 대부분 언어적 도움이 있어야 따라서 말하는데요, 라면을 보면 "라면 주세요"라고 또박또박 말하더라고요. 그래서 수학 수업 시간에 컵라면을 활용해서 시간의 흐름에 대해서 알아보는 수업을 하였어요. 우리가 생활 속에서 '1분 지났다', '5분 지났다' 이런 표현 많이 쓰잖아요. 그런 시간의 흐름을 컵라면 끓이기를 통해 알아보는 거죠. 처음에는 면발이 딱딱한 것을 눈으로 보고 손으로 만져보게 하였어요. 그리고 3분이 지난다는 것을 알려주기 위해 시계의 분침이 돌아가는 것을 직접 보여줬거든요. 3분이 지난 후 면발이 물렁해지고 부드러워진다는 것을 느껴보고 다 익은 라면을 먹었는데, 눈에 초점이 없고 응시가 잘 안되는 아이가 라면을 뚫어지게 바라보며 교사가 말하는 활동들을 하나하나씩 따라 하더라고요.

우리 반 아이가 저한테 자기 시계를 가지고 싶다고 하더라고요. 그래서 제가 우리 반 친구들하고 수학 수업 시간에 시계를 만들자고 했어요. 그때 폐CD를 이용해서 CD를 시계 모양으로 꾸미고 시곗바늘은 따로 꾸며서 시계를 완성시키는 수업을 했거든요. 다음에 자신이 만든 시계로 시각 알기 수업을 하였는데 우리 반 학생들이 어떻게든 시계를 보고 시각을 읽고 싶어 하는 게 보이는 거예요. 학습동기가 수업이 끝나도 계속 유지가 되는 거예요. 다음 시간에 빨리 와서 자신이 만든 시계의 시곗바늘을 또 돌려서 시각을 읽고 싶고 또 맞추고 싶고.

나. 다양한 시도를 통해 학생의 흥미를 파악하는 수학 수업

학생의 흥미를 파악하기 위해서는 다양한 시도를 하는 것이 필요해요. 여러 가지 것을 제시했을 때 아이가 무엇을 제일 좋아하는지를 알 수 있으니깐요. 때로는 좋아하는 것을 만들어주기도 해요. 예를 들면 아이가 좋아하는 것이 없는데 그 아이 앞에서 이건 정말 좋은 거고 소중한 거라는 것을 알리고 그것들을 좋아할 수 있게 기회를 주는 거예요. 자동차가 있다고 하면 이 자동차의 가치와 가졌을 때의 기쁨을 학생이 처음에는 몰랐는데 옆에서 계속 좋다고 하면 학생도 그 자동차에 대해 점점 좋아하는 감정이 생기는 거죠. 그렇게 하나둘씩 좋아하는 것들이 생기기도 하고 그러다 보면 그것들을 수업에 활용할 수도 있더라고요.

다. 학생이 좋아하는 자료를 활용하는 수학 수업

우리 아이들의 경우 집중력이 되게 짧아요. 그래서 아이들이 관심 가질만한 것들을 활용해야 수업에 참여할 수 있고 학습에 대한 가능성이 열리는 것 같아요. 우리 반 자폐학생의 경우 시각 자료를 좋아해서 수 배열판으로 숫자를 익히게 하고, 달력을 활용하여 날짜도 알아보고 뛰어 세기도 해 보았거든요. 그랬더니 기탄수학과 같은 학습지를 푸는 것보다 훨씬 더 잘 따라 하더라고요. 그리고 좋아하는 자료를 활용하니깐 그것을 계속 찾고 또 그것을 계속 찾다 보면 자연스럽게 반복학습이 되더라고요.

어떤 선생님은 교과서에 쓰게 해서 수업을 하잖아요. 우리 반 아이들은 찢게도 하고, 알림장에 그걸 붙이기도 하고, 선생님한테 보여주러 갈 때 클리어 파일에 끼워서 가기도 하고 했어요. 그것도 아이마다 다른데. 교과서 찢는 것을 싫어하는 아이는 스프링 제본을 해서 그 책을 그대로 들고 선생님께 보여줬고, 다른 아이는 찢어서 책 부피가 줄어들면 학습지를 다 했다고 좋아하였어요. 학생이 좋아하는 것에 따라 완성된 결과물의 형태를 달리하면 학생들에게는 그것이 강화인자가 되더라고요.

보통은 교사들이 고민을 해요. 이 아이가 자동차를 되게 좋아하는데 수업 시간에 자동차를 궁금증 상자에 넣어 놓는 것이 과연 수업이 흥하는 길인지 망하는 길인지. 그러면 수업 시간에 자동차가 나타났을 때 전에는 어떤 반응을 보였는지를 살펴봐야죠. 예를 들면 모형 자동차는 계속 보거나 그걸 가져가려고 떼를 썼는데 사진이나 그림 자동차는 관심만 보이고 집착을 하지는 않았다. 그러면 아이가 수 세기나 덧셈 수업을 할 때 실물 자동차가 아닌 그림카드를 활용하는 거죠. 그렇게 아이의 특성이나 호응 정도를 세밀하게 파악해서 교사가 완급조절을 하는 것이 필요한 거죠.

라. 친숙한 소재를 활용한 수학 수업

제가 예전에 시간이 지남에 따라 자신의 성장 과정을 사진으로 나타내는 수학 수업을 한 적이 있어요. 아기 때 모습, 조금씩 커 나가는 모습을 사진으로 보여주면서 “우리 친구들이 이렇게 커 왔어요”라고 말해주니깐 자폐 성향이 있는 아이도 눈을 크게 뜨면서 행복해하며 집중하는 모습을 보이더라고요. 자신이 성장하는 모습을 보니깐 그 자체가 흥미롭고 신기했던 것 같아요.

부분과 전체 알기 수업을 하였는데, 보통은 도형의 일부를 보고 그 도형을 맞히는 경우가 많은데 저는 반 학생들의 모습을 활용했어요. 우선 제가 아이패드로 학생들의 사진을 찍어요. 전체 사진도 찍고 학생의 눈, 코, 입과 같이 신체 일부만 찍기도 하죠. 그리고 신체 일부의 모습을 스크린을 통해 학생들에게 보여주면, 반 친구들이 누군지 궁금해하는 거예요. 그럼 친구가 누구인지 함께 맞혀보자고 하는 거죠. 이때 자신이 예상했던 친구가 나오면 좋아하기도 하고 그 친구를 손으로 가리키며 ○○ 나왔다고 말하는 친구도 있더라고요.

마. 학생이 재미있고 즐거운 수학 수업

수학 교과는 자칫하면 재미가 없는 수업이 될 가능성이 높다고 생각해요. 따라서 교사는 어떻게 하면 학생들이 재미있게 수학 수업을 참여할 수 있을까를 제일 염두에 두고 수업해야죠. 학생이 재미있어하면 집중도 잘 되고 그러면 교사와 학생의 상호작용도 잘 이루어지고 수업 흐름도 끊어지지 않으니깐요. 또한 수업이 끝났을 때 아이들의 반응이 '재밌다', '아 또 하고 싶다', '종이 치는 것을 아쉬워한다'고 하면 그때 느끼는 교사의 희열은 말로 표현할 수 없죠.

가끔 우리 아이들과 수학 수업을 하다 보면 아이들이 하기 싫어하는 게 눈에 보일 때가 있어요. 특히 중증 아이들은 연필을 던지기도 하고 학습에 전혀 참여하지 않으려고도 하죠. 그럴 때면 아이를 혼내기도 하지만... 가끔은 이 아이가 수를 계산하는 것이 얼마나 지겨울까 하는 생각도 해요. 중증의 아이들은 개수를 세거나 연산을 하는 것이 자신한테 필요한지를 느끼지 못하는데 선생님이 억지로 시키는 거잖아요.

바. 학생들이 쉽게 다가갈 수 있는 주제 중심 수학 수업

과목이라는 것이 우리가 가르치기 위해 편의에 의해서 나눈 것이지 지식 자체가 분리되어 있는 것은 아니잖아요. 과목들을 융합하고 연결하여 주제 중심으로 제시하는 것이 아이들의 발달에 좋은 영향을 주고, 아이들이 쉽게 다가갈 수 있는 것 같아요.

수학 수업이라도 여러 교과와 연계하는 수업이 재미나고 좋은 것 같아요. 예전에 물고기 동화를 이용해서 수업을 했었는데 무지개 물고기라는 동화책을 읽고 그 안의 물고기를 가지고 종이접기를 해서 물고기를 만들고, 종이접기 한 물고기를 활용해서 수 세기를 했었거든요. 그냥 수학 수업을 재미있게, 국어 수업을 재미있게 하는 것보다 미술활동, 국어활동, 수학활동을 함께 융합해서 하는 것이 학생들이 좀 더 재미있고 적극적으로 참여할 수 있는 수학 수업을 할 수 있는 것 같아요.

주제 중심으로 접근하는 것이 실생활과 관련성이 높아서 학생들이 학습에 대한 필요성을 느끼기에도 더 좋은 것 같아요. 우리가 생활 속 문제를 해결할 때 수학적 요소만 쏙 뽑아서 활용하는건 아니잖아요? 국어도 필요하고, 수학도 필요하고 여러 학문들을 종합적으로 활용하니깐요.

4 학습동기를 높이는 수학 수업을 위해 동료 교사들이 전하는 수업 노하우

학생의 요구를 반영한 수학 수업을 하라.

- 학생의 요구를 고려한 수학 수업은 학생의 학습동기를 높이고 수업이 끝나고 나서도 학습에 대한 흥미가 유지되는 데 도움이 된다.

다양한 시도를 통해 학생의 흥미를 파악하라.

- 여러 가지 것들을 제시했을 때 아이가 무엇을 좋아하는지를 알 수 있다.

학생이 좋아하는 자료를 활용하라.

- 학생이 좋아하는 자료를 활용하면 학생은 그 자료를 계속 찾게 되고 그것은 반복학습을 하게 되는 계기가 된다.
- 단 학생의 자료에 대한 집착 정도와 특성을 파악해서 교사가 수업에서 적절히 완급조절을 하는 것이 필요하다.

학생에게 친숙한 소재를 활용하라.

- 학생의 사진과 일상생활의 경험은 학생의 동기를 유발하는 좋은 자료가 된다.

학생이 재미있고 즐거운 수학 수업을 하라.

- 재미있는 수업은 학생이 수업에 집중하고 활발히 상호작용하는 데 도움되며, 수업에 대한 교사의 만족감도 높인다.

학생이 쉽게 다가갈 수 있는 주제 중심 수학 수업을 하라.

- 과목이란 삶에 필요한 지식을 우리의 편의에 의해 분절화시킨 것이며, 아이들은 주제 중심 수학 수업에 좀 더 쉽게 다가간다.

5 학습동기를 높이는 수학 수업 디자인

1. 컵라면을 통해 시간의 흐름 알기

수업 펼치기

열기	■ 라면송 영상 함께 보기 - https://www.youtube.com/watch?v=6KxZzS6JuY4 - 라면송 영상을 함께 본다. - ♬보글보글 고고!!! 끓는 물에 보글보글 고고!!! 스프를 넣고♬ - 학생들에게 라면을 좋아하는지, 라면을 끓여본 경험은 있는지를 물어 본다. - 오늘은 컵라면을 끓인 후 시간이 지나면 컵라면의 면이 나중에 어떻게 변화하는지를 함께 알아보자고 한다.
함께 하기	[활동1] 컵라면을 끓이기 전과 후의 면의 모습 관찰하기 - 물을 붓기 전 라면의 면을 관찰하고 만져보게 하여 느낌을 말한다. [활동2] 벽시계를 들고 초침이 3바퀴 돌아감을 보여주기 - 물을 부은 후 3분이 지남을 아이들에게 눈으로 확인시킨다. [활동3] 컵라면의 변화 알기 - 물을 부은 후 라면의 면을 관찰하고 말랑말랑해진 면을 만져본다. 컵라면의 변화 순서를 사진으로 제시하여 시간의 흐름에 따라 놓게 한다.
나누기	- 라면을 끓이기 전과 끓인 후 면의 상태를 말하게 한다. - 라면의 면이 물을 붓기 전에는 딱딱했다가 물을 붓고 시간이 흐른 후에는 부드럽게 풀어졌다는 것을 말한다. - 3분이라는 시간의 흐름에 따라 라면의 면의 상태가 달라짐을 확인한다. - 우리는 일상생활에서 '5분 지났다', '10분 지났다'와 같이 시간이 지남을 경험하게 되고, 라면의 면은 3분이 지나면 변화하게 된다는 것을 말한다.

학습목표	• 컵라면을 끓이기 전과 후의 모습을 찾고, 시간의 흐름에 따른 변화를 말할 수 있다.
학습자료	• 컵라면, 컵라면의 변화 모습 사진, 벽시계

수업 TIP

- ☑ 학생의 필요와 요구, 좋아하는 것을 고려하면 학습동기를 높일 수 있다.
- ☑ 학생의 평소 요구에 주의를 기울이고 이를 수업에 반영하는 것이 필요하다.
- ☑ 벽시계로 초침이 돌아가는 것을 눈으로 확인시켜 주거나 컴퓨터의 초시계를 활용하면 학생들에게 시간의 흐름이라는 것을 시각적으로 보여줄 수 있다.
- ☑ '1분 지났다', '2분 지났다'와 같이 시간의 흐름에 대한 이해뿐만 아니라 컵라면 끓이기의 기능적 측면을 익힐 수 있게 한다.

학습동기를 높이는 수학 수업 디자인

2. 우리 몸을 살펴보며 개수 말하기

수업 펼치기

열기	■ 나와 친구의 몸 살펴보기 - ♬머리, 어깨, 무릎, 발, 무릎, 발♬ 노래와 율동을 따라 하며 신체 기관에 흥미를 가지게 한다. - 나와 친구의 몸을 살펴본다. - 눈, 코, 입을 손으로 가리켜 보고 개수를 말한다. - 손과 손, 발과 발을 맞대어 보고 흥미를 유발한다. - 우리 몸에 있는 여러 부위들을 함께 살펴보자고 한다.
함께 하기	【활동1】 손가락의 개수 알기 - 손바닥을 펴서 전지에 대고 연필로 그린 후 손가락이 몇 개인지를 말한다. 【활동2】 발가락의 개수 알기 - 양말을 벗고 발을 그린 후 발가락의 개수를 말한다. 【활동3】 손과 발 꾸미기 - 맞대어 그린 손과 발을 색연필로 꾸민다.
나누기	- 함께 그린 손과 발의 모양과 손가락과 발가락의 개수를 살펴본다. - 손가락을 폈다 접었다 하며 손가락의 개수를 말한다. - 자신의 손가락의 개수를 세어보고, 친구의 손가락의 개수를 세거나 친구에게 자신이 편 손가락의 개수를 세어보게 한다. - 우리 몸의 기관을 다시 한번 더 살펴본 후 개수를 이야기한다.

학습목표	• 우리 몸을 살펴보며 눈, 코, 입, 손가락, 발가락의 개수를 말할 수 있다.
학습자료	• 전지, 크레파스

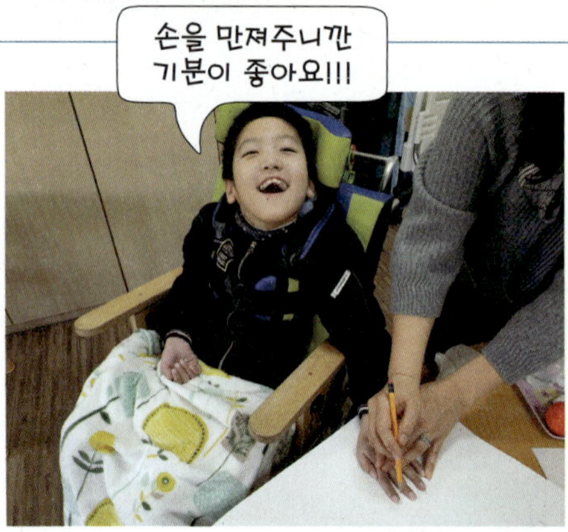

수업 TIP

- ☑ 친구들과 짝을 지어 손과 손을 맞대거나 양말을 벗고 발과 발을 맞대는 활동은 신체기관에 대한 흥미와 관심을 높일 수 있게 한다.
- ☑ 눈, 코, 입, 손가락과 발가락은 친숙하면서도 아이들이 항상 주의 깊게 보고 있는 거라서 학생들의 학습동기를 높일 수 있다.
- ☑ 손가락과 발가락을 그리고 전지에 꾸미는 활동까지 하면 40분의 수업 시간으로는 부족할 수 있다.

학습동기를 높이는 수학 수업 디자인

3. 자신의 학년과 반 알기

수업 펼치기

열기	■ 새 학기 자기소개하기 - 새롭게 반 편성이 된 3월의 첫째 주. - 새로운 친구들과 함께 자신을 소개하는 시간을 갖자고 한다. - ♬당신은 누구십니까? 나는 ○○○ 그 이름 아름답구나♬ - 노래를 함께 부르며 이름과 학년, 반을 함께 말하게 한다. - 이름 말하기, 명함 돌리기, 명패 만들기 등 자신을 소개하는 다양한 방법을 알아본다.
함께 하기	[활동1] 학년과 반이 적힌 명패 만들기 - 학년과 반이 적힌 명패를 만든다. - 명패에는 이름과 학년 반을 적고 색연필로 명패를 꾸민다. [활동2] 자기소개 놀이하기 - 완성된 명패를 들고 자신의 이름과 학년 반을 친구들에게 소개한다. - 이때 자신이 몇 학년 몇 반인지를 분명히 말하고, 학년과 반의 숫자를 한 번 더 인식하도록 한다.
나누기	- 새로운 친구들과 새로운 선생님을 만난 지금 자신을 소개하는 시간을 가져보았다고 한다. - 작년과 달리 학년과 반이 바뀌었는데 작년의 학년, 반과 올해 학년, 반을 다시 한번 더 말한다. - 교실 앞에 달린 명패(5-1)도 한 번 더 확인하며 이때 사용된 숫자도 다시 살펴본다.

학습목표	• 자신의 학년과 반을 말하며, 학년과 반에 쓰인 숫자에 관심을 가질 수 있다.
학습자료	• A4용지, 색연필, 사인펜, 풀

수업 TIP

- 아직 수 개념이 없는 중증의 학생들이 함께 있다면 수 이전 학습이 선행되어야 하지만 새 학기에 자신의 학년과 반을 익히고 소개하는 활동은 필요하므로 학습목표를 달성한다기보다는 수를 경험해 본다는 의미에서 수업을 계획하고 진행할 수 있다.
- 다음과 같은 형태로 명패를 만든다.
  - A4용지를 반으로 2번 접고 다시 펼친다.
  - 2번째와 3번째 칸에 이름과 학년 반을 쓴다.
  - 풀칠해서 종이를 붙인다.

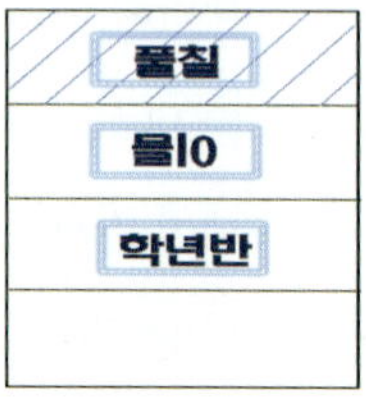

학습동기를 높이는 수학 수업 디자인

4. 동그라미, 세모, 네모 모양 찾기

수업 펼치기

열기	■ 도티와 잠뜰, 또봇 만화 캐릭터와 영상 보여주기 - 아이들이 좋아하는 도티와 잠뜰, 또봇의 만화 캐릭터 사진과 영상을 보여준다. - 동그라미, 세모, 네모 모양이 어떻게 생겼는지를 확인시켜 준다. - 이 만화 캐릭터 주인공 속에는 여러 가지 모양들이 숨어 있다고 말하며, 이 속에 숨어 있는 동그라미, 세모, 네모 모양을 함께 찾아보자고 한다.
함께하기	【활동1】 캐릭터에서 모양 찾아 꾸미기 - 자신이 좋아하는 캐릭터를 선택한 후 캐릭터에 숨어 있는 모양을 찾아 같은 모양을 붙이게 한다. 【활동2】 캐릭터를 여러 가지 모양을 활용하여 꾸미기 - 동그라미, 세모, 네모 모양을 활용하여 캐릭터를 꾸며준다.
나누기	- 오늘은 우리가 좋아하는 만화 캐릭터에서 동그라미, 세모, 네모 모양을 찾고 같은 모양을 찾아 꾸며 보았다고 한다. - 꾸민 만화 캐릭터를 보여주며 캐릭터 속에 숨어 있는 동그라미, 세모, 네모 모양을 다시 한번 더 확인한다. - 자신이 꾸민 도티, 잠뜰, 또봇을 여러 가지 모양을 활용하여 어떻게 멋지게 꾸몄는지를 친구들에게 설명한다.

학습목표	• 동그라미, 세모, 네모 모양을 찾을 수 있다.
학습자료	• 또봇 만화 캐릭터, 도티 만화 캐릭터, 색종이, 풀

수업 TIP

- 학생마다 좋아하는 자료는 다르다. 다양한 시도를 통해 학생의 흥미를 파악하고 좋아하는 자료를 수업에 활용하자.
- 학생이 좋아하는 만화 속 캐릭터나 특정 물건은 학습동기를 높이는 유용한 도구가 된다.
- 학생이 좋아하는 만화 속 캐릭터나 특정 물건을 수업의 앞부분에 활용할 수도 있지만 수업의 본 활동에 활용하면 높아진 학습동기가 지속될 수 있다.

학습동기를 높이는 수학 수업 디자인

5. 네모 모양 찾기

수업 펼치기

열기	■ 네모의 꿈 노래 부르기 - 네모의 꿈 노래 영상을 보며 함께 따라 부르게 한다. - ♬네모난 침대에서 일어나 눈을 떠보면♬ ♬네모난 창문으로 보이는 똑같은 풍경♬ - 노래를 부른 후에는 네모가 부른 노래처럼 우리 교실에 네모 모양을 가진 것에는 어떤 것들이 있는지 함께 찾아보자고 한다.
함께 하기	【활동1】 교실에서 네모 모양 찾기 - 칠판, 컴퓨터 모니터, TV, 책상, 책, 창문, 색종이 등 교실에 있는 여러 가지 물건 중에서 네모 모양을 찾는다. 【활동2】 네모 모양의 식빵으로 샌드위치 만들기 - 여러 가지 음식 중에서 네모 모양의 샌드위치를 찾게 하고, 이것을 보고 네모 모양의 식빵으로 샌드위치를 만들게 한다. 네모 모양의 햄, 치즈, 식빵 등을 활용한다.
나누기	- 생활 주변에 네모 모양의 물건에는 어떤 것들이 있었는지 다시 한번 살펴본다. - 네모 모양으로 생긴 것에는 어떤 특징과 느낌이 있는지 확인한다. - 눈으로 보고 만져보며 어떻게 생겼는지, 뾰족한 부분이 몇 개인지를 알아본다. - 크기와 모양이 다른 다양한 네모 모양을 보여주며 이것들이 모두 네모 모양이라고 정리한다.

학습목표	• 네모 모양의 식빵으로 샌드위치를 만들고, 교실에서 네모 모양을 찾을 수 있다.
학습자료	• 네모 모양의 교실 물건, 식빵, 달걀, 마요네즈 등

수업 TIP

- 샌드위치를 만들 때 네모 모양의 식빵이나 치즈 등을 활용해 네모 모양에 관심을 가지게 하는 데 중점을 두면 아이들의 학습동기를 높이는 데 효과가 있다.
- 요리를 활용한 수학 수업은 학생의 학습동기를 높일 수 있지만 자칫 요리활동만 하는 것으로 수업이 끝날 우려가 있기에 요리 재료의 이름과 네모 모양을 쓴 낱말카드를 준비하고 이를 통해 네모 모양이라는 단어를 중간중간 인지시키고 한글 학습과도 자연스럽게 연계하면 좋다.

학습동기를 높이는 수학 수업 디자인

6. 여러 가지 모양으로 꾸미기

수업 펼치기

열기	■ 아쿠아리움에서 물고기를 본 경험 말하기 - 현장학습 때 경험한 내용 중 기억에 남는 내용을 이야기한다. - 부산 아쿠아리움에서 물고기를 본 경험을 이야기한다. - 아쿠아리움에서 본 물고기는 어떤 모습이었으며 어떤 느낌이었는지를 묻는다. - 물고기는 어디에 사는지를 물으며 오늘은 동그라미, 세모, 네모와 같은 여러 가지 모양을 활용하여 물고기가 있는 바닷속의 모습을 함께 꾸며보자고 한다.
함께 하기	【활동1】 동그라미, 세모, 네모 모양으로 물고기 만들기 - 동그라미, 세모, 네모 모양을 활용하여 물고기를 만들게 한다. 【활동2】 만든 물고기로 바다의 모습 꾸미기 - 만든 물고기를 전지를 활용한 바닷속 풍경에 배치하여 바닷속 모습을 꾸며보게 한다.
나누기	- 완성된 바다에 있는 물고기를 보여준다. - 물고기 속에서 동그라미, 세모, 네모 모양을 찾아본다. - 물고기를 만들고 남은 재료들은 모양별로 모으게 한다. - 동그라미, 세모, 네모 모양을 활용하여 예쁜 바닷속의 모습을 꾸며 보았음을 확인한다.

학습목표	• 동그라미, 세모, 네모 모양으로 여러 가지 모양을 만들 수 있다.
학습자료	• 전지, 색종이, 풀, 가위

수업 TIP

- 어렸을 때 소풍날을 기다리며 잠을 설친 경험이 누구나 있을 것이다. 우리 학생들에게도 마찬가지로 현장체험학습은 특별한 경험이다. 현장체험학습, 체육대회, 예술제와 같이 생활 속에서 경험한 내용을 수업에 활용하면 학생들의 학습 동기를 높일 수 있다.
- 사람의 얼굴 모양은 동그라미에 가깝다. 아이들이 태어나서 가장 먼저 보는 것이 엄마의 얼굴이므로 동그라미, 세모, 네모 순으로 도형을 지도해 보는 건 어떨까?
- 네모 모양의 색종이를 그대로 사용하여 네모 모양을 만들고, 반으로 잘라서 세모 모양을 만들고, 동그라미는 보조선을 따라 오리게 할 수 있다.

6 궁금해요 교수님

궁금증 수학 수업에서 학생들의 학습동기를 높이려면 어떻게 해야 할까요?

현장교사의 고민 수학수업에서 다양한 활동을 하고자 많은 준비를 하여도 학생들이 참여하지 않으려고 합니다. 어떤 경우에는 처음에만 하다가 중간에 너무 쉽게 포기해버리기도 하고, 때로는 학생 자신이 잘하는 활동에만 참여하려는 모습을 보입니다. 전반적으로 학습에 대한 흥미나 동기가 낮은 것 같은데, 우리 아이들의 학습동기를 높이는 수학 수업을 하려면 무엇을 준비해야 하나요?

고민 해결을 위한 조언 학생들의 학습동기를 높이기 위한 방법은 켈러의 학습동기화 모형을 참조하면 될 것 같습니다. 여기에서는 다른 방식으로 해답을 찾아보려고 합니다.

일반 수학교육에서 학습동기가 낮은 학생들의 문제는 '수포자'의 형태로 나타납니다. 아마도 수학이 너무 어려워서 수학을 포기하는 학생들이 나타나는 것이고, 이런 현상이 두드러지기에 '수포자'라는 유행어가 나타난 것이 아닌가 생각됩니다. 여기에서 역설적으로 만약에 수학이 너무 어렵지 않고 도전할 만한 과제라고 한다면 학생들이 학습동기가 낮아지지 않겠지요. 결국 '수포자'가 되지도 않겠고요.

'수포자'로 꺼낸 이야기를 정리해보면, 학습동기가 낮아지지 않게 하려면, 너무 어렵지 않은 도전할 만한 과제가 필요하다고 하겠습니다. 이는 일반학생들뿐만 아니라 특수교육대상학생들에게도 마찬가지의 교육적 원리가 아닐까 생각됩니다. 이는 보편적 학습설계의 원리에서도 살펴볼 수 있습니다. 아래 내용은 제가 장애학생 통합교육론에서 작성한 내용으로 찬찬히 읽어보세요.

참조자료: 장애학생 통합교육론 pp.214-215에서 발췌

보편적 학습설계의 원리

보편적 학습설계의 개념은 건축에서 말하는 보편적 설계와는 다른 점을 가지고 있다. 건축에서의 보편적 설계는 물리적 접근의 편리성을 위한 최대한의 지원만을 목적으로 한다. 그러나 보편적 학습설계는 물리적 접근뿐만 아니라 인지적 접근이 가능하도록 하는 설계 방안으로 그 폭을 확장하였으며, 지원과 도전의 적절한 균형을 중요한 원리로 제안하였다(그림 참조). 건축물에의 접근에서와 같이 도전적인 요소를 모두 없애고 편리함만을 제공하는 것은 최적의 학습 조건이 아니며, 도전적인 목표 제시, 과제물 제시와 같은 적절한 도전적 요소를 제공하는 것이 중요한 학습 조건에 포함된다는 것이다. 흔히 장애학생을 위한 교육에서 지원적인 요소만을 생각하게 되기 쉬운데, 이들에게 도전적인 요소를 함께 고려하여 적절한 균형을 유지하는 것이 최대한의 학습 효과를 가져 오는 방법임을 일깨워주고 있다. 더 나아가 장애학생을 위한 다각적인 지원 방안을 모색하는 것이 필요한 일이지만, 이보다 앞서 장애학생에게 최대한의 학습 기회를 보장하기 위한 도전적인 학습 과제를 마련하는 것이 매우 중요한 일임을 말해주고 있다.

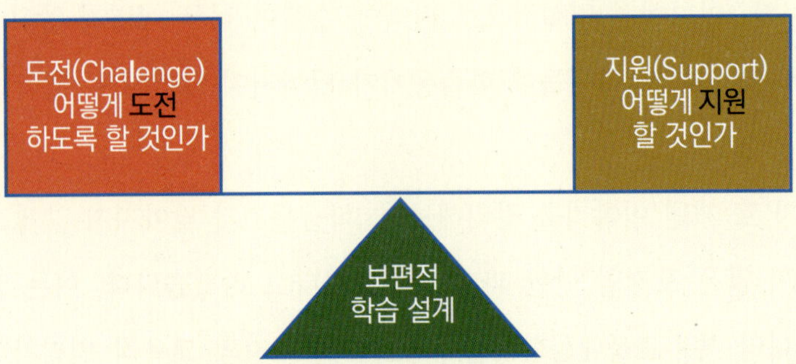

그림 보편적 학습설계의 원리

다시 물음으로 돌아가서, 우리 아이들의 학습동기를 높이는 수학 수업을 하려면 우선 교사가 학생에게 도전할 만한 과제를 찾아 제공해야 합니다. 그리고 도전의 과정에서 실패를 경험하지 않도록 적절한 지원을 제공해 주어야 하고, 혹여 실패(오답)를 하더라도 오답을 허용해주는 수학 수업분위기를 조성해서 다시금 도전할 수 있도록 해야 합니다. 뭐 그리 복잡하지 않은 해답인 것 같지만, 이를 실제 특수교육 현장에서 실행에 옮기는 일은 매우 어려운 일이 될 것입니다. 저는 스캐폴딩 전략을 통해 실행할 수 있는 구체적인 방법을 찾을 수 있었는데요, 수학 수업과 관련된 스캐폴딩 전략에 관해서는 관련 연구나 자료를 찾아서 좀 더 공부해 보시기 바랍니다. 선생님들께 도전적인 과제를 드렸네요. ㅠㅠ

Ⅲ

모든 학생들의 수업참여를 위한 수준별 수학 수업

1 왜 수준별 수학 수업인가?

특수학급에서의 수학 수업 시간. 시간표상 4명의 학생이 같은 시간에 함께 오게 되었는데, 한 명의 학생은 초등학교 1학년 ADHD, 한 명의 학생은 2학년 자폐성 장애, 또 다른 두 명은 5학년 지적장애 학생이다. 다양한 학년과 장애 특성만큼 기초학습능력과 지적 능력도 천차만별인데, 자폐성 장애학생은 짝짓기, 변별하기, 분류하기와 같은 수 이전 개념이 형성되지 않았고 ADHD 학생은 1부터 9까지의 수 공부가 필요한 상황이다. 또한 지적장애 학생 중 한 명은 한 자리 수의 덧셈을 하여야 하고 또 다른 지적장애 학생은 구구단을 공부하여야 한다. 이런 상황이라면 특수교사는 매시간 수업을 어떻게 진행할지에 대한 고민에 빠지게 된다.

일반적으로 특수교사들은 장애학생의 큰 개인차로 인해 수업의 어려움을 토로하곤 한다. 특히 수학은 교육과정상 위계가 명확하여 한 시간에 여러 명의 학생이 함께 있을 때면 학생들 간 수준차가 너무 많이 나고 공부할 내용이 달라 모든 학생들에게 의미 있는 수업을 진행하는 데 걸림돌이 많다.

이런 부분에 대한 고민을 현장의 선생님들과 함께 나누다 보면 다음과 같은 세 가지 방안을 제시하곤 한다.

첫째, 학기 초 최대한 일대일로 수학 수업을 할 수 있도록 통합학급 교사와 시간표를 조정하는 방법이다. 이런 방법은 먼저 통합학급 교사의 협조가 필요하고, 시간표가 조정된다고 할지라도 특수학급 교사의 수업시수가 많이 늘어날 수 있다는 단점이 있다.

둘째, 지원인력과 자원봉사자를 활용하여 여러 명의 학생이 한번에 내려오더라도 최대한 일대일로 수업을 할 수 있도록 하는 것이다. 이때에는 지원인력과 자원봉사자에게 무슨 내용을 어떻게 지도해야 할지에 대한 사전교육이 선행되어야 하며, 자원봉사자를 확보하고 운영하는 시스템을 구축하여야 한다.

셋째, 주제 중심으로 수업을 진행하되 학생들의 수준에 맞는 자료를 제시하는 방법이다. 이 방법이 가장 이상적이라고 생각하지만 매시간 수학 수업을 모든 학생들이 참여하는 주제 중심으로 교육과정을 재구성하여 준비하고 진행하는 데 어려움이 있다.

위에서 제시한 세 가지 방안은 접근 방법은 다를지라도 장애학생의 수준에 맞는 수학 수업을 해야 한다는 데에는 생각을 같이한다.

브루너는 어떤 발달단계의 아동이라도 그 발달단계에 맞춰 지식을 표현하면 가르칠 수 있다고 하였다. 바꾸어 말하면 학습자가 학습내용을 이해하지 못하는 것이 아니라 교사가 지식을 학습자의 인지발달 수준에 맞는 표상양식으로 표현하지 못해서, 잘 가르치지 못해서 학습자의 성취가 이루어지지 않는다는 것이다.

즉 장애학생의 인지능력과 장애 특성을 고려한 수준별 수학 수업이 이루어진다면 한 명의 장애학생도 배제되지 않고 모든 학생들이 수업에서 의미 있는 배움이 일어날 수 있다.

2 브루너의 지식의 구조

브루너는 학생들과 학자들이 다루는 지식은 수준에 있어서 차이가 있으나 지식의 구조는 동일하다고 하였다. 이때 지식의 구조는 교과의 핵심 개념과 원리를 말한다(Bruner, 1960). 하지만 지금까지의 교육은 핵심 개념과 기본 원리를 가르치지 않아 초등학생이 배우는 과학과 대학교수가 가르치는 물리의 연계성이 너무 떨어지므로 학생들에게 지식의 구조를 가르치는 것이 필요하다고 하였다. 특히 계열성과 계속성을 중요시하는 나선형 교육과정을 강조하였다. 이는 동일한 핵심 개념을 발달단계가 높아짐에 따라 폭넓고 깊이 있게 가르치면, 학습의 전이와 일반화가 용이하다는 것이다(Bruner, 1960).

NCTM(2000)은 수학적 아이디어들이 표상되는 방식은 사람들이 그 아이디어들을 이해할 수 있고 활용할 수 있는 방법의 토대가 된다고 하며 표상 방식의 중요성을 강조하였다. 브루너는 무슨 교과든지 그 지적 성격에 충실한 형태로 표현하면 어떤 발달단계에 있는 아동에게도 효과적으로 가르칠 수 있다고 하며, 모든 지식은 다음과 같은 세 가지 방법으로 표현할 수 있다고 하였다(박성택, 1996).

동작적 표상은 실물이나 구체물 등을 그대로 제시하여 행동화, 조작화를 통해 지식을 이해하게 하는 방법이다(남윤석 외, 2021). 예를 들면 사과 3개와 배 2개를 제시하여 사과와 배의 실물을 움직여 더하게 하는 것이다.

영상적 표상은 그림이나 영상을 통해 지식을 이해하게 하는 방법이다(남윤석 외, 2021). 예를 들면 사과 그림 3개와 배 그림 2개를 보고 더하게 하는 것이다.

상징적 표상은 기호, 수식, 문자 등의 상징적 체계를 통해 지식을 이해하게 하는 방법이다(남윤석 외, 2021). 예를 들어 3+2 수식의 답을 구하게 하는 것이다.

브루너는 학습자의 발달 수준이 낮으면 동작적 표상을, 학습자의 발달 수준이 높으면 영상적, 상징적 표상을 학습에 이용할 수 있다고 하였다(박성택,

1996). 따라서 추상적인 수학 학습을 쉽게 이해하기 위해서는 인지 발달의 경로에 따라 동작-영상-상징의 단계적인 과정 중심의 학습이 이루어지는 것이 바람직하다(박성택, 1996). 다만 요즘 학생들의 모습을 보면 구체물의 조작보다 유튜브 등의 영상을 통해 학습내용을 이해하는 것이 더 빠른 경우도 있으므로 학생들의 흥미와 수준에 맞게 표상양식을 달리 적용하는 것이 필요하다.

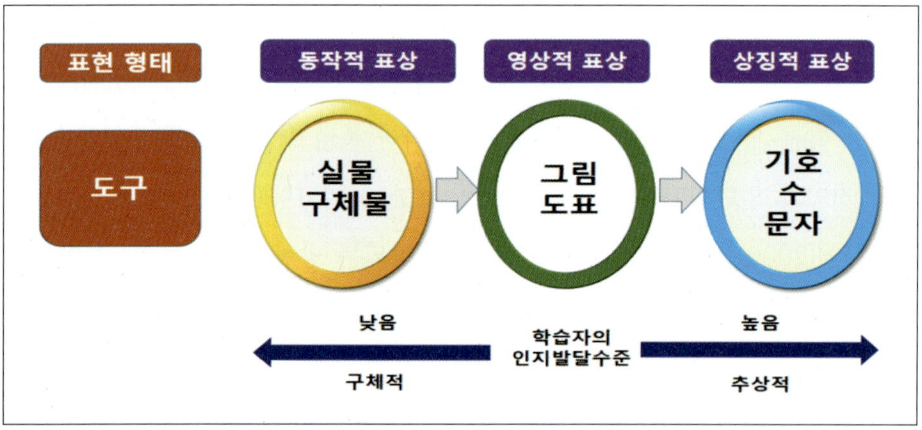

- 브루너의 세 가지 표상을 통한 지식의 이해 -

3 수준별 수학 수업에 대한 특수교사들의 이야기

가. 장애학생의 눈높이에 맞는 기초적인 내용을 제시하는 수학 수업

사실 우리 아이들한테 수학이라고 하는 건 굉장히 어려운 교과예요. 일반교육에서도 대부분 초등학교 고학년부터 많은 아이들이 수학을 포기하는 모습을 볼 수 있는 게 우리나라 수학교육의 현실이니깐요. 왜 그런가 생각해 보면 특수교육과 일반교육 모두 너무 어렵고 많은 내용을 짧은 기간에 사고의 단계를 거치지 않고 빨리 지나가기 때문에 아이들이 그것을 제대로 담을 수 없기 때문이죠. 따라서 우리 아이들한테 더하기 빼기와 같이 아주 기초적인 거라도 애들 수준에 맞춰서 쉽게 가르치는 것이 필요한 것 같아요.

나. 개별 학생의 수준에 맞는 내용과 활동이 제공되는 수학 수업

저희 반 애가 틀리는 것에 대해서 너무 강박관념이 있는 거예요. 하나라도 문제를 틀리면 괜찮다고 해도 난리가 나거든요. 그런 아이들 같은 경우에는 그 아이가 잘할 수 있는 과제부터 시작하는 거죠. 그 아이가 100점 받고 기분이 좋아졌을 때 조금 어려운 것을 하면 틀리거나 실수를 해도 다시 해보려고 하거든요. 근데 또 다른 학생은 오히려 어려운 문제를 풀면서 좋아하는 아이도 있어요. "어려운 것 주세요." 이러면서. 애들마다 다 다른 것 같아요. 그래서 하나라도 틀리면 화가 나는 아이는 쉬운 과제부터 제시하고 어려운 문제를 푸는 것을 좋아하는 아이는 계속 도전할 수 있도록 조금 더 어려운 문제를 계속 도전하게끔 해주는 거죠.

특수학급에 근무하면 학생들의 학년과 수준이 다른 학생들이 함께 모여 수학 수업을 해야 할 때가 많이 있어요. 그래서 같은 주제 아래 수준을 다르게 하여 수업을 했어요. 예를 들면 과자집 만들기를 하면 과자 모양이 다양하잖아요. 그러면 저학년의 경우에는 상자 모양, 둥근기둥 모양, 공 모양 등 여러 가지 모양으로 해서 과자를 모양별로 분류하고, 고학년의 경우는 직육면체, 정육면체, 원뿔과 같이 입체도형을 가르치면서 과자집 만들기를 하는 거죠.

다. 표상을 달리하는 수준별 자료가 제공되는 수학 수업

저는 수학 수업의 한 차시에 최종 도달해야 하는 목표는 하나이어야 한다고 생각을 해요. 다만 그 목표에 도달할 수 있는 아이의 능력이나 선행되어 있는 기초학습 수준은 다르기에 교사가 제공하는 재료가 달라져야겠죠. 힘들어하는 아이를 위해 보다 쉬운 그리고 조작적 도구를 제공하는 것이 필요하죠.

똑같은 문제를 풀어도 한 학생은 구체물이 필요하고 다른 학생은 자료 없이 바로 수식을 풀 수 있어요. 학생들 수준이 다양하니깐요. 그러니까 그 다양성을 먼저 파악해보고 얘는 숫자로 바로 접근해야겠다 아니면 구체물이나 그림 자료를 활용해야겠다고 결정을 하는 거죠.

어떤 학생은 조작 활동밖에 못 하면 조작 활동을 할 수 있게 학습자료를 준비하고, 학습지를 푸는 것이 가능한 학생이면 학습지를 준비하는 거죠. 너무 쉬운 수준에 맞추면 수준이 높은 학생은 시시해서 참여를 안 하고 학습지와 같이 수준이 높아지면 글씨를 못 쓰는 아동에게는 무의미한 수업 시간이 되죠. 그래서 수준이 다른 자료를 모두 제시했을 때 모든 학생들이 수업에 참여할 수 있더라고요.

제가 하는 수학 수업의 경우 기탄수학과 같은 학습지를 자주 사용해요. 단계별로 나와 있으니깐요. 근데 학생 개인적으로 필요한 다른 영역의 경우에는 시중의 학습지를 그대로 줄 수가 없어요. 왜냐하면 그 학습지 안에서도 이 아이에게 안 맞는 것이 있고 맞는 것이 있으니까. 그럴 경우 저는 기존의 학습지를 변형해서 따로 학습지를 만들거든요.

라. 중증 장애학생의 학습 참여를 위해 시도하는 수학 수업

특수교육에서도 사실은 끊임없이 소외시키는 수업을 하고 있잖아요. 특히 특수교사조차도 중증 학생들을 배제하고 수업하는 경우가 많잖아요? 근데 일반교육의 수학 수업에서 이 선생님은 일반적인 여러 아이들보다 수준이 낮은 그 아이한테 머물렀다는 거죠. 그 아이의 배우고자 하는 욕구를 발견하고 모르는 지점을 찾아냈고, 그렇기 때문에 그 아이를 포기하지 않았다는 거죠. 이 아이는 그게 평생 기억에 남을 거예요.

중증 장애학생들이나 도전적 행동을 가지고 있는 아이들 같은 경우 수업내용을 이해하지 못해도 대신 활동 참여는 할 수 있잖아요. 특수학교에 있을 때 저희 반은 한 명 빼고 나머지는 다 중증이었는데 '이렇게 반응이 없을 수 있나?'라는 생각이 들었어요. 그래서 되도록이면 아이들을 지식적인 내용으로 끌고 가기보다는 상호작용하고 아이들이 참여할 수 있는 부분에 계속 에너지를 쏟으니깐 아이들도 참여하는 모습이 보였거든요.

여기 공을 활용하여 목표물을 맞혀 수를 공부하는 활동이 있으면 다른 아이들은 공을 던져야 하지만 중도중복장애 학생들은 굴려도 되는 거예요. 공이 이렇게 손에 딱 안 잡히잖아요. 그렇지만 손으로 터치는 할 수 있고, 살짝이라도 밀어주면 들어가니까. 가까운 거리에서 손으로 터치할 수 있도록 하는 거죠.

마. 수준별 수업을 위해 선호하는 방법 일대일 수학 수업

저는 개별적 지원이 필요하다고 보거든요. 시간표를 짜다 보면 장애영역이 다른 다양한 아이들을 만나서 함께 수업을 하니깐 아무래도 수준별 수업을 하기에 어려운 부분이 많아요. 그래서 그룹으로 하는 경우가 많아요. 물론 다수가 함께 하는 수준별 수업도 필요할 때가 있지만 학급에서 그룹별로 하지 않고 수학 수업 시간에 개별적으로 와서 지원을 받는 시간도 있어야 한다고 생각해요. 즉 일대일 교육이 필요한 거죠. 특히 수학 과목은 연산 문제를 푸는 것과 같이 좀 더 개인이 집중하는 시간이 필요하다고 생각해요.

일대일 수업은 제 개인적으로는 좋을 때도 있고 안 좋을 때도 있어요. 집중적으로 무언가를 배워야 할 시기가 있거나 잘 안되는 부분이 있는 아이의 경우는 일대일 수업을 하면 확실하게 지도해 줄 수 있으니깐 걔도 좋고 저도 좋았어요. 하지만 일반적으로 수업할 때는 아이들이 재미없어해요. 일대일이면 자기한테 너무 관심이 다 오니깐 부담스러워하더라고요. 옆에 누가 있으면 조금 말도 걸고 조금 멍하니 있을 수도 있는데. 그러질 못하니깐요.

바. 다음 수업 계획 수립을 위한 수준별 평가

우리 아이들은 사실 평가하기가 어렵긴 해요. 왜냐하면 일반 아이들은 수업이 끝난 후 학습지 하나만 풀게 해도 무엇을 할 수 있고 무엇을 하지 못하는지를 명확히 파악할 수 있잖아요. 근데 우리 아이들은 그렇지 않거든요. 그리고 한 학기나 1년을 공부해도 그냥 그 자리라고 생각되는 경우가 많잖아요. 그래도 그 아이에 맞는 방법으로 평가하면 무언가 달라짐이 보일 때가 있더라고요.

학생마다 평가의 시기, 방법, 횟수가 달라야 한다고 생각해요. 왜냐하면 학생마다 배우는 내용도 다르고 같은 내용을 배우더라도 배움이 일어나는 양도 다르기 때문이죠. 따라서 거기에 맞는 개별적인 평가가 이루어져야 그 다음 수업에 반영할 수 있거든요. 예를 들면 수준이 높은 애들은 학습지를 활용하여 평가할 수 있는데, 수준이 낮은 애들은 관찰하고 기록하듯이 평가의 방법을 달리해야죠.

4 수준별 수학 수업을 위해 동료 교사들이 전하는 수업 노하우

장애학생의 눈높이에 맞는 기초적인 내용을 제시하라.

- 지금 현재 내가 하고 있는 수학 수업이 장애학생의 인지능력을 고려하지 않아 너무 어렵고 많은 양의 내용을 제시하고 있는 것은 아닌지 반성해 볼 필요가 있다.

개별 학생의 수준에 맞는 내용과 활동을 제공하라.

- 학생 개개인의 수준에 따라 난이도를 달리하거나 접근의 방식을 다르게 하면 학생의 수업 참여를 이끌어 낼 수 있다.

표상을 달리하는 수준별 자료를 제공하라.

- 구체물, 반구체물, 수식이나 기호 등 학생의 인지능력에 따라 자료를 달리하면 수업에 대한 이해가 높아진다.
- 개별 학생의 특성에 맞는 수업자료를 만들 수도 있고 보편적인 자료와 도구를 장애학생의 특성에 맞게 수정하고 보완하여 제공할 수도 있다.

중증 장애학생의 학습 참여를 위해 시도하라.

- 중증 장애학생도 아이의 수준에 맞는 내용을 제시하고 활동을 수정해서 제시해 주면 수업에 참여할 수 있다.

수학 수업의 집중력과 학습효과를 높일 수 있는 일대일 수업을 활용하라.

- 개인이 좀 더 집중할 수 있는 시간을 마련해 주는 것이 필요할 때가 있다.
- 다만 일대일 수업은 장애학생에게 학습에 대한 부담감을 주고, 흥미를 떨어뜨릴 수 있는 우려도 있다.

학생마다 방법을 달리하는 수준별 평가를 활용하라.

- 수준별 평가는 학생의 수준을 반영하여 다음 수업계획 수립에 도움이 된다.

5 수준별 수학 수업 디자인

1. 동전의 모습 살펴보기

수업 펼치기

열기	■ 돈이 필요한 상황 제시하기 - 과자를 사기 위해 학교 근처 마트에 간 ○○이의 사진을 제시한다. - 물건을 고르는 모습과 물건 구입 후 가게 주인에게 무언가를 지불하는 모습을 보여주며 과자를 구입하기 위해서 ○○이가 낸 것은 무엇인지를 발문한다. - 물건을 구입하기 위해서는 화폐가 필요함을 인식시킨다.
함께 하기	【활동1】 동전 낚시놀이 - 연필, 가위, 빨대, 색종이와 같이 교실에서 볼 수 있는 친숙한 물건과 함께 동전을 바다 상자에 넣는다. 물건을 살 수 있는 동전이 바다에 빠져 있다고 하며 낚싯대를 이용하여 동전을 건져 올린다. 이때 동전에는 클립을 꽂아서 자석 낚싯대에 붙을 수 있게 한다. 【활동2】 동전의 모습 살펴보기 - 500원, 100원, 50원, 10원 동전의 앞면과 뒷면을 구분하여 액면가가 같은 동전끼리 벨크로와 찍찍이를 활용하여 판에 붙인 후 동전의 모습을 살펴보고 액면가를 말한다.
나누기	- 물건을 사기 위해서는 동전이 필요함을 다시 한번 더 말한다. - 500원, 100원, 50원, 10원 동전의 모습과 액면가를 다시 한번 더 살펴본다. - 액면가별로 동전을 모으게 한다. - 동전마다 각각의 액면가가 다르고 그에 따른 모습과 크기도 다르다는 것을 다시 한번 더 확인한다.

학습목표	• 동전을 종류에 따라 분류하고 액면가를 말할 수 있다.
학습자료	• 바다 상자, 나무젓가락, 낚싯줄, 자석, 클립, 모형 동전, 벨크로 등

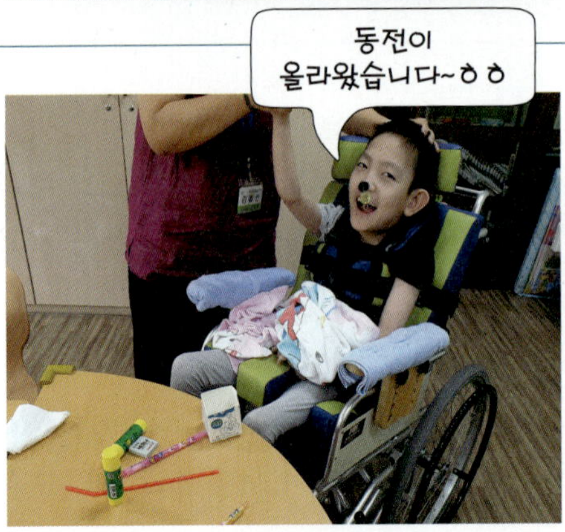

수업 TIP

- 물건을 살 수 있는 동전과 동전이 아닌 것을 구분하기 위해 나무젓가락에 낚싯줄과 자석을 활용하여 만든 낚싯대와 클립을 연결한 동전은 쉽고 간편하게 제작할 수 있으면서도 아이들이 적극적으로 수업에 참여하는 데 도움을 준다.
- 코팅판에 벨크로를 붙여 동전의 모습을 살펴보는 것은 중증 장애학생들이 500원, 100원, 50원, 10원 동전을 액면가가 같은 것끼리 모으고 동전의 모습을 살펴보는 데 도움이 된다.
- 기능이 높은 학생이라면 동전의 모습을 살펴보기 위해 동전 위에 종이를 올려놓은 후 연필로 문질러 볼 수 있다. 하지만 중증 장애학생들은 손힘의 강약조절이 되지 않아 종이가 찢어질 수 있다.

가. 수준별 수업 교수 · 학습과정안

주제	화폐를 사용해요		제재	동전의 종류 알기	차시	5/13
학습목표	가	정○○	4가지 동전을 종류에 따라 분류하며 액면가를 말할 수 있다.			
	나	박○○	3가지 동전을 종류에 따라 분류하며 액면가를 말할 수 있다.			
	다	박○○	2가지 동전을 같은 면을 찾아 모으고 구분할 수 있다.			

단계	학습내용	교수-학습활동				시간(분)	자료(★) 및 유의점(※)
		교사활동	학생활동				
			가	나	다		
도입	학습 분위기조성	■ 인사 및 학습 준비 확인하기	• 얼굴주사위를 활용하여 인사차례를 정한다. • 바른 자세로 구령에 맞춰 인사를 한다.			5	※ 자리배치, 출석을 확인한다.
	동기유발	■ 물건 사는 사진 제시하기 - 물건을 살 때 무엇이 필요한지 발문한다.	• 상황을 떠올리며 교사의 이야기를 들은 후 교사의 발문에 적절하게 답한다.	• 자리에서 일어나지 않고 교사의 이야기를 듣는다.			★ 8절지, 가게에서 물건 사는 사진 ※ 발문을 통하여 학생들의 생각을 자유롭게 말할수있게한다.
	공부할 문제 및 활동 순서 확인	■ 공부할 문제 및 활동 순서 제시하기 을 같은 것끼리 모으고 얼마인지 말하여 봅시다. 활동1: 여러 가지 물건 중에서 동전 찾기 활동2: 동전의 모습 살펴보기 활동3: 동전을 같은 것끼리 모으고 얼마인지 말하기					★ 공부할 문제 제시 (동전 사진)
전개	〈활동1〉 동전 낚시놀이	■ 여러 가지 물건 제시하기	• 여러 가지 물건을 살펴보고 명칭을 말한다.	• 교사의 발문에 따라 해당하는 물건을 손으로 가리킨다.	• 교사의 언어적 촉구에 의해 물건의 명칭을 말한다.	10	★ 색종이, 연필, 풀, 지우개, 동전 등 ※ 생활에서 친숙한 물건의 제시로 학습의 효과를 높인다.
		■ 여러 가지 물건 중에서 동전 찾기	• 여러 가지 물건 중에서 낚시 놀이를 통하여 500원, 100원, 50원, 10원 동전을 찾은 후	• 여러 가지 물건 중에서 낚시 놀이를 통하여 500원, 100원, 10원 동전을 찾은 후 물건을	• 여러 가지 물건 중에서 낚시 놀이를 통하여 500원, 100원 동전을 찾은 후 물건을 구입할		★ 낚싯대, 자석 ※ 자석을 활용하여 학생들의 흥미를 높이며 중도 중복 장애학생의 성공적인

단계	학습 내용	교수-학습활동				시간(분)	자료(★) 및 유의점(※)
		교 사 활 동	학생활동				
			가	나	다		
			물건을 구입할 때 사용하는 동전임을 안다.	구입할 때 사용하는 동전임을 안다.	때 사용하는 동전임을 안다.		학습경험을 유도한다.
	〈활동2〉 동전의 모습 살펴보기	■ 벨크로와 찍찍이를 활용한 교구에 동전 붙이기	• 벨크로와 찍찍이를 활용한 교구에 500원, 100원, 50원, 10원 4가지 동전을 같은 동전끼리 붙인 후 동전의 앞면과 뒷면의 모습을 살펴본다.	• 벨크로와 찍찍이를 활용한 교구에 500원, 100원, 10원 3가지 동전을 같은 동전끼리 붙인 후 동전의 앞면과 뒷면의 모습을 살펴본다.	• 벨크로와 찍찍이를 활용한 교구에 500원, 100원 2가지 동전을 같은 동전끼리 붙인 후 동전의 앞면과 뒷면의 모습을 살펴본다.	10	★ 벨크로와 찍찍이를 활용한 수준별 교구, 동전
	〈활동3〉 같은 종류의 동전 모으기	■ 같은 종류의 동전끼리 모으게 한 후 액면가 말하기	• 동전의 앞면과 뒷면을 구분하여 같은 동전끼리 모은 후 액면가를 말한다.	• 동전의 앞면과 뒷면을 구분하여 액면가가 같은 동전끼리 모은다.	• 동전의 같은 면을 보고 액면가가 같은 동전끼리 모은다.	10	
정리	학습 내용정리	■ 배운 내용 발문하기 - 동전을 종류에 따라 분류하기 - 동전의 액면가 말하기	• 배운 내용을 상기하며 교사의 발문에 답한다.	• 친구들의 대답을 듣는다.	• 교사의 언어적 촉구에 따라 간단한 낱말을 말한다.	5	★ 동전, 학습 결과물
	차시확인	■ 차시 예고하기 - 물건을 살 때 지폐도 활용될 수 있음을 말한다. - 지폐의 종류 알기	• 동전이 아닌 지폐가 물건을 살 때 어떻게 활용될 수 있는지 기대하며 교사의 설명을 듣는다.	• 자리에서 일어나지 않고 끝까지 교사의 설명을 듣는다.			※ 마지막까지 자리에서 일어나지 않고 교사의 설명을 들을 수 있도록 유도한다.
	마침인사	■ 마무리 인사하기	• 바른 자세로 인사한다.				

과정중심 평가	평 가 내 용		평가준거	평가방법
	가	4가지 동전을 종류에 따라 분류하며 액면가를 말할 수 있는가?	1 2 3 4 5	관찰평가 질의응답 학습 결과물
	나	3가지 동전을 종류에 따라 분류하며 액면가를 말할 수 있는가?	1 2 3 4 5	
	다	2가지 동전을 같은 면을 찾아 모으고 구분할 수 있는가?	1 2 3 4 5	

여기서 잠깐!!!

교수학습과정안 간략히 써야 할까? 자세히 써야 할까?

현장에서는 가끔 교수학습과정안을 자세하게 작성해야 하는지 간략하게 작성해야 하는지에 대한 논쟁을 하곤 한다.

먼저 지도안을 자세하게 짜야 한다는 주장은 수업을 설계할 때 교사의 행동과 학생의 예측되는 반응을 최대한 상세하게 설계하고 기록해 놓음으로써 수업 상황에서 실수하지 않고 설계된 대로 정확히 수업을 진행할 수 있다는 것이다.

신규교사나 연차가 얼마 되지 않는 선생님은 사실 지도안을 좀 더 구체적이고 상세히 짜는 것이 좋다는 생각을 한다.

반면 지도안을 간략하게 짜야 한다는 주장에 대해 처음에 나는 그 근거를 찾기 힘들었다. '자세히 짜는 것은 이해가 되는데 왜 간략하게 짜는 거지? 듬성듬성?'이라는 생각이 먼저 들었기 때문이다. 나와 같은 의견을 제시하는 선생님들이 현장에도 제법 계실 것이라 생각이 든다.

그래서 여러 선생님들과 지도안을 간략하게 짜야 하는 것에 대해 논의한 바로는

첫째, 수업은 정형화되고 일률적인 것이 아니라 교실상황과 맥락에 따라 순간순간 달라진다. 똑같은 반에서 같은 학생들과 수업해도 그 학생의 상태와 컨디션에 따라 수업은 달라질 수 있기에 주요 활동들만 짜서 그때그때의 상황에 따라 교사가 융통성 있게 변형하여 진행하는 것이다.

둘째, 수업은 시뮬레이션처럼 교사가 혼자서 하는 것이 아니라 교사와 학생이 그 수업 상황에서 함께 만들어가는 활동이기에 애당초 그렇게 계획된 짜임에 맞춰서 하는 것이 아니라는 것이다.

이러한 근거로 최근 초등에서는 지도안을 간략하게 짜는 것이 추세인 것 같다.

하지만 다른 선생님은 이렇게 이야기하기도 한다. 예전에는 교사가 진행하는 강의식 수업 대부분이라 지도안에 써야 할 것이 많았는데 최근에는 학생활동 중심 수업으로 학생들이 대부분 활동하는 것이라 써야 할 것이 별로 없다고... 여러분의 생각은 어떠한가?

나. 수준별 교구

<table>
<tr><th>가 수준</th><th>나 수준</th><th>다 수준</th></tr>
<tr><td>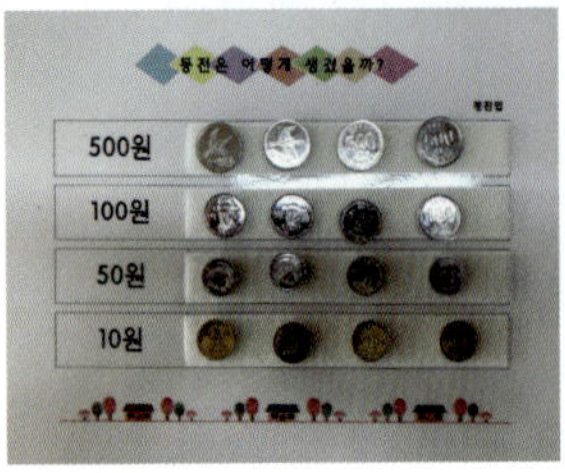
</td><td>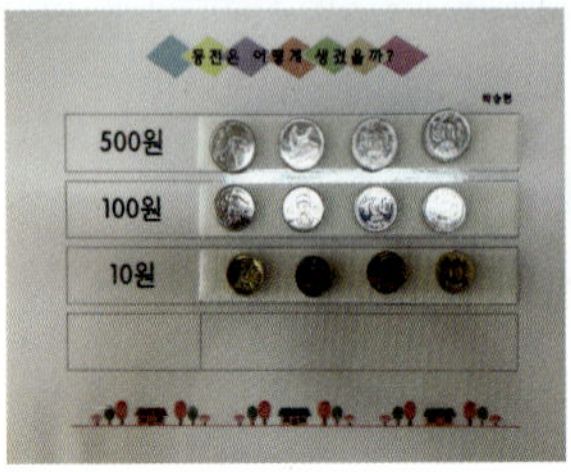
</td><td>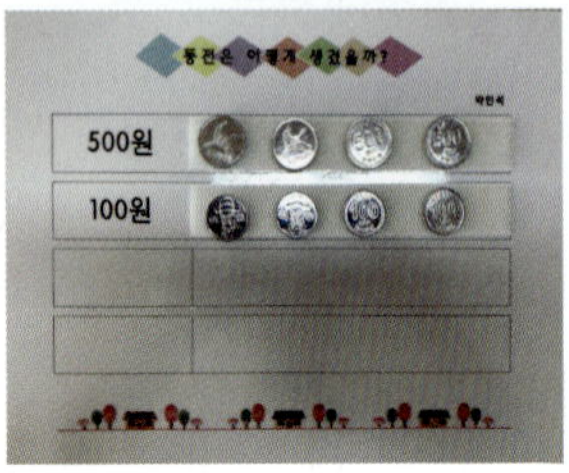
</td></tr>
<tr><td>4가지 종류의 동전</td><td>3가지 종류의 동전</td><td>2가지 종류의 동전</td></tr>
</table>

- 동전의 모습을 살펴보기 위한 활동으로 동전 위에 종이를 올려놓은 후 연필로 문질러 보는 활동이 수학지도서에 있다. 하지만 중증 장애학생의 경우 손힘의 강약 조절이 되지 않아 종이가 찢어지거나 동전의 모습이 제대로 나오지 않을 수 있다.
- 벨크로와 찍찍이를 모형 동전의 뒷면에 붙이고 동전의 모습을 알 수 있는 판을 코팅해서 그 위에 벨크로와 찍찍이를 붙여 동전의 모습을 살펴볼 수 있게 한다.
- 학생 수준에 따라 동전의 종류와 개수를 달리 제공하고, 수준이 가장 낮은 학생에게는 동전의 앞뒷면이 아닌 동전의 앞면 모습만 살펴보고 같은 것끼리 모을 수 있게 한다.
- 수준이 가장 낮은 학생은 500원과 100원 두 가지 동전을 제공하면서, 동전 판의 겉면에 500원짜리는 벨크로를 100원짜리에는 찍찍이를 각각 붙여 설사 동전을 구분하지 못하더라도 벨크로와 찍찍이의 영향으로 같은 것을 모으는 데 성공할 수 있게 교구를 설계할 수 있다.

다. 실물과 그림을 활용한 공부할 문제 제시

▪ 실물과 그림을 활용한 공부할 문제 제시의 예

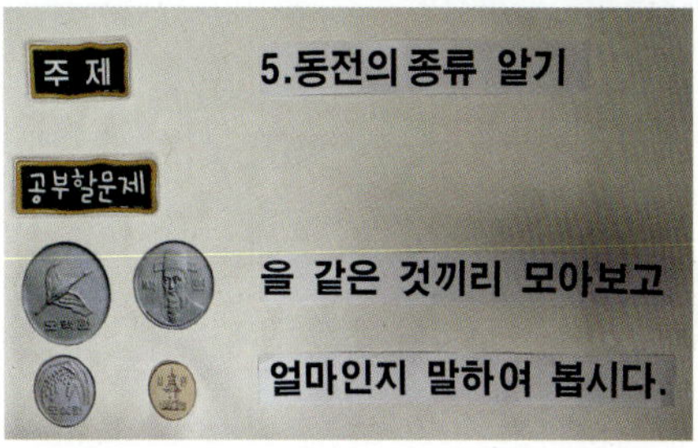

- 실물과 그림을 활용하여 공부할 문제를 제시하면 한글을 읽지 못하는 아동도 공부할 문제에 대해 이해할 수 있고 차시 수업 동안 계속적으로 수업의 중점을 실물과 그림을 통해 확인할 수 있어 학습에 도움이 된다.
- 많은 선생님들이 학습목표와 공부할 문제를 혼동하는 경우가 있는데 학습목표는 보통 우리가 지도안을 작성할 때 교사의 입장에서 학생이 도달할 목표를 세우는 것이고 공부할 문제는 학생의 입장에서 실제 수업에서 교사와 학생이 무엇을 공부할지를 함께 알아보는 것이다. 보통 학습목표는 ~할 수 있다, 공부할 문제는 ~ 해 봅시다로 많이 표현하며, 공부할 문제는 학습자의 수준에 따라 좀 더 쉽게 풀어서 쓰는 경우가 많다. 그리고 초등학교 저학년은 공부할 문제라는 용어로 초등학교 고학년 이상은 학습문제라는 용어로 자주 표현한다.

학습목표	종이, 플라스틱, 캔 등을 종류에 따라 분류할 수 있다.
공부할 문제	 등을 종류에 따라 분류해 봅시다.

학습목표	500원, 100원, 50원, 10원을 종류에 따라 분류하며 액면가를 말할 수 있다.
공부할 문제	 을 같은 것끼리 모으고 얼마인지 말하여 봅시다.

6 궁금해요 교수님

궁금증

다양한 수준의 학생들을 수학 수업에 참여시킬 수 있는 효율적인 방법이 있을까요?

현장교사의 고민

첫 번째 고민. 반 학생들의 수준 차이가 많이 납니다. 이러한 학생들에게 수준별 교재 및 학습지를 제공하여 수업하고 있습니다. 이때 스스로 하는 학생은 혼자서 과제를 수행이 가능하므로 그냥 나두게 되고, 스스로 하지 못하는 학생들에게 저와 지원인력이 도움을 주게 되는데, 이때 잘하지 못하는 학생에게 수업의 비중이 치우쳐져서 항상 고민입니다. 학생들이 수준 차이가 다소 나지만, 모든 학생들이 함께 할 수 있는 교육과정 운영 방법이 있을까요?

두 번째 고민. 학생마다 수학에 대한 수행수준이 달라 수업 준비에 어려움이 많습니다. 한 차시 수업을 하고자 하면 학생마다 학년도 다르고, 수준도 달라 일대일 수업을 하게 되고, 그렇게 하다보면 한 학생에게 제공되는 수업량은 줄어드는 것 같아 늘 어렵습니다. 저경력 교사라 그런 것인지.. 한 차시에 수준이 다른 학생을 지도하기에 알맞은 교육과정 재구성에 대해 이야기를 나누고 싶습니다.

고민 해결을 위한 조언

저경력 교사라 그런 게 아니고, 모든 교사들이 어려워하면서도 희망하는 로망입니다. 선생님이 가져야 할 자존심은 뒤쳐진 제자를 버리지 않는 것이라네요. 모든 교사의 로망이자 자존심이 아닐까요?

선생님의 질문 속에서 일반교사들과 특수교사들의 인식 차이를 살펴볼 수 있습니다. 첫째는 일반교사들은 스스로 하는 학생들에 더욱 초점을 두고 그 쪽에 비중이 치우치는데 반해, 우리 특수교사들은 스스로 하지 못하는 학생들에게 비중이 치우친다는 점입니다. 아마도 특수교사들이 선생님으로서의 자존심이 더 쌔지 않은가 싶습니다. 둘째는 일반교사들은 전체 학생들을 바라보는 데에서 점차 개별 학생들을 바라보는 방향으로 나아왔는데 반해, 우리 특수교사들은 개별 학생들을 바라보는 데에서 점차 전체 학생들(소수이지만)을 바라보는 방향으로 나아가고 있다는 점입니다. 개별화 교육, 수준별 교육, 교수적 수정, 또는 교육과정 재구성의 개념을 받아들이고 해석하는 측면에서 약간의 차이점이 존재하는 것은 이러한 차이에서 오지 않을까 생각됩니다.

'수준이 다른 모든 학생들이 함께 할 수 있는 수업', 꼭 해보고 싶은 로망이지만, 생각하면 할수록 답을 찾기 어려운 질문입니다. 제가 배운 이론에서 쪼그마한 해답을 찾아보고자 합니다. 이론적으로 '보편적 학습설계'는 장애학생을 포함한 모든 학생들이 교육과정에 접근하도록 하는 방안으로 언급됩니다. UDL의 이론적 배경으로 뇌사고 시스템에 대한 연구, 다중지능이론, 테크놀러지의 발달을 이야기합니다. 그 중에서 다중지능이론에 따르면, 모든 학생들은 최소한 하나의 우수한 지능을 가지고 있으며, 이 지능을 이용하여 가르치면 성공적으로 학습할 수 있다는 교육철학과 믿음을 가지고 있다고 합니다. 이를 배경으로 하는 UDL은 모든 학습자들이 그들의 강점을 이용해 학습할 수 있도록 설계해서 학습에서의 개인차 문제를 해결할 수 있다고 보는 것입니다. 이를 토대로 하면 모든 학생들이 함께 할 수 있는 수업이 되기 위해서는 먼저 개별 학생들의 강점(장점, 가능성)이 무엇인지를 알아야 한다는 것입니다. 저를 포함한 저희 연구실의 공통 주제인 '장점 중심 중재'를 연구하던 중에, 몇 년 전에 특수교사들에게 지도하고 있는 학생들의 장점을 묻는 질문에 대부분의 교사들이 쉽게 답하지 못했던 일화가 떠오르네요. 선생님께서는 학생들의 장점을 쉽게 떠올릴 수 있나요? 선생님께서는 그 장점을 수학 수업에 어떻게 활용하고 있나요? 이러한 질문에 대한 답을 찾는 것이 로망을 현실로 만드는 하나의 주요한 방법이 되겠습니다.

UDL은 뇌사고 시스템에 관한 연구를 토대로 다양한 표상수단의 제공, 다양한 행동 및 표현수단의 제공, 다양한 참여수단의 제공이라는 세 가지 원리를 제시하였습니다. 수업은 교사와 학생들 간의 상호작용을 통해서 이루어지기 때문에, 교사가 가르쳐야 할 내용을 어떤 표상수단을 활용하여 제공할 것인가, 학생들이 어떤 표현수단을 활용하여 알고 있는 것을 표현하도록 할 것인가는 매우 중요한 문제라 할 수 있습니다. 이러한 상호작용 수단을 학생 수준과 특성에 맞게 여러 개의 옵션으로 제공하라는 것이 UDL의 원리입니다. 수준이 다른 모든 학생들이 함께 할 수 있는 수업이 되기 위해서는 학생들 각자에게 알맞은 표현수단을 제공하고, 그러한 표현수단과 어울리는 다양한 표상수단을 미리 사전에 계획하고 준비해야 한다는 것입니다.

이러한 이상적인 수업이 하루아침에 이루어지면 로망이 아니겠지요. 천천히 꿈꾸면서 하나씩 시도하고 노력하다 보면 나도 모르는 사이에 학생들 하나하나가 내 품에 들어와서 결국에는 모두가 참여하는 수업을 몇 번은 체험해 볼 수 있지 않을까요?

Ⅳ

학생의 역량을 높이는 활동 중심 수학 수업

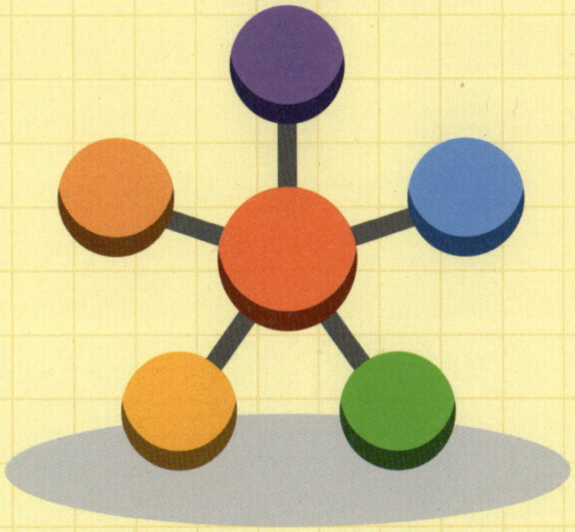

1 왜 학생의 역량을 높이는 활동 중심 수학 수업인가?

앞으로 우리가 살아갈 사회를 표현하고자 하면 변동성, 불확실성, 복잡성이라는 3개의 단어로 나타낼 수 있다. 4차 산업혁명 시대와 디지털전환 시대를 맞이하여 사회는 빠르게 변화하고 있고, 챗GPT의 등장은 우리 사회의 새로운 혁명이 되고 있다.

이러한 변화는 2016년으로 거슬러 올라가 살펴볼 수 있다. 그해 3월 인공지능 알파고가 이세돌 9단을 이겼다는 소식이 뉴스의 헤드라인을 장식하였다. 이 대결은 인간 VS 기계의 대결이라는 점에서 많은 사람들의 관심을 받았다. 순간순간 변화하는 상황과 수많은 경우의 수를 생각하는 바둑에서마저 인공지능이 인간을 이겼다는 것은 4차 산업혁명 시대의 도래를 알리는 서막이 되었다. 혹자는 4차 산업혁명을 인터넷과 정보를 기반으로 하는 3차 산업혁명의 연장이라고도 하고 다른 이는 인공지능과 빅데이터를 기반으로 하는 4차 산업혁명 시대가 도달하였다고도 한다. 그럼 4차 산업혁명 시대의 도래는 우리 삶에 어떤 영향을 미치며, 이에 대응하여 우리 아이들에 대한 교육의 모습은 어떠해야 할까?

산업혁명이란 과학기술의 혁신과 발전이 산업에 접목되면서 사회경제적으로 큰 변화가 일어나는 것을 말한다. 최초의 산업혁명은 1700년대 말 영국에서 시작되었다. 증기기관의 발명을 기반으로 한 기계화는 수작업으로 이루어졌던 이전의 생산방식을 바꾸었다. 그로부터 100년쯤 지나서 2차 산업혁명이 이루어졌다. 2차 산업혁명의 핵심은 전기에너지와 대량생산으로 공장이 전기로 돌아가면서 생산량이 엄청나게 늘었고, 석유와 철강을 쓰는 중화학공업이 발달하면서 경제 규모가 커졌다. 3차 산업혁명은 우리가 잘 알고 있는 정보화 혁명으로 컴퓨터와 디지털 기술, 인터넷의 등장이 우리의 삶에 변화를 준 것을 말한다. 4차 산업혁명은 2016년 스위스 다보스에서 열린 세계경제포럼에서 클라우드 슈밥에 의해 처음으로 언급되었으며, 초연결, 초지능화를 핵심키워드로 하며, 스스로 학습하는(딥러닝) 인공지능과 빅데이터를 기반으로 한다. 이러한 4차 산업혁명 시대의 가장 큰 문제점은 스스로 학습하고 생각까지 하는 인공지능으로 인해 사람들의 일자리가 위협받는다는 것이다. 많은 연구들에서 현재 있는 일자리의 50% 정도가 기계에 의해 대체된다고 한다. 대표적인 예가 자율주행인데, 자율 주행이 상용화되면 많은 택시 기사들이 일자리를 잃는다.

그럼 이러한 사회의 변화에 따라 학교의 모습은 어떻게 변화해야 할까? 예전 학교에서는 교사가 칠판에 교과서의 내용을 빼곡히 적고 그것을 열심히 필기하며 암기하고 있는 학생의 모습을 종종 볼 수 있었다. 예전에는 지식을 아는 것이 중요했기 때문이다. 하지만 최근에는 인터넷에서 다양한 정보의 검색이 언제든지 가능하기에, 이러한 지식을 어떻게 활용하고 융합하느냐가 중요시되고 있다. 따라서 학교에서는 포용성과 창의성을 지닌 자기주도적인 사람을 양성하는 것을 교육의 목표로 하며, 지식을 주입하고 암기하는 문제풀이식 교육보다는 학생활동 중심 수업, 학생 주도형 수업을 강조하며 미래사회에 대비하기 위한 역량 함양을 위해 노력하고 있다. 역량이란 한마디로 정리하면 삶을 살아가는 데 필요한 능력으로 지식, 기능, 태도가 실제적 맥락에서 총괄적으로 수행되는 것을 말한다.

그럼 특수교육에서는 4차 산업혁명 시대와 디지털 전환 시대를 맞이하여 장애학생들의 삶에 필요한 역량 함양을 위해 어떤 교육을 해야 할까? 바로 학생들이 직접 움직이고 체험하는 학생활동 중심 수업이다. 이는 시대의 변화에 대응하는 교육의 변화이기도 하지만 장애학생의 학습효과를 높이기 위해서는 강의식 수업보다는 활동 중심의 수업이 좀 더 효과적이라는 교사들의 경험이 반영되어 있기도 하다. 지금 내가 하고 있는 수업이 어떤 방식의 수업인지 한번 살펴보는 건 어떨까?

2 효과적 학습방법, 학습 피라미드

학습 피라미드(Learning Pyramid)는 다양한 방법으로 학습한 다음 24시간 이후 공부한 내용이 우리의 두뇌에 남아있는 비율(Retention rate)을 그림으로 표현한 것이다. 이 학습 피라미드는 미국 MIT 대학 사회심리학자 레윈(Lewin)이 세운 미국행동과학연구소(NTL: the National Training Laboratories)에서 발표한 것이다. 우리나라에서는 EBS에서 제작한 '우리는 왜 대학에 가는가?'라는 다큐멘터리에서 소개되어 유명해졌다. 이 학습 피라미드 모델은 근거가 부족하고, 다양한 분야에 적용하기에는 무리가 있다는 비판을 받고 있기도 하지만 우리의 직관과 잘 맞아떨어지고 많은 교사들이 자신의 경험에 비추어 보아 긍정적으로 여기기 때문에 널리 사용되고 있다.

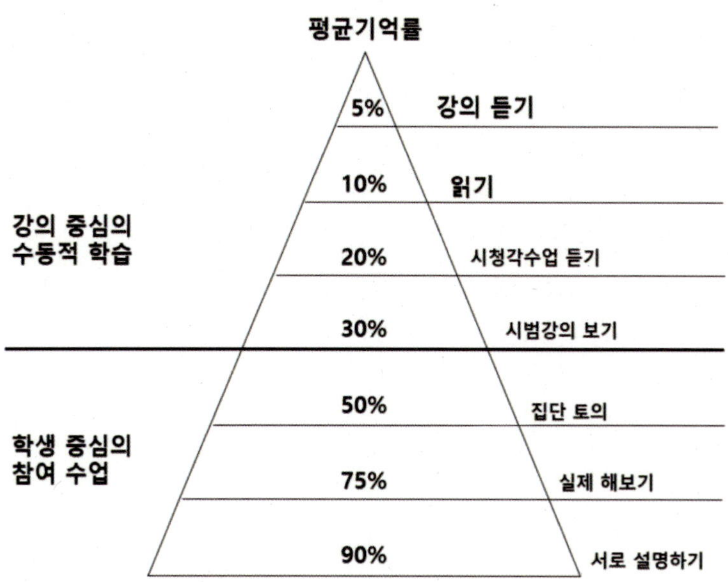

- 학습 피라미드(Learning Pyramid) -

출처: NTL(National Training Laboratories)

학습피라미드에서 학습 방법에 따라 학습 효과가 높은 순으로 살펴보면, 강의 듣기 → 읽기 → 시청각 수업 듣기 → 시범강의 보기 → 집단 토의 → 실제 해보기 → 서로 설명하기 순이다.

즉, 강의 듣기는 5%, 읽기는 10%, 시청각 수업은 20%, 시범강의는 30%의 학습효과를 보인다. 그리고 집단 토의는 50%, 직접 해 보는 것은 75%, 서로 설명하기는 90%의 학습효과를 보이는 것이다.

따라서 학생들이 수업의 내용을 잘 이해하기 위해서는 함께 토의하고, 직접 해보며 다른 사람에게 설명해 보아야 한다.

특히 다른 사람에게 설명하기 위해서는 먼저 학습한 내용을 잘 이해해야 하고, 가르치는 과정에서 배운 내용을 되새기며 자신의 지식을 명확히 할 수 있다.

수학 수업에서도 마찬가지이다. 우리 반 아이에게 어제 배운 것은 무엇인지를 물어보는 것으로 수업을 시작해보는 건 어떨까?

3 활동 중심 수학 수업에 대한 특수교사들의 이야기

가. 직접 체험하고 참여하는 수학 수업

특수학교에 와서 수업을 해 보니까 중증 장애학생들이 많아서 말로 하면 아이들이 멀뚱멀뚱 쳐다보는 느낌이 오는 거예요. 근데 직접 나와서 해보면 손을 드는 학생도 있고 나와서 하는 것 자체를 즐거워하기도 하더라고요. 그런 걸 보면 직접 해보았을 때 학생의 이해력도 올라가고 재미도 있었던 것 같아요.

교구를 정해진 장소에 놓아 수업에서 필요할 때 학생이 가져오도록 해요. 딱 정해진 곳에 교구가 있으면 찾기 쉽잖아요? 그러면 학생들이 자기 주도가 되더라고요. 처음에는 제가 가져다주다가 나중에는 장소를 알려주고 가져오라 하면 가지고 올 수 있는 아이들도 있거든요. 그다음에는 다툼이 안 일어나는 아이들끼리 짝을 지어주면 능력이 안 되는 아이들은 다른 친구가 가지고 와서 짝에게 갖다주기도 해요. 그러면 정리하는 것은 다른 친구가 하죠. 그렇게 역할을 나누기도 하고 도와주기도 하면서 본인이 무언가 하는 것에 성취감을 느껴요.

수업 중 의도적으로 제가 문제를 틀려봐요. 그러면 학생들이 교사의 오류를 발견하거나 올바르게 수정하는 경우가 있는데 그때 점수를 주는 게임을 해요. 그러면 학생들이 신이 나서 그 문제에 대해 다시 한번 더 생각해 보더라고요.

나. 기다려줌으로써 학생에게 먼저 기회를 주는 수학 수업

질문한 후에 학생을 오래 기다려주는 수업이 좋은 수업이란 생각이 들어요. 그 잠깐의 정적을 다들 못 참거든요. 저도 그랬었고. 예전에 수업을 동영상으로 찍어서 제가 발문한 후에 학생들을 얼마나 기다려주는지를 살펴본 적이 있어요. 근데 학생들이 답하기도 전에 대부분 제가 먼저 말하더라고요. 저는 아이들의 특성을 파악하고 있으니깐 질문 던지고 난 다음에 답할 애, 답하지 못할 애를 미리 생각하고 있거든요. 그래서 그런 것들을 다 고려해서 수업을 되게 원활하게 진행한다고 생각했었는데 '교사의 역할은 그게 아니구나'라는 생각이 들더라고요.

우리가 실질적으로 특수교육에서 하는 수업들을 엄밀히 분석해 보면 아이들이 스스로 생각할 수 있는 시간이라든지, 아이들이 활동할 수 있는 기회를 굉장히 안 주고 있는 수업이 대부분이라고 생각해요. 그러니까 아이들이 생각하기 전에 미리 교사가 제시하는 거죠. 교사가 어떻게 촉구를 주느냐에 따라서 아이 스스로 할 수 있는 부분이 더 커지기도 하고 줄어들기도 하는데 우리는 그 부분에 있어서 교사의 개입이 수업 속에서 너무 많다는 거죠. 그러다 보니까 아이들 스스로 할 수 있는 기회는 많지 않다는 생각을 수업을 보면서 하거든요.

다. 학생에게 선택권을 주는 수학 수업

수업을 시작할 때 학생에게 오늘 수업에서는 이 3가지를 할 건데 그 안에서 어떤 것을 먼저 할 거냐고 저는 항상 물어요. 조삼모사이긴 한데 아이들은 그것을 너무 좋아해요. 자신이 원하는 것을 선택하는 것. 학습지도 어차피 3장을 다 할 거지만 “뭐부터 하고 싶어?”라고 물어요. 그 학습지를 풀 때도 연필, 색연필, 사인펜 필기도구 많잖아요. “그럼 너는 뭐 가지고 풀고 싶어?”라고 해서 그 안에서 선택권을 누릴 수 있도록 해주는 편이에요. 장애가 있는 우리 아이들의 경우 사소한 것도 선택을 못 해요. 제가 처음에 이 학교에 와서 이런 방식으로 활동을 하기 전에는 아이들이 못 골라요. 무엇을 어떻게 해야 할지 모르고 선생님들이 무슨 소리를 하는지도 모르더라고요. 근데 2년쯤 지나서는 학부모님들이 놀랄 정도로 자신의 생각을 말 안 했던 아이들이 자신의 생각을 이야기해요.

수학에서는 활동을 하고 나서 활동을 일찍 끝내는 아이들이 있어요. 그 아이들 같은 경우 보통 사칙연산을 반복해야 하기 때문에 학습지를 덧셈, 뺄셈, 나눗셈, 길이, 들이 이렇게 종류별로 해 가지고 학습지를 쫙 정리를 해 둬요. 그러면 “다 했으니깐 너는 학습지 할 수 있어” 하고 학습지를 상인 것처럼 줘요. 본인이 그래프를 하고 싶으면 그래프를 한 장 가지고 와서 스티커를 붙이든지 색칠을 하든지 하는 거예요. 이런 식으로 정해놓고 학습지 한 장을 가지고 오는 것을 아이들이 좋아하는 것을 보았어요.

라. 구체적 조작을 통해 참여를 증진하는 수학 수업

보고 느끼고 만지는 것이 구체물이잖아요. 숫자나 덧셈을 모르는 아이가 있어도 막대가 쌓이면 길이가 높아지는 것은 직관적으로 인지가 되잖아요. 또 무게를 측정하면 5kg, 10kg이라는 수치는 몰라도 양손으로 물건을 들어보면 어느 것이 더 무거운지 느껴지는 거잖아요. 우리 아이들은 그렇게 수업을 해야 한다고 생각해요.

수준이 낮은 학생도 학습지는 풀지 못해도 구체물을 통한 조작 활동은 할 수 있어요. 또한 학교에 있다 보니깐 아이들이 10분을 안 앉아 있는데 구체물을 준다든지 조작할 것을 주면 집중해서 앉아있더라고요. 또한 학생이 구체물을 조작하는 모습을 보여주면 교사도 학생의 사고과정을 활동을 통해 파악할 수 있고 이를 통해 적절한 상호작용과 피드백이 이루어질 수 있어요.

그냥 머릿속에서 이걸 3개로 똑같이 나눈다 했을 때 우리는 사실 지금까지 워낙 사전 경험들이 많이 있으니깐 직사각형이 그려지고 3등분이 되는 걸 떠올릴 수 있는데 우리 아이들은 그런 것을 떠올리기 어렵잖아요. 이걸 3개로 나눠보라고 하면 어떤 아이는 4등분 하기도 하고 머릿속과 현실이 상당히 다르잖아요. 근데 교구를 많이 만져본 아이들은 제가 언어적으로 설명하지 않아도 직관적으로 떠올릴 수 있는 것들이 굉장히 많더라고요.

아이들 수준에 따라서 구체물을 준다든지 아니면 조작할 수 있는 것들을 준다든지 하는 것이 필요한 것 같아요. 그리고 수학은 계산이나 연산 과정이 많아서 한 아이를 지도하고 있으면 나머지 아이들은 방치되어 버리잖아요. 내가 한 아이를 볼 때 나머지 아이들이 앉아서 무엇인가를 하게 하려면 교재나 교구와 같은 것을 조작할 수 있도록 해줘야 하더라고요.

예를 들어 도형을 가르칠 때도 사진이나 그림보다는 도형 판에 색 고무줄로 도형을 직접 만들어보고 학생이 점 종이 위에다가 자를 대고 그려보기도 하는 거죠.

마. 교재교구가 잘 갖추어진 환경 조성

단순히 교재만 가지고 수업을 하기에는 수업을 하는 사람 입장에서도 굉장히 제한적이고 효율적으로 전달하기가 힘들잖아요. 학생들 입장에서도 선생님의 말만 듣고 책에 있는 그림만 보는 것보다 하나하나 체계적인 구체물이나 반구체물, 교재교구를 통해서 해보면 훨씬 더 이해도 쉽고 습득도 빠르더라고요.

수를 공부하는 날이면 끝없이 코너 코너마다 수 학습을 할 수 있는 환경이 조성되어 있어야죠. 쌓기나무를 하는 단원이 있다면 단위 수업 시간에는 충분히 연습할 수 있는 시간이 부족하잖아요. 그러면 쉬는 시간 점심시간, 등교해서 코너 코너에서 아이들이 수업에서 배운 내용을 한 번 더 해볼 수 있는 물리적 환경을 교사가 만들어 줘야죠. 그래야 아이들이 언제든지 가서 할 수 있고, 그것이 반복 수업이 되고, 피드백이 되니깐요.

교재교구를 아이들이 언제든지 만져볼 수 있도록 했어요. 실컷 만지고 나면 아이들이 분수 수업을 하는데 "우리 반에 나눌 수 있는 교구 있어요"라고 하며 교구를 꺼내오는 거죠. 책을 읽다가도 국어 활동 시간에 수학에 관련된 뭔가가 나오면 "어 그거 저기에 있어요"라고 이야기하죠.

바. 학생들의 자신감을 높이는 허용적 분위기

우리 아이들의 경우 자존감도 떨어져 있고 굉장히 위축되어 있는 경우가 많아요. 물론 규칙과 규율을 가르쳐야 할 때도 있지만 자존감도 채워주고 뭐든지 틀려도 되는 분위기가 되었을 때 아이들도 이야기하게 되고 발산하게 되고 표현하게 돼요. 그렇게 아이들의 참여를 늘리면서 조금씩 행동을 개선해 가는 게 좋다고 생각해요. 예를 들면 자세가 좀 무너진다든지 잠깐 산만해진다든지 쓸데없는 말을 한다든지 이런 부분은 조금 허용하고 다음다음 이어간다고 하면 그게 훨씬 더 아이들의 자존감과 성취감을 높이는 데 도움이 되더라고요.

교수자가 학생들이 목표 달성을 못 한다고 해서 거기에 대해서 학생들에게 심리적으로 위축되게 하면 안 될 것 같아요. 학습자들이 수업내용을 잘 이해하지 못한다 하더라도 교수자가 그것을 이해하고 느리게 천천히 한다는 생각으로 최대한 기다려주고 지지해 주는 것들이 필요하지 않을까요?

내 수학 수업에서는 '틀려도 괜찮아', '틀린 대답을 해도 괜찮아' 이걸 굉장히 많이 강조해요. '수학은 재밌어', '빨리 끝내면 놀 수 있어' 그렇게 해서 수학 수업에 즐겁게 참여할 수 있게끔 해요. 또 문제를 제시했을 때 한번 풀어 볼까 하는 마음이 들게끔 하죠.

자연스러운 환경에서 자발적으로 할 수 있도록 하려고 하면 시간이 오래 걸리고 에너지가 더 많이 쓰일 수도 있어요. 그래도 우리는 그걸 해나가야 한다는 거죠. 그게 오히려 아이들한테 학습적으로나 인성적으로 도움이 되는 거죠. 결국은 교육이 행복을 위해서 하는 거지, 여기서 수학을 더 잘하기 위해서는 아니라고 생각하거든요. 그렇다고 하면 수학 한 개를 덜 배우더라도 이 아이가 행복한 관계, 같이 웃어주는 시간들이 더 필요하고 중요하다고 생각해요.

놀이를 하다 보면 분명 실패나 실수를 하게 되어 있어요. 그러면 "이거는 누가 이기고 지는 게 중요한 게 아니야" 이렇게 계속 말을 해요. 이 말귀를 잘 알아듣는 친구들은 "아 이기고 지는 것은 중요하지 않아"라고 하는데 그것을 모르는 친구들은 난 지는 것 싫은데 이렇게 돼요. 그런 친구들은 오답에 준하는 효과음 땡 이런 것들을 바꾸어서 뭔가 틀렸을 때 띠로리~♬ 이렇게 해서 다시 한번 생각해 보세요처럼 띠로리~♬라고 하거든요. 즉 틀려도 괜찮다고 생각하게끔. 틀려도 다시 한번 도전하게끔 만들어요. 저도 계속적으로 노력해야 할 부분이기도 해요. 실패에 대해서 아이들이 편하게 느낄 수 있게 하는 것.

무엇보다 아이들이 이것을 할 수 있다고 믿어주는 마음과 지지가 필요한 것 같아요. 아이가 실패해도 이 아이는 여기까지밖에 못 할 거라고 생각하기보다는 이것을 지금은 못 하지만 좀 더 나아가서 다른 것들을 해보면서 이것을 깨우칠 수 있다고 아이들의 능력을 믿어주는 마음이 필요해요.

4 활동 중심 수학 수업을 위해 동료 교사들이 전하는 수업 노하우

학생이 직접 체험하고 참여하는 수학 수업을 하라.

- 학생들이 직접 체험하고 참여하는 수업은 장애학생의 이해력을 높이고 수업에 재미를 더한다.
- 수업에 필요한 교구를 가져오게 하거나 때로는 학생의 수업 참여를 이끌어내기 위해 교사가 오류를 범하는 모습을 보여주고 학생이 수정할 기회를 주는 것도 좋다.

기다려 줌으로써 학생에게 먼저 기회를 줘라.

- 수업 시간 학생에게 발문한 후 학생이 답변할 때까지 어느 정도 기다려 주는지 시간을 재어봐라.
- 교사가 정적에 대한 불편함을 느끼거나 수업을 원활하게 진행한다는 명분으로 학생에게 생각할 시간을 안 준 건 아닌지 반성해 보라.

학생에게 선택권을 줘라.

- 수업의 활동 순서를 정하거나, 수업이 끝난 후 받을 수 있는 강화물을 선택하는 것부터 자신의 의사를 표현할 기회를 주자.

구체적 조작을 통해 참여를 증진하는 수학 수업을 하라.

- 만지고 조작해보는 활동은 학생의 학습에 대한 이해와 집중력을 높여주며 수준이 낮은 아이도 학습에 참여할 수 있는 기회를 준다.
- 구체물을 통한 조작 활동은 한 학생을 지도할 때 다른 학생이 방치되지 않고 활동하는 것을 도와주며 교사도 학생이 조작하는 과정을 보면서 학생의 사고 과정을 파악할 수 있다.

교재교구가 잘 갖추어진 환경을 조성하라.

- 교재교구는 단위시간에 배운 것을 자투리 시간을 활용하여 복습할 수 있는 기회를 주고 학습에 대한 이해와 습득을 높인다.

학생들의 자신감을 높일 수 있도록 허용적인 분위기를 조성하라.

- 장애학생의 경우 반복된 실패의 경험으로 위축되거나 자존감이 낮은 경우가 많으므로 틀림이 허용되는 분위기가 필요하다.

5 활동 중심 수학 수업 디자인

1. 색종이 우유갑 만들기

수업 펼치기

열기	■ 우유갑 보여주기 - 교실에서 먹고 남은 우유갑을 보여주며 이것이 무엇인지 발문한다. - 이 우유갑에 예쁜 옷을 입혀보자고 한다. - 색종이를 보여주며 색종이의 색을 묻는다. - 빨간색, 노란색, 파란색... - 이때에는 아이들에게 친숙한 빨간색, 노란색, 파란색 등을 먼저 보여준다. - 빨대를 보여주며 빨대의 색을 묻는다.
함께 하기	[활동1] 우유갑의 옆면 꾸미기 - 색종이를 가위로 반으로 자르게 하고 우유갑의 옆면을 꾸미게 한다. - 이때 기능이 좋은 아동은 색종이를 4등분 하고 기능이 낮은 아동은 색종이를 2등분 한다. [활동2] 우유갑과 같은 색의 빨대 꽂기 - 색종이로 우유갑을 꾸민 후에는 같은 색의 빨대를 우유갑에 꽂게 한다.
나누기	- 색종이로 꾸민 우유갑을 보여주며 색을 다시 한번 더 확인한다. - 빨간색, 노란색, 파란색... - 빨대를 주어 같은 색의 우유갑에 꽂도록 한다. - 우유갑 한 개에 빨대 한 개가 꽂혔음을 확인한다. - 더 나아가 칫솔을 컵에 꽂는 경우가 많으니 칫솔과 같은 색의 종이컵을 찾아 꽂아보게 한다. - 오늘은 우유갑을 꾸며보고 같은 색의 물체를 찾아보았다고 한다.

학습목표	• 같은 색의 물체를 일대일로 짝지을 수 있다.
학습자료	• 우유갑, 빨대, 색종이 등

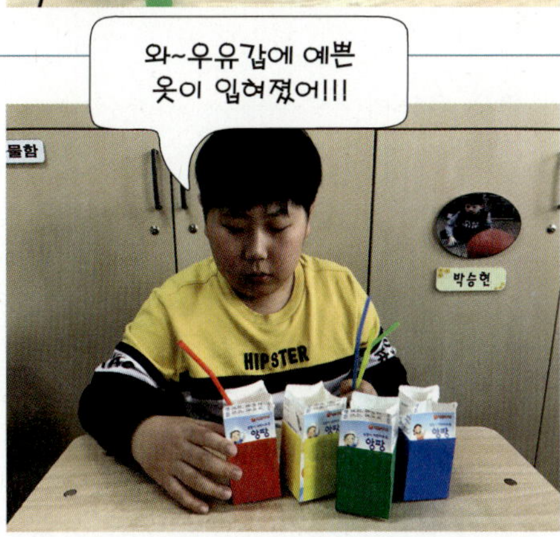

수업 TIP

- 우유갑은 아이들이 교실에서 항상 보는 것이기에 친숙하다.
- 색종이를 잘라 우유갑을 꾸미는 활동은 색종이를 4등분으로 잘라 크기에 맞춰 붙일 수 있고, 그게 어려운 학생은 색종이를 2등분으로 잘라 길게 붙일 수 있다.
- 같은 색의 우유갑을 찾아 색 빨대를 꽂아 보는 활동은 실생활에서 빨대를 꽂아 보는 활동과 연계될 수 있다.

활동 중심 수학 수업 디자인

2. 색 빨대 깃발 만들기

수업 펼치기

열기	■ 깃대가 없는 깃발에 깃대 찾기 - 큰 깃대가 있는 깃발을 보여준다. - 깃대가 있는 깃발을 흔들어 본다. - 깃대가 없는 색종이 깃발을 보여준 후 무엇이 없는지를 말해보라고 한다. - 깃대라고 말하면 깃발을 흔들기 위해서는 깃대가 있어야 하니 이 깃발의 짝이 되는 깃대를 만들어 보자고 한다.
함께 하기	【활동1】 색 빨대와 깃발 짝짓기 - 색종이를 보여주며 색종이의 색을 묻는다. - 빨간색, 노란색, 파란색... - 색종이와 색 빨대를 연결하여 깃발을 만들게 한다. 【활동2】 같은 색의 깃발과 우유갑 짝짓기 - 완성된 깃발을 활용하여 그전에 만든 색종이 우유갑에 같은 색의 깃발을 찾아 꽂는다. 【활동3】 깃발과 우유갑 짝짓기 놀이하기 - 달려가서 자신이 들고 있는 깃발과 같은 색의 우유갑을 찾아 깃발을 꽂고 돌아오는 것을 반복한다.
나누기	- 색 빨대 깃발을 보여주며 깃발과 깃대의 색을 다시 한번 더 확인한다. - 같은 색을 찾아 깃발 한 개에 깃대 한 개가 짝 지어졌음을 확인한다. - 깃발을 같은 색의 우유갑에 다시 한번 더 꽂아 본다. - 깃발의 짝이 되는 같은 색의 깃대를 만들어 보았음을 말한다.

학습목표	• 같은 색의 물체를 일대일로 짝지을 수 있다.
학습자료	• 색 빨대, 색종이, 풀 등

수업 TIP

- 색 빨대와 색종이 깃대는 아이들에게 친숙한 소재이며, 색 빨대 깃발은 간단하게 만들 수 있어 중증의 아이들도 쉽게 참여할 수 있다.
- 단순히 색 빨대 깃발을 만드는 것에서 끝나는 것이 아니라 앞에서 만든 색종이 우유갑에 같은 색의 깃발을 꽂는 놀이를 진행하면(4가지 색의 우유갑에 깃발을 달려가서 꽂는 것) 아이들이 즐거워하면서도 반복적인 학습이 될 수 있다.
- 색 빨대뿐만 아니라 나무젓가락을 물감으로 칠하여 색 깃대를 만들 수 있다.

활동 중심 수학 수업 디자인

3. 동그라미 모양의 색안경 만들기

수업 펼치기

열기	■ 이 모양은 어떤 모양일까? - 다양한 네모 모양과 세모 모양을 보여주고 만져보게 한 후 모양과 느낌을 말한다. - 다음으로 동그라미를 보여주고 만져보게 한다. - 동그라미 모양이 네모 모양, 세모 모양과 다른 점을 이야기한다. - 동글동글하고 뾰족한 부분이 없는 이 모양은 지금 친구가 없어서 고민이라고 하는데 이 모양의 친구를 찾아주고 이 모양을 어떻게 부를지 함께 알아보자고 한다.
함께 하기	【활동1】 생활 주변에서 동그라미 모양 찾기 - 단추, CD, 물건 뚜껑, 공, 동전 등 교실에 있는 여러 가지 물건 중에서 동그라미 모양을 찾아본다. 【활동2】 선글라스 만들기 - 종이컵을 가위로 자르고 종이컵의 동그라미에 셀로판지를 붙인다. 콧대와 선글라스의 대는 모루를 이용한다. 완성된 선글라스를 써보고 선글라스의 렌즈가 어떤 모양인지를 함께 말한다.
나누기	- 교실에서 찾은 동그라미 모양에는 어떤 것들이 있는지를 다시 한번 더 발문한다. - 동그라미 모양의 모양과 특징을 이야기한다. - 동그라미 모양이 네모, 세모 모양과 어떻게 다른지를 다시 한번 더 확인한다.

학습목표	• 동그라미 모양의 색안경을 만들며 동그라미 모양에 관심을 가질 수 있다.
학습자료	• 색종이컵, 셀로판지, 모루, 테이프 등

수업 TIP

- ☑ 안경은 우리가 생활 속에서 자주 볼 수 있는 것이라 학습과 생활과의 관련성을 높이기에 좋은 소재이다.
- ☑ 완성된 선글라스를 착용하고 거울을 보거나 사진을 찍는 것도 아이들의 만족감과 학습동기를 높이는 좋은 방법이다.
- ☑ 종이컵을 자르고 그 위에 양면테이프를 붙인 후 셀로판지를 붙이는데 이 작업이 소근육을 많이 사용하는 것이므로 중증의 장애학생들이 하기에는 어려움이 있을 수 있다.

활동 중심 수학 수업 디자인

4. 친근한 구체물을 활용한 수학 수업

수업 펼치기

열기	■ 손가락의 개수를 세며 스티커 붙이기 - 친구끼리 손바닥을 펴서 손과 손을 맞대어본다. - 한 손의 손가락을 보여주며 손가락이 몇 개인지를 발문한다. - 자신의 손가락 끝에 스티커를 붙여보며 손가락의 개수를 세어 본다. - 친구의 손가락 끝에 스티커를 붙여보며 손가락의 개수를 세어 본다.
함께 하기	【활동1】 접시 안에 있는 쌓기나무의 수 세기 - 접시 안에 있는 쌓기나무의 개수를 세게 한다. - 접시 안에 있는 쌓기나무를 하나, 둘, 셋, 넷, 다섯으로 세어본다. 【활동2】 개수 세며 연결고리 걸기 - 연결고리를 5개 걸게 한다. 놀이식으로 달려가며 의자 위에 있는 연결고리에 한 번에 한 개씩 5개의 고리를 건다. - 자신이 건 고리의 개수를 하나, 둘, 셋, 넷, 다섯으로 세어본다.
나누기	- 접시에 쌓기나무 5개를 놓아보게 한다. - 연결고리 5개를 걸어보게 하며 개수를 확인한다. - 더 나아가 급식 판에 배식을 하듯이 5개의 공깃돌이나 쌓기나무를 놓아보게 한다. - 다섯 개의 물건의 개수를 세어 보는 활동을 하였다고 정리한다.

학습목표	• 다섯 개의 물건을 다섯을 말하며 셀 수 있다.
학습자료	• 쌓기나무, 색접시, 고리걸기 등

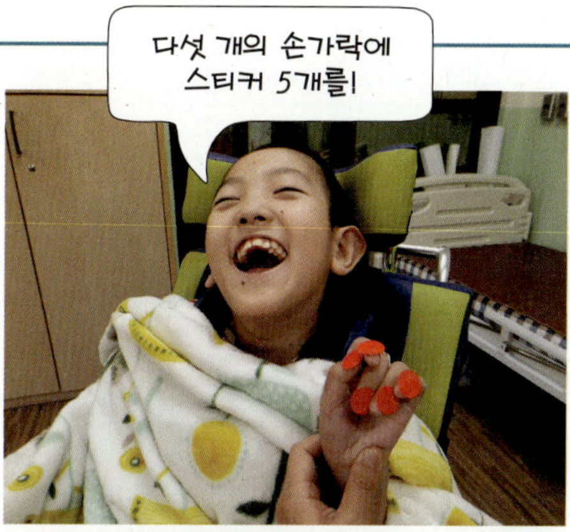

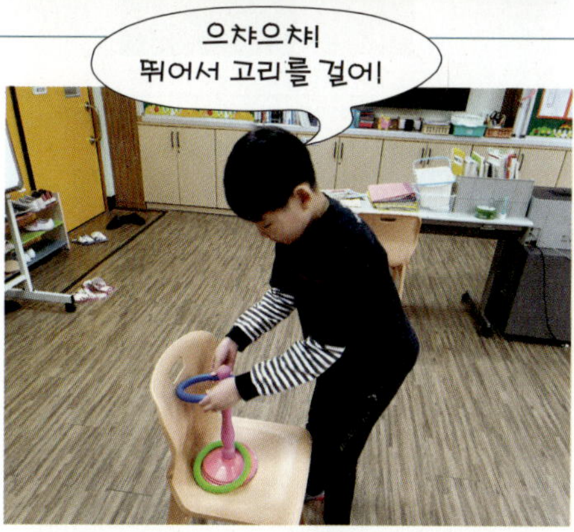

수업 TIP

- ☑ 손가락의 개수를 세기 위해 자신의 손에 직접 스티커를 붙이는 활동은 아이들의 관심을 끌 수 있으며, 개수 세기를 쉽게 하는 데 도움이 된다.
- ☑ 단순히 고리를 앉아서 거는 것이 아니라 두 개의 고리걸기를 놓고 달려가서 다섯 개의 고리를 먼저 거는 놀이를 하면 중증의 아이들도 재미있게 수학 수업에 참여할 수 있다.
- ☑ 접시에 놓인 쌓기나무의 수를 세어보거나 접시에 쌓기나무를 놓아보는 활동은 실생활에서 접시 위에 음식을 놓아보는 것과 흡사해서 실생활에서의 활용도를 높일 수 있다.

활동 중심 수학 수업 디자인

5. 교실에서 친근한 교구 활용

◉ 펠트지를 활용한 손가락 교구

준비물 펠트지, 찍찍이, 하드보드지

제작방법
① 살구색 펠트지에 손 모양을 그리고 오린다.
② 손가락의 끝과 맞대는 부분에 찍찍이를 붙여 접었다 펼 수 있게 한다.

활용방법 손가락을 접었다 펴며 개수를 센다.

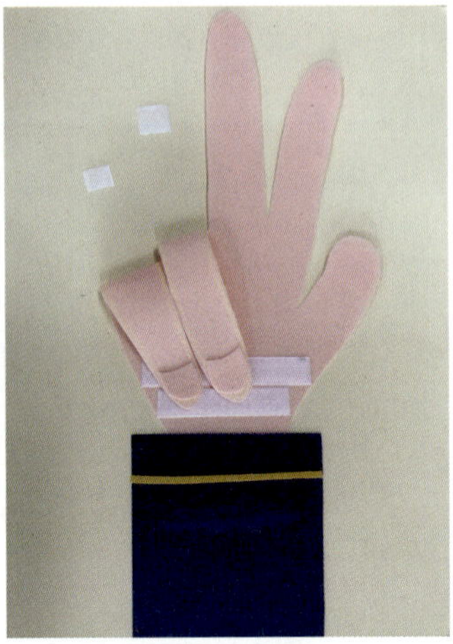

◉ 쌓기나무

쌓기나무는 수학 수업 시간에 여러 가지 방면으로 활용할 수 있다. 학생에게 쌓기나무를 직접 조작하고 활동하게 함으로써 추상적 개념에 대한 이해력을 높이고 공간 지각 능력을 향상시킬 수 있다.

구체적으로, 쌓기나무를 활용해 제시된 대상물의 모양을 직접 만들어보는 활동은 공간 감각 개발에 도움이 된다.

또한 쌓기나무를 활용하여 개수를 셀 수 있고, 반복되는 규칙, 증가하는 규칙을 지도하는 데에도 유용하게 활용할 수 있다.

◉ 색종이 우유갑과 색 빨대 깃발

준비물 색종이, 우유갑, 색 빨대, 풀 등

제작방법
① 색종이를 네모 모양으로 반이나 4분의 1로 잘라서 우유갑의 옆면에 붙여 우유갑을 꾸민다.
② 색종이를 세모 모양으로 반으로 접어 색 빨대에 포개어 깃발을 만든다.

활용방법
① 색 빨대 깃발과 같은 색의 우유갑을 찾아 꽂는다.
② 우유갑을 일정한 거리에 놓고 색 빨대를 들고 달려가서 같은 색의 우유갑에 빨리 꽂는 놀이 활동을 할 수 있다.

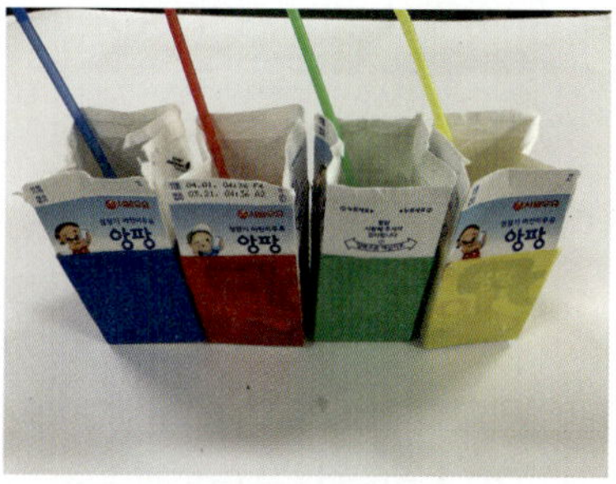

◉ 연결 큐브

연결 큐브는 조작하기 쉽고, 연결과 분리가 쉽게 이루어져 수 세기, 가르기와 모으기, 연산, 입체 모양 만들기, 규칙 찾기 등에 활용할 수 있다. 연결 큐브를 조작하는 활동은 수 개념 형성 및 연산능력 향상에 도움이 되며, 두뇌를 자극해 공간 지각력, 추론 능력, 논리적 사고력을 발달시킨다.
또한 연결 큐브는 색깔의 규칙이나 개수의 규칙을 찾고, 다음에 올 것을 예측해 볼 수 있게 하고, 반복되는 규칙과 증가하는 규칙을 직접 만들어보는 데 활용할 수 있는 교구이다.

6 궁금해요 교수님

궁금증

활동 중심의 수학 수업을 하기 위해서는 어떤 교수학습 자료를 어떻게 활용하는 것이 좋을까요?

현장교사의 고민

수학의 계열성에 따라 학생 수준에 적합한 내용을 학습 자료로 만들어 사용하려고 노력중입니다. 그런데 최근 수학의 계열성에 따른 학생의 수준보다 학생이 미래에 살아가는데 필요한 흥미, 진로에 관련된 내용을 실제적으로 알려주고 다양한 수학 영역을 가르쳐야 학생이 미래에 사용할 수 있다고 하더라고요. 교수학습 자료를 제작하는데 더 큰 어려움에 빠진 듯 하였습니다. 학습자료 제작에 좋은 의견 부탁드립니다.

고민 해결을 위한 조언

특수교육 현장에서 우리 학생들을 지도하는 데 가장 중요한 것은 교수학습 자료라고 생각하고, 매 수업에서 어떤 교수학습 자료를 사용할 것인가는 반드시 미리 계획하자는 생각을 하고 노력했던 예전 기억이 떠오르네요. 선생님의 질문을 받고 언뜻 떠오르는 학습자료 제작에 대한 아이디어를 떠올려보면, 아래와 같습니다.

- 구체에서 추상으로
- Hands on Activity(구체적 조작 활동)에서 Mind on Activity(정신적 조작 활동)로
- 시각적 활동에서 보이지 않는 활동으로

위와 같은 방향성을 가지고, 구체에서 추상으로 어떻게 나아가게 할 것인지, 추상적인 수학 개념을 어떻게 구체적으로 나타낼 것인지, 구체적 조작에서 정신적 조작으로 어떻게 이끌어갈 것인지, 시각적인 활동을 보이지 않는 활동으로 어떻게 변환시킬 것인지, 보이지 않는 것을 어떻게 시각적 활동으로 드러낼

것인지 등의 물음에 대한 해답을 찾다 보면 좋은 수학 교수학습 자료가 만들어질 수 있을 것으로 생각됩니다.

현장교사의 두 번째 고민

수학수업에서 우리 아이들에게 수에 대한 내용을 지도하는 경우가 많습니다. 개수를 세고, 수를 읽고 쓰는 등 다양한 활동의 학습을 하고 있는데요, 이 중 수의 양을 직관적으로 보고 유추하는 학습을 할 때 유용한 교수학습 자료에는 무엇이 있을까요?

고민 해결을 위한 조언

수없이 많지 않을까요? 우선, 구체물로는 좌우로 늘어놓을 수 있는 구체물(예, 요구르트병), 앞뒤로 늘어놓을 수 있는 구체물(예, 장난감 자동차), 위로 쌓을 수 있는 구체물(예, 배드민턴콕), 손의 묶음으로 쥐어 볼 수 있는 구체물(예, 색연필), 반구체물로는 바둑알, 탁구공, 뽕, 각종 산가지 등, 눈으로 보지 않고 손으로만 쥐어서 수의 양을 파악할 수 있는 구체물(예, 바둑알, 구슬, 주사위)

또 10 이하의 수는 2×5의 종이 계란판을 이용하고, 100 이하의 수는 플라스틱 계란판 4개를 이용해 10×10 틀을 만들어 활용하면 직관적으로 수를 파악하는 데 도움이 되겠지요.

또 영상적인 상징을 활용하는 방법으로 도트카드를 만들어 활용하는 것도 도움이 될 것 같습니다. B5 정도 크기의 도화지 9장에 학생이 좋아하는 스티커를 한 개에서 아홉 개까지 자유롭게 붙이고, 반복하여 보면서 개수를 말하는 연습을 할 수도 있고, 이후에는 스티커를 다르게 하여 반복할 수도 있고, 붙이는 방법을 점차 규칙적으로 변화시키면서 활용할 수도 있습니다. 촉감이 있는 찍찍이를 일정한 크기로 붙여서 보지 않고도 손의 감각만으로 개수를 맞춰보는 활동까지도 생각해 볼 수 있습니다. 100까지의 수인 경우에는 더 큰 도화지에 10 단위로 10장의 도트 카드를 만들어 활용할 수도 있겠습니다.

V

상호작용이 활발한 수학 수업

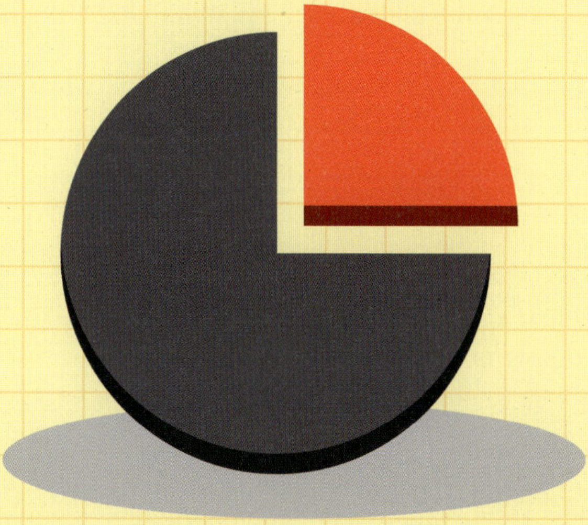

1 왜 상호작용이 활발한 수학 수업인가?

특수학교에 중증의 장애학생들이 많긴 하지만 나는 특수학교에서 학생들에게 또래 교수를 활용하기도 하고 친구들 간의 경쟁과 상호작용을 유도하며 수학 수업을 한다. 하지만 이런 이야기를 들으면 주변의 선생님들은 '과연 장애학생들 간에 상호작용과 또래 교수를 활용한 수학 수업이 정말 가능한가?'라는 의문을 던지신다. 이와 같은 물음은 아래와 같은 두 가지 사례로 답할 수 있다.

하나. 특수학교에서 친구와의 교감과 상호작용을 활용한 수학 수업 이야기

내가 수학 전담 수업을 들어가는 반 아이 중에 6학년 자폐 학생 용준이가 있다. 이 학생은 수학 수업을 하려고 하면 대자로 누워버리거나 울며 떼를 쓴다. 그러면 교사인 나는 이 학생을 수업에 참여시키기 위해 엄하게 대하거나 때로는 강화물을 주며 달래 보기도 하지만 학생이 착석하여 수업을 진행하기가 쉽지 않다. 하지만 이때 옆에 있는 친구가 "나는 여러 가지 모양 만들기 수업을 재밌게 해야지"라고 말하며, 먼저 수업을 재미있게 하는 모습을 보여주거나 친구가 "용준아 같이 수업할래?"라고 하면 용준이는 구석에 누워있다가 슬쩍슬쩍 관심을 보이며 수업에 참여한다. 때로는 아무리 불러도 바닥에 누워 움직이지 않을 때도 있는데 이때 휠체어에 앉아 있는 민기에게 수업의 내용을 잘 배워서 가르쳐주라고 하면 수업에 참여하기도 한다. 이 학생에게는 교사의 안내보다는 또래와의 교감이 더 중요한 듯하다. 또한 같은 금액의 동전 찾기 수업을 한 적이 있는데 혼자서 할 때는 여러 가지 동전 중에서 500원짜리 동전을 찾는 것에 흥미를 보이지 않았던 이 학생은 친구 한 명과 짝을 지어 "용준이와 희성이, 희성이와 용준이의 동전 빨리 찾기 대결을 시작합니다. 누가 동전을 빨리 찾을 수 있을까요?"라고 하며 두 명의 경쟁심을 부추겼더니 정말 눈에서 불빛이 반짝이며 40분 동안의 수업 시간 동안 동전 찾기에 열을 올리는 모습을 볼 수 있었다.

둘. 특수학급에서 또래 교수를 활용한 수학 수업 이야기

다음은 특수학급에서 또래교수를 활용한 특수교사의 이야기이다.

친구라는 것은 서로 상호작용하는 게 제일 중요한 거잖아요. 그런데 우리 지적장애 학생들이나 장애학생들은 사회성이 떨어져요. 그런데 자꾸 교사가 간섭을 하면 더 위축되는 분위기가 있어요. 근데 친구들이 와서 가르쳐주면 느끼는 게 다른가 봐요. 수학 시간에 과녁 맞히기 놀이를 했거든요. 과녁 맞히기를 통해 점수를 계산하는 거였는데 제가 딱딱하게 "점수가 모두 몇 점이지?" "왜 그렇게 생각하지?"라고 물어보면 애들이 굳어버려요. 근데 친구한테 "이거 어떻게 나왔는지 설명해 줘"라고 하면 "야 이거 과녁판에서 10점짜리 맞혔고 20점짜리 맞혔으니깐 30점이지" 풀이 과정에 대한 설명을 자연스럽게 학생 간에 해버리니깐 가르쳐 주는 학생은 설명하면서 자신이 알고 있는 지식이 좀 더 명확해지고 친구를 가르쳐 주니까 선생님한테 칭찬도 받아서 좋았어요. 그리고 배우는 학생은 '나도 너만큼 알 거야'라는 의욕을 보였고 친구한테 배우는 거라 좀 더 이해하기 쉬워하는 것 같더라고요. 이렇게 서로 간의 상호작용을 통해 학습의 효과를 높일 수 있었고, 교사는 또래교수를 활용함으로써 개별적으로 조금 더 도움이 필요한 학생에게 시간을 할애할 수 있어서 좋았어요.

2 피아제와 비고츠키의 이론

피아제는 학습자가 환경과의 상호작용을 통해 지식을 구성해 나간다고 하며, 이 중 개인의 인지구조에서 일어나는 지식의 구성 과정에 관심을 가졌다.

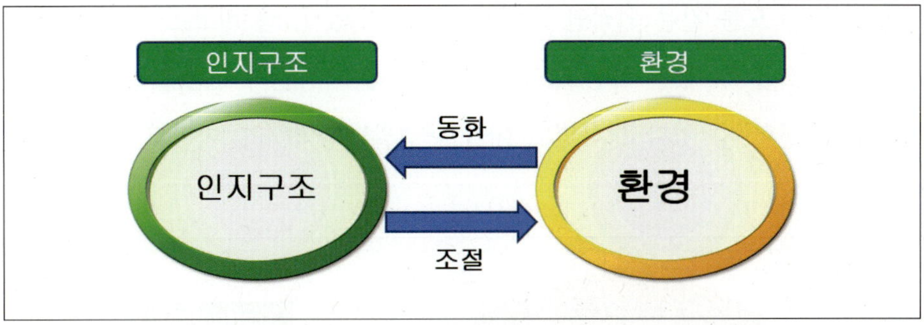

- 피아제의 동화와 조절을 통한 지식의 구성 과정 -

학습자는 동화와 조절, 평형화를 통해 지식을 구성해 나가는데, 여기서 동화는 새로운 환경 자극을 자신의 기존 이해의 틀에 맞도록 변형하여 흡수하는 현상을 말한다. 조절은 환경으로부터 정보를 입수하여 기존의 인지구조를 재구성하거나 수정하는 것이다. 즉 동화는 인지구조에 환경적 정보를 맞추는 것이고, 조절은 환경에 자신의 인지구조를 맞추는 것을 말한다. 평형화는 현재의 인지구조와 새로운 정보 간의 균형을 회복하는 과정이다. 이러한 동화와 조절을 통해 인지구조는 평형화의 조정을 거치게 되고, 이를 통해 지식은 구성되어 간다.

예) 사과밖에 본 적이 없는 아동이 배를 보고 사과라고 한다(동화).
그때 엄마가 이것은 사과가 아니라 배라고 한다. 그럼 아동은 자신의 머릿속에 있는 인지구조에 불평등이 생기고, 자신이 가지고 있던 도식을 수정하게 된다(조절).
그렇게 사과와 배를 구분할 수 있게 되면 인지적 평형화 단계가 된다.

피아제는 아동의 학습을 돕기 위해서는 낯선 과제를 제시하여 인지적 불평형을 유발하면, 아동은 동화와 조절을 통한 적응 과정을 통해 이전의 학습된 개념을 새로운 개념으로 연결시킨다고 하였다.

비고츠키는 학습자가 환경과의 상호작용을 통해 지식을 구성해 나간다고 하였다. 피아제가 개인의 내적인 인지적 부분에 관심을 두었다면 비고츠키는 또래나 성인의 도움 같은 외적인 부분에 관심을 두었다. 즉 비고츠키는 혼자서는 문제를 해결할 수 없는 아동도 능력 있는 또래나 성인의 도움을 통해 자신의 문제를 해결할 수 있다고 하였고 이를 근접발달영역(ZPD)이라고 하였다.

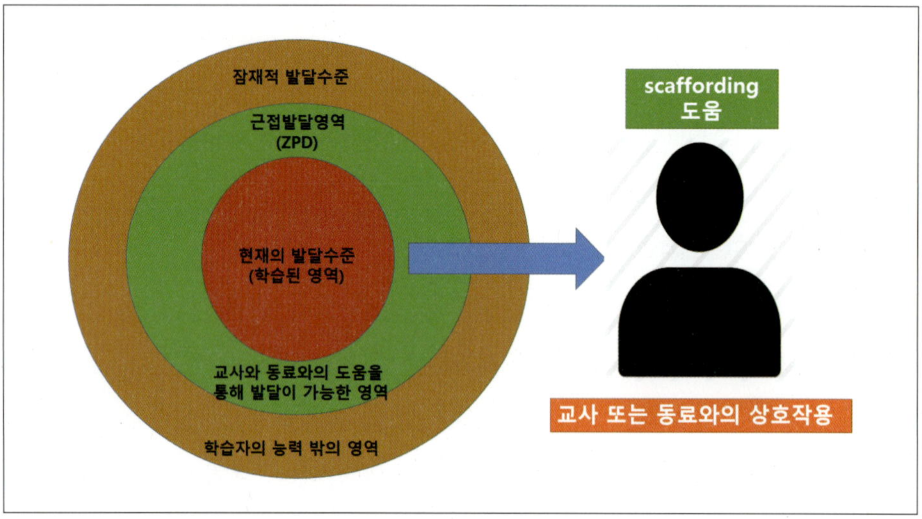

- 비고츠키의 근접발달영역을 통한 지식의 구성 과정 -

비고츠키의 이론을 통해 학습자는 처음에는 스스로 해결할 수 없는 문제로 시작할지라도 도움을 받아 참여함으로써 학습에서 능동적인 역할을 하고 성공적인 문제 해결에 이를 수 있다는 것을 알 수 있다. 따라서 교사와 또래의 도움과 상호작용은 학습에 있어 매우 중요한 역할을 한다.

3 상호작용이 활발한 수학 수업에 대한 특수교사들의 이야기

가. 교사와 학생의 활발한 상호작용을 통해 피드백이 일어나는 수학 수업

수학 수업을 할 때 학생과 소통이 안 되면 저는 좌절감을 느껴요. 제가 수업하는 모습을 촬영한 것을 보았는데, 대화에 99%는 저밖에 없더라고요. 교사가 발문을 하면 학생들의 반응이 있고 답변을 하는 수업을 하면 교사가 힘이 나기도 하고, 학생들이 내 말을 어느 정도 이해하고 있구나 내가 지금 생각한 방향으로 수업이 진행이 되고 있구나를 파악하는 데도 도움이 되거든요. 학생 입장에서는 수업이 좀 더 재미있고 수업에 적극적으로 참여할 수 있게 되죠.

교사뿐만 아니라 학생도 질문을 하는 수업이 좋은 수학 수업인 것 같아요. 듣고만 있는 수업보다는 질문을 한다는 것은 학생이 그 수업에 참여하고 있고, 생각을 하고 있다는 것을 알 수 있는 좋은 측면이기 때문이죠. 그러기 위해서는 학생이 교사에게 질문하는 것을 두려워하지 않도록 평등한 관계를 만드는 것이 필요한 것 같아요. 내가 이 질문을 하면 선생님이 나를 혼낼까? 이런 두려움이 없어야 한다고 생각하거든요.

아무리 좋은 교육과정이라도 실제 학습이 이루어지는 공간에서 아이들과 교사 간에 긍정적인 에너지가 활발히 상호 교류되어야 하는데 그게 되지 않는다면 의미가 없겠죠. 수업에서 상호작용이 이루어지려면 끊임없이 그 아이의 일상, 교사의 일상에 오버랩되는 교집합을 끊임없이 찾아야 해요. 그러다 보면 아이의 눈높이에서 이야기할 수 있거든요.

나. 친구와 함께 가르치고 배우는 또래 교수

수업을 한 후 5학년 친구한테 2학년과 3학년 동생들을 한 번씩 가르쳐 주게 해요. 그러면 형은 동생을 가르쳐 준다고 선생님한테 칭찬을 받아서 좋아하더라고요. 또한 형은 지금 상위 단계 연산을 배우고 있지만 동생을 가르쳐 주면서 밑의 단계 연산도 하게 되니깐 자기오류도 극복되게 되는 거죠.

특수학급에서 여러 명이 수업을 하다 보면 좀 더 잘 아는 아이가 좀 더 모르는 아이에게 가르쳐주면서 자기 스스로 내가 무엇을 알고 무엇을 모르는구나 하고 깨닫더라고요. 이건 이렇게 하는 거야 설명하면서 이 아이가 스스로 재확인하고 듣고 말하면서 스스로 개념에 대해서 다시 생각하더라고요. 가르쳐주면서 본인이 명확해지는 거죠.

배우는 아이는 친근감을 더 느낀 것 같고 더 마음이 열렸다고 해야 하나요. 좀 더 편하게 내용을 받아들이더라고요. 그 상황 자체로도 편안해하고 그 상황 자체를 좋아했던 것 같아요. 아이들이 딱딱하게 공부하는 시간이 아니라 "친구야 이건 뭐야"라고 가르쳐주니깐. 외적으로는 교우관계도 좋아지는 것 같았어요.

다. 학생들 간에 서로 평가하고 칭찬하는 수학 수업

친구에게 받는 칭찬을 교사의 칭찬과 비교하였을 때 교사의 칭찬이 더 우위가 있다고 생각하진 않아요. 오히려 친구에게 받는 칭찬과 인정이 아이들에게 기쁨을 주기도 하거든요. 근데 특수학급의 아이들은 친구들한테 칭찬을 잘 못 받아요. 그래서 친구들한테 칭찬을 받으면 되게 좋아하더라고요. 그리고 특수학급에 있는 아이들이 다른 아이들을 잘 칭찬할 줄 몰라요. 칭찬하는 방법도 모르고. 누군가에게 칭찬을 해주는 방법도 연습할 수 있고 친구한테 칭찬을 받는 기회도 얻을 수 있죠.

누구나 다 평가는 잘 받고 싶잖아요. 인정받고자 하는 욕구들이 다 있는 거잖아요. 아이들한테 "저 친구가 푼 학습지 어때?" "저 친구 이렇게 말했는데 어때?"라고 물었을 때 우리 아이들이 단순하고 짧은 표현일지라도 "멋져요" "좋아요" "잘한 것 같아요" 이렇게 하면 표현하는 아이도 재밌지만 그걸 듣고 있는 아이도 굉장히 으쓱해지더라고요.

아이들이 쉬는 시간이나 점심시간에 놀이 공간에 있는 작은 칠판을 들고 다니면서 서로 문제를 내요. 수와 연산 같은 경우나 구구단이나 그런 반복적인 암기가 필요한 수업 같은 경우는 국어 수업을 하다가도 점심시간에 놀다가도 쉬는 시간에도 갑자기 문제를 내요. "자 돌발퀴즈. 3×9는?" 이렇게 학생들이 주도적으로 평가의 담당자 선생님 역할을 해보니까 그게 훨씬 더 즐거운 평가가 되는 거죠. 저만 아이들한테 평가 문제를 내면 수직적이고 고압적인 평가 시간이 되기가 쉬워요. 그러다 보면 아이들이 자신의 기분이 좋을 때는 잘하다가도 조금이라도 긴장을 하면 알던 문제도 맞히지 못하거든요.

우리 반 아이들 책을 보니깐 했던 것만 하고 그러더라고요. 상호평가를 해보니깐 얘가 친구에게 무슨 말을 해주려면 나도 열심히 해야 한다는 것이 보이더라고요. "너 근데 어떻게 봤어"라고 물으면 "지우개 빌려줄 때 봤는데요, 엄청 열심히 풀고 있어요"라고 이야기하더라고요. 그러면서 아이들의 수학 수업 시간 1차 목표는 수업을 함께 하는 것, 다음에 내가 내 거 푸는 것. 남이 푼 것에 대해서 칭찬하는 것이 되는 거예요. 그러면서 다른 친구들과 상호작용하고 함께 하는 것을 배워나가는 거죠.

라. 신나는 놀이와 함께 수학적 목표가 스며드는 수학 수업

대부분 아이들이 공부하자고 하면 "아 싫어요"라고 하는데 놀자고 하거나 "오늘 선생님하고 볼링 놀이를 하면서 공부할 거야" 라고 하면 그 놀이라는 한마디에 수학을 잊어버리고 놀이 속에 빠져들더라고요.

재미있는 수업이 되기 위해서는 놀이나 게임을 활용하는 것이 좋은 것 같아요. 보드게임 중 테니스하는 것처럼 곱셈을 하는 게임이 있는데 우리 반 아이는 학습지로 곱셈을 계산하는 것은 싫어해도 이 게임은 먼저 하자고 하더라고요. 그리고 10의 보수 개념이 가르치기 어렵거든요. 근데 볼링 놀이를 하면서 남은 것이 몇 개고 쓰러뜨린 것이 몇 개인지를 세어보았더니 자연스럽게 10의 보수 개념을 익히더라고요. 그리고 볼링은 놀이라서 반복적으로 하게 되고 재미있게 수학도 배울 수 있어서 좋았던 것 같아요.

놀이를 싫어하는 학생들은 없잖아요. 지금 하는 활동이 정말 놀이를 하는 것인지 공부를 하는 것인지 아이들이 모르게 놀이 안에서 교수자는 자신이 목표로 하는 것을 끌어내는 거예요. 학생들은 공부한다고 생각 안 하고 논다고 생각하는데 사실은 놀면서 뭔가에 대한 학습이 이루어지는 거죠. 그렇기 때문에 학생 입장에서도 그냥 책을 가지고 한다거나 선생님의 강의를 듣는다거나 그냥 문제를 푸는 것이 아니라 놀이 활동을 하는 거니깐 수업에 즐겁게 참여할 수 있어요. 교사 입장에서도 학생들이 즐거워하니깐 수업을 잘 이끌어 갈 수 있고 즐거움 속에서 교사가 의도하는 목표를 달성할 수 있는 거니까 좋은 거죠.

가만히 손으로만 하는 수업보다 움직이면서 놀이 중심으로 하는 수업이 학생들이 오랫동안 기억하는 데 더 도움이 돼요. 단순히 연필을 사용하거나 학습지를 하게 되면 교사가 편하긴 하지만 그때만 잠깐 알고 다음 시간에는 또 까먹고 하더라고요. 이런 게 반복되니깐 아이도 수학을 너무 싫어하고요.

교과서에는 표와 그래프를 지도할 때 윷놀이와 같이 놀이 중심으로 제시되어 있지 않았는데 제가 수업할 때는 교육과정을 재구성해서 놀이 중심으로 했었거든요. 그랬더니 학생들이 굉장히 즐거워하며 적극적으로 참여했고, 제가 달성하고자 하는 목표를 달성할 수 있었어요. 그리고 수업은 지루한 거야 생각하지 않고 재미있게 활동하고 그러면 수업하고 나서도 "다음에 또 해봐요" 그러더라고요.

최근에 제가 위치와 방향 알기를 주제로 수업을 했었어요. 호키포키라는 노래를 들으며 율동을 따라 하는 거였어요. ♬모두 다 오른손을 안에 넣고 오른손을 밖에 넣고♬ 그런 노래를 부르며 안과 밖, 위와 아래를 알고자 했거든요. 음악에 맞춰 스카프를 들고 동작을 따라 했는데 아이들이 단순한 게 이게 수학이 아니라 체조놀이라고 생각하는 거예요. 그 수업에는 분명 수학의 공간 감각 개념이 들어있었는데 아이들은 놀이로만 받아들인 거죠.

4 상호작용이 활발한 수학 수업을 위해 동료 교사들이 전하는 수업 노하우

교사와 학생의 활발한 상호작용을 통해 피드백이 일어나는 수학 수업을 하라.

- 교사와 학생의 상호작용을 통한 피드백은 수업이 잘 진행되고 있는지를 점검할 수 있는 수단이 되며, 학생이 좀 더 적극적으로 수업에 참여하는 계기가 된다.
- 수업에서 상호작용이 이루어지기 위해서는 일상에서부터 교사와 학생의 서로 공감되는 부분을 찾아가는 것이 필요하다.

또래 교수를 활용하라.

- 가르쳐주는 학생은 학습한 내용을 한 번 더 되뇌게 되고, 배우는 학생은 교사보다 친구에게 배우는 것을 좀 더 편하게 생각한다.
- 또래 교수를 하는 동안 교사는 다른 학생에게 좀 더 많은 시간을 할애할 수 있다.

학생들 간에 서로 평가하고 칭찬하게 하라.

- 친구의 칭찬과 인정은 장애학생의 학습동기를 높이는 데 도움이 된다.
- 쉬는 시간과 점심시간을 활용한 학생 간의 평가는 반복학습의 기회가 된다.

신나는 놀이와 함께 수학적 목표가 스며드는 수학 수업을 하라.

- 놀이는 학생들이 어려운 수학을 쉽고 편하게 접근할 수 있도록 하며, 학습한 내용을 오래 기억하게 하고 학습목표에 쉽게 도달하게 한다.

5 상호작용이 활발한 수학 수업 디자인

1. 동그라미, 세모, 네모 모양길 걷기

수업 펼치기

열기	■ 몸으로 모양 만들기 - 몸으로 동그라미, 세모, 네모 모양을 만들어본다. - 팔을 이용하여 동그라미 모양을 만든다. - 친구 두 명이 앉아서 양발을 벌려 네모 모양을 만든다. - 팔과 발 그리고 몸을 이용하여 다양한 모양을 만든다. - 동그라미, 세모, 네모 모양을 보여주며, 이러한 모양길을 만들어 함께 걷고 느껴보자고 한다.
함께 하기	【활동1】 동그라미 모양길 걷기 - A4 용지로 모양길을 만든 후 동그라미 모양길을 걷게 한다. ♬아기 코끼리가 걸어가네요(귀여워) 뒤뚱뒤뚱 뒤~뚱 걸어가네요(뒤뚱)♬ - 아기 코끼리 노래에 맞춰 뒤뚱뒤뚱, 비틀비틀 동작을 해보며 모양길을 걷는다. - 처음에는 혼자서 걸어보고 나중에는 친구들과 함께 걸으며 앞에 가는 친구를 잡아본다. 【활동2】 세모와 네모 모양길 걷기 - 활동1과 같은 방법으로 세모 모양길과 네모 모양길을 걷는다.
나누기	- 오늘은 동그라미, 세모, 네모 모양 등 여러 가지 모양의 모양길을 걸어보고 모양을 익혀 보았다고 한다. - 아이들이 걸은 모양길과 연관 있는 생활 속의 사물을 보여주며 동그라미, 세모, 네모 모양을 구분하도록 한다. - 트라이앵글, 탬버린, 텔레비전, 삼각김밥, 훌라후프 등 다양한 생활 속 사물들의 모양을 말하고, 모양에 따라 분류해 본다.

학습목표	• 동그라미, 세모, 네모 모양길을 따라 이동할 수 있다.
학습자료	• A4용지, 아기 코끼리 동요

수업 TIP

- A4 용지는 쉽고 빠르게 모양길을 만들 수 있도록 도와주고 다양한 모양길로 각각의 변환이 빠르게 되어 수업 준비와 수업에서의 활용에 효과적이다.
- 아기 코끼리 동요는 모양길 따라 걷기를 한층 더 신나게 해주며 아이들은 동요에 따라 '뒤뚱뒤뚱'이나 '비틀비틀'거리며 모양길을 걸을 수 있다.
- 모양길을 따라 걷는 것은 중증의 아이들도 쉽게 참여할 수 있으며 처음에는 혼자서 걷다가 다음에는 앞에 있는 친구를 잡는 술래잡기 놀이식으로 하며 아이들의 참여를 유도할 수 있다.

상호작용이 활발한 수학 수업 디자인

2. 스카프 놀이로 위치와 방향 알기

수업 펼치기

열기	■ 수건돌리기 놀이하기 - 수건돌리기의 모습을 제시하고 수건돌리기 놀이를 한다. - 가만히 둘러앉아서 오른쪽으로 수건을 돌리고 왼쪽으로 수건을 돌려 본다. - 술래를 정하고 둥글게 둘러앉아 원 밖으로 돌다가 한 친구의 등 뒤에 수건을 놓고, 한 바퀴를 돈다. - 술래가 된 친구는 벌칙을 받는다.
함께 하기	【활동1】 스카프 놀이로 위와 아래, 오른쪽과 왼쪽 알기 - 스카프를 위와 아래로 흔들고 위로 힘껏 던져본다. - 스카프를 위로 던져 손뼉을 한번 치고 받고 손뼉을 두 번, 세 번 순으로 치고 받으며 손뼉 치는 수를 늘려가며 스카프를 받는다. - 오른쪽의 사람에게 스카프를 전달하고 왼쪽의 사람에게 스카프를 전달한다. 【활동2】 호키포키 노래에 맞춰 안과 밖 알기 - ♬다 같이 오른손을 안에 넣고 오른손을 밖에 내고♬ - 호키포키 노래를 따라 부르며 오른손과 왼손, 오른발과 왼발을 구분하며 스카프를 들고 안과 밖에 넣어보는 놀이를 한다.
나누기	- 스카프 놀이를 활용하여 위와 아래, 오른쪽과 왼쪽, 안과 밖을 배워 보았음을 다시 한번 더 확인한다. - 스카프를 들고 교사의 안내에 따라 위와 아래, 오른쪽과 왼쪽으로 흔들어 본다. - 스카프를 들고 오른손과 왼손을 들어보고, 오른발과 왼발을 굴러본다. - 스카프를 들고 오른쪽과 왼쪽, 위와 아래의 방향을 가리키고 말한다.

학습목표	• 자신의 위치와 방향을 표현할 수 있다.
학습자료	• 색 스카프

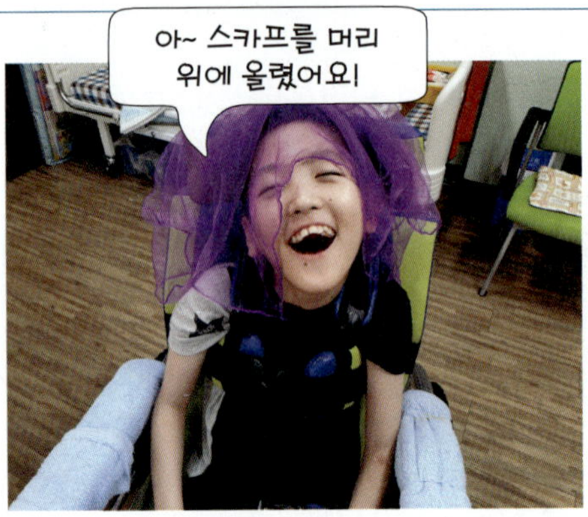

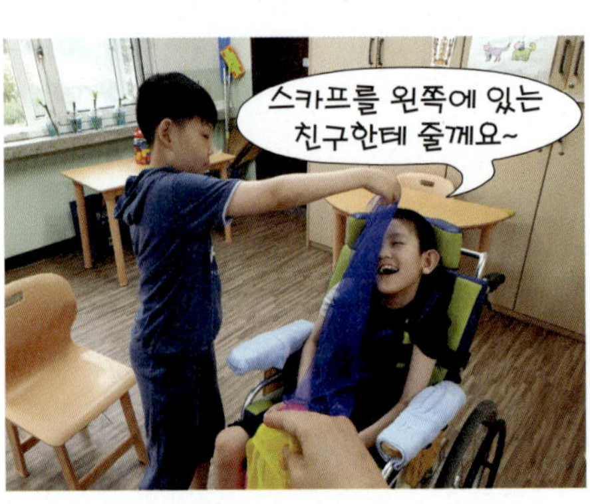

수업 TIP

- 색 스카프는 아이들이 쉽게 가지고 놀 수 있는 도구이다.
- 휠체어에 앉아 있는 지체장애 학생에게는 스카프를 얼굴과 머리 위에 올려주어 스카프의 감촉을 느끼게 해 주는 것도 좋다.
- 호키포키 노래를 활용하여 스카프를 흔들며 위와 아래, 오른쪽과 왼쪽, 안과 밖을 구분하는 율동을 따라 하면 아이들이 재미있게 방향에 대한 내용을 배울 수 있다.
- 휴대용 송풍기를 이용하여 색 스카프 여러 장을 위로 쏘면 무지갯빛처럼 위로 날아가는데 이것은 아이들이 매우 좋아한다.

상호작용이 활발한 수학 수업 디자인

3. 하나와 수 1 알기

수업 펼치기

열기	■ 숫자 1 알기 - 손에 쥔 바둑돌의 개수를 알아맞히게 한다. - 바둑돌 한 개의 개수를 함께 세어본다. - 숫자 1을 보여준다. - 생활 속에서 숫자 1이 사용된 것을 찾아본다. - 엘리베이터의 숫자, 리모컨의 숫자, 학반 표시 등에서 숫자 1이 사용된다는 것을 안다. - 숫자 1과 개수를 셀 때 하나의 개념을 알아보자고 한다.
함께 하기	【활동1】 가위바위보 연습하기 - 교실 안에서 가위바위보를 연습한다. 충분히 연습하여 가위바위보의 방법을 익힌 후 복도로 가서 가위바위보 계단 오르기를 하도록 한다. 【활동2】 가위바위보 놀이하며 계단 오르기 - 2명이 짝을 지어서 가위바위보 놀이를 하며 계단을 한 칸씩 오르고 먼저 계단의 끝에 도착한 사람이 이긴다.
나누기	- 생활 주변에서 한 개인 것과 1과 닮은 물건을 찾는다. - 얼굴에서 개수가 한 개인 것을 찾는다. - 코 한 개, 입 한 개... - 교실에서 한 개인 것과 1과 닮은 물건을 찾는다. - 자, 연필, 붓, 바늘... - 생활 속에는 이렇게 하나, 숫자 1의 개념이 적용되는 것이 많음을 확인한다.

학습목표	• 수를 세는 말인 하나와 일, 숫자 1을 알 수 있다.
학습자료	

수업 TIP

- ☑ 일상생활에서 자주 할 수 있는 가위바위보를 통한 계단 오르기는 실생활과의 관련성 및 아이들의 학습동기를 높이는 데 도움이 된다.
- ☑ 가위바위보는 일상생활에서 흔하게 하는 활동이지만 중증의 장애아동들에게는 그 규칙과 방법을 익히기 어려운데 이 수업은 가위바위보의 방법을 익힐 뿐만 아니라 수학적 '하나'의 개념도 익힐 수 있다.
- ☑ 실생활에서 자연스럽게 숫자 1을 접하고 하나의 개수를 세는 기회를 부여한다.

상호작용이 활발한 수학 수업 디자인

4. 색 깃발 놀이하기

수업 펼치기

열기	■ ♬둘이 살짝 손잡고♬ 노래와 율동하기 - ♬둘이 살짝 손잡고 오른쪽으로 돌아요♬ ♬둘이 살짝 손잡고 왼쪽으로 돌아요♬ - 둘이 살짝 손잡고 노래와 율동을 따라 하며 서로가 서로의 짝이 되었음을 인지시킨다. - 친구끼리 짝이 된 것처럼 오늘은 각 색깔의 짝을 찾아보자고 한다.
함께 하기	【활동1】 선 따라 걷기 - 4가지 색 중 자신이 좋아하는 색을 말하고 선을 따라 걷게 한다. 【활동2】 깃발 들고 걷기 - 자신이 좋아하는 색의 깃발을 들고 같은 색의 선을 찾아서 걷는다. 【활동3】 기차놀이하기 - 같은 색의 깃발을 선택한 친구들끼리 기차 모양을 해서 선을 따라 걷게 한다.
나누기	- 4가지 색의 이름을 다시 한번 더 말한다. - 빨간색, 초록색, 파란색, 노란색 - 자신이 걸은 선의 색을 말한다. - 4가지 깃발을 보여주고 선과 짝지을 수 있게 한다.

학습목표	• 네 가지 색 중 같은 색을 찾아 짝지을 수 있다.
학습자료	• 색 테이프, 색 깃발 등

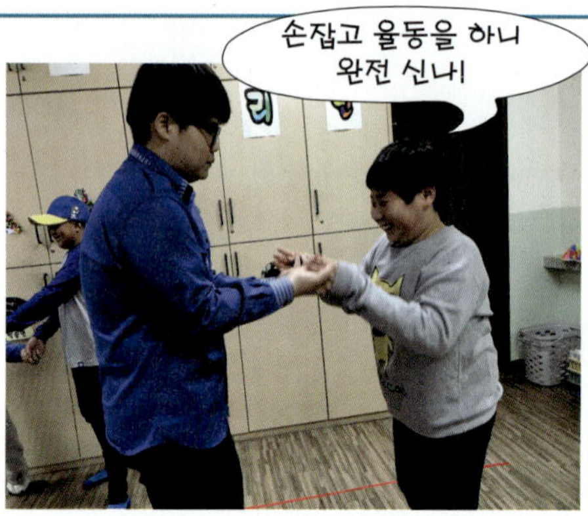

수업 TIP

- ☑ 둘이 살짝 손잡고 노래와 율동은 아이들이 음악에 맞춰 자연스럽게 친구와 손을 잡고 돌며 짝이 되어 보는 활동을 할 수 있게 해 준다.
- ☑ 수업에서 만들었던 색 빨대 깃발을 활용하면 아이들의 학습 참여를 더욱 높일 수 있다.
- ☑ 색 테이프를 이용하여 교실 바닥에 붙이면 간단하게 색이 있는 길 모양을 만들 수 있다.

상호작용이 활발한 수학 수업 디자인

5. 낚시놀이를 통해 6까지의 수 알기

수업 펼치기

열기	■ 낚시를 해본 경험을 이야기하며 동요 부르기 - 낚시를 해본 경험을 이야기한다. - 고기잡이 동요를 함께 부른다. - ♬고기를 잡으러 바다로 갈까나♬ ♬고기를 잡으러 강으로 갈까나♬ - 바닷속에는 여러 가지 물고기가 살고 있다고 말하고 낚싯대를 이용하여 이 물고기를 잡아보자고 한다.
함께 하기	【활동1】 낚시놀이로 물고기의 수 세기 - 낚싯대를 이용하여 자유롭게 물고기를 잡으며 자신이 잡은 물고기의 개수를 센다. 【활동2】 주사위에 나온 수만큼 물고기 잡기 - 주사위를 던진 후 해당하는 수만큼 물고기를 잡는다.
나누기	- 낚시놀이를 해본 느낌을 말한다. - 낚시놀이를 통해 자신이 잡은 물고기의 개수를 다시 한번 더 말해본다. - 자신이 원하는 만큼의 물고기를 책상 위에 올려놓고 물고기의 개수를 세어본다. - 생활 속에는 이렇게 물고기의 개수를 세는 것처럼 개수를 세는 경우가 많음을 확인한다.

학습목표	• 6개 이하인 구체물의 개수를 셀 수 있다.
학습자료	• 낚싯대, 물고기, 어항, 스펀지 대형 주사위 등

수업 TIP

- 코팅지와 클립, 자석을 이용하여 어항과 물고기를 직접 만들 수 있고, 나무젓가락에 낚싯줄과 자석을 연결해 낚싯대를 제작할 수 있다.
- 스펀지로 된 대형 주사위는 개수 세기 놀이에 활용할 수 있고 소근육 운동이 어려운 중증의 장애학생에게도 수업에서 역할을 부여할 수 있어 아이들 모두가 재미있게 수업에 참여할 수 있게 하는 매개체가 된다.
- 주사위에 나온 수만큼 물고기를 잡는 활동에서 물고기가 한 마리씩 잡히는 것이 아니라 간혹 여러 마리가 자석에 함께 붙어 올라와서 주사위가 제시한 수보다 더 많은 물고기를 잡을 수 있다.

상호작용이 활발한 수학 수업 디자인

6. 볼링 놀이를 통해 10까지의 수 알기

수업 펼치기

열기	■ 볼링을 한 경험 이야기하기 - 볼링 놀이를 하고 있는 사진을 보여준다. - 볼링을 해 본 경험을 이야기하며 볼링핀과 볼링공을 만져보게 한다. - 오늘은 볼링 놀이를 하며 넘어뜨린 볼링핀의 개수와 남아 있는 볼링핀의 개수를 함께 세어보자고 한다.
함께 하기	【활동1】 볼링핀의 개수 세기 - 표시된 자리에 자신이 만든 볼링핀을 놓는다. 볼링핀을 놓을 때 볼링핀의 개수를 세며 볼링공을 굴린 후에는 넘어진 볼링핀과 남아 있는 볼링핀의 개수를 센다. 【활동2】 볼링핀의 개수 나타내기 - 찍찍이 판에 자신이 넘어뜨린 볼링핀의 개수를 붙이고 몇 개인지를 표현한다.
나누기	- 볼링 놀이를 한 자신의 느낌을 이야기한다. - 볼링핀의 개수와 자신이 넘어뜨린 볼링핀의 개수, 남아 있는 볼링핀의 개수를 표시한 판을 보고 다시 한번 더 볼링핀의 개수를 세어본다. - 10까지 개수의 물건을 세어 보았다고 말한다.

학습목표	• 10개 이하인 물건의 개수를 셀 수 있다.
학습자료	• 공, 볼링핀, 색종이 등

수업 TIP

- ☑ 볼링 놀이는 개수 세기를 위해 교실에서 가장 쉽게 활용할 수 있는 놀이이다. 이때 수준이 높은 학생은 스스로 볼링핀을 놓고 볼링핀의 개수를 셀 수 있으며 수준이 낮은 학생은 색깔 단서를 활용하여 볼링핀을 놓고 맞힌 볼링핀의 개수를 구체물과 함께 그림카드를 통해 시각적으로 확인할 수 있다. 또한 휠체어를 탄 학생은 큰 공으로 볼링핀을 맞힐 수 있다.
- ☑ 볼링핀을 놓을 자리를 색종이로 표시해 주면 수준이 낮은 학생도 볼링핀을 쉽게 놓을 수 있고 볼링핀을 놓으면서 자연스럽게 10까지의 수 세기와 연계되어 학습할 수 있다.
- ☑ 볼링공 대신 컬링을 할 때 쓰는 공, 축구공이나 배구공과 같은 큰 공을 이용할 수 있고, 양쪽에 공이 나가지 못하게 하는 벽을 설치하면 학생들이 볼링핀을 맞히는 성공 확률을 높일 수 있다. 이는 장애학생의 성취감을 높이는 데 도움이 된다.

상호작용이 활발한 수학 수업 디자인

7. 놀이 활동을 위한 교구 만들기

◉ A4 용지를 활용한 사다리 타기 놀이

준비물 A4용지

활용방법
① A4 용지를 활용하여 사다리 타기 모양을 만든다.
② 사다리 타기 놀이를 통해 급식 순서, 청소구역, 주문할 음식, 원하는 물건 등을 정할 수 있다.
③ 사다리 타기 놀이를 통해 일대일 대응의 개념을 익힐 수 있게 한다.

◉ 자석과 클립을 활용한 낚시놀이

준비물 나무젓가락, 자석, 물고기 모양, 낚싯줄 등

제작방법
① 나무젓가락에 낚싯줄과 자석을 연결한다.
② 물고기 모양을 색칠하고 꾸며 코팅한 후 클립을 꽂는다.
③ 박스와 색지를 활용하여 어항을 만든다.

활용방법
① 낚싯대를 이용하여 클립이 꽂힌 물고기를 잡는다.
② 낚시놀이를 개수 세기에 활용할 수 있다.

◉ 페트병과 부직포를 활용한 볼링 놀이

준비물 페트병, 색지, 사인펜, 부직포 등

제작방법
① 페트병에 학생들 각자가 좋아하는 캐릭터를 색지로 꾸민다.
② 부직포를 활용하여 볼링핀을 만든다.

활용방법
① 학생들이 꾸민 캐릭터 페트병을 볼링핀으로 활용한다.
② 부직포 볼링핀을 통해 쓰러뜨린 볼링핀과 남은 볼링핀을 표시한다.

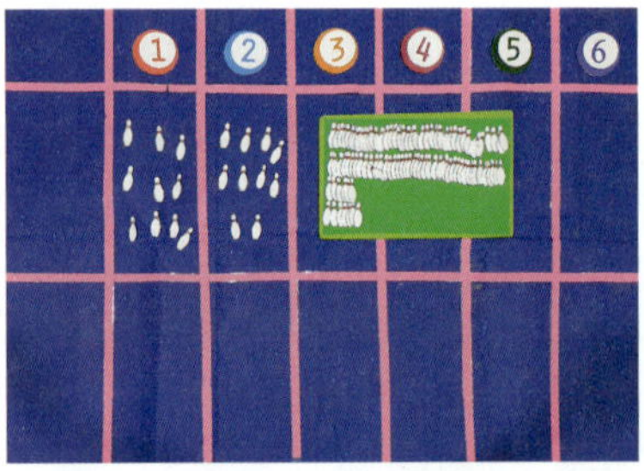

◉ 색 스카프 놀이

준비물 색 스카프

활용방법
① 혼자서 위로 색 스카프를 던져서 받는다.
② 색 스카프를 위로 던져서 손뼉을 치며 받는다.
③ 두 명이서 짝지어 색 스카프를 마주 보며 주고 받는다.
④ 색 스카프를 위로 던져서 머리, 어깨, 가슴, 배, 다리 등으로 받는다.
⑤ 3~4명의 학생이 차례대로 줄을 서게 하고, 술래 1명이 줄을 서 있는 학생에게 다가가 스카프를 전달하게 한다. ○○ '앞'에 있는 사람한테 스카프를 전달하게 하고, ○○ '뒤'에 있는 사람한테 스카프를 전달하게 하여 앞, 뒤의 개념을 알게 한다.

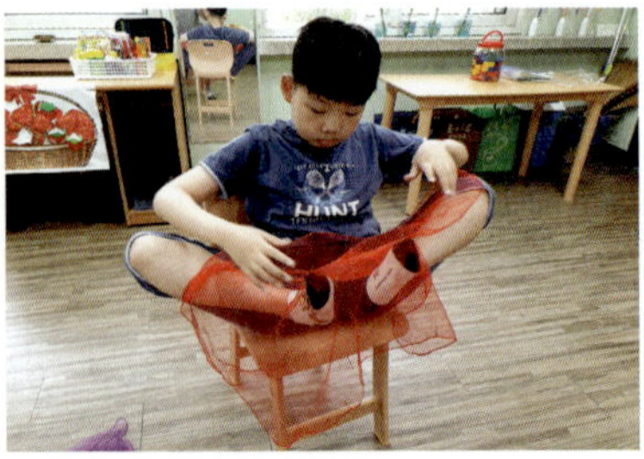

6 궁금해요 교수님

수학수업에서 상호작용을 활발하게 하려면 어떻게 해야 할까요?

아이들과 또는 아이들끼리 활발하게 상호작용이 이루어지는 수학 수업을 하고 싶은데, 현실은 묵묵부답인 아이들이라 어렵습니다. 장애학생의 경우 기능적 수준이 낮기도 하고, 장애특성 등으로 다른 사람에게 반응하고 상황에 맞게 상호작용하는 것이 일반 아이들보다 더욱 어려운데, 어떻게 하면 좋을까요?

브루너의 EIS 이론을 다시 살펴보면, 해답을 찾을 수도 있지 않을까 합니다. 아래 내용은 제가 특수교육 수학교육론에서 작성한 내용으로 찬찬히 읽어보세요.

참조자료: 특수교육 수학교육론 pp.96-100에서 발췌

브루너의 EIS 이론

수학 시간이라고 하면 흔히 수학 공식을 나타내는 갖가지 기호나 수식들로 가득히 채워져 있는 교실의 칠판 모습을 떠올리게 된다. 수학의 추상적인 특성으로 인해 학생들이 활동적으로 움직이거나 만들거나 그리는 등의 조작적인 활동을 통해 이루어지는 수업은 주로 체육이나 미술과 같은 교과 수업시간에만 일어나는 모습으로 생각하기 쉽다. 기호나 수식으로 전달되는 수학 시간에 인지적인 어려움이 있는 장애학생들이 잘 참여할 수 있으리라 기대하는 것은 무리일 것이다. 여기에서 우리는 '가르쳐야 할

수학 내용을 학생들에게 어떻게 전달하는 것이 효과적일까? 학생들이 알고 있는 수학적인 지식을 나타낼 수 있도록 도울 수 있는 방법은 무엇인가?'라는 물음을 떠올리게 된다.

브루너는 EIS 이론을 통해, 수학적 지식을 포함한 어떤 영역의 지식도 다음과 같은 세 가지 방법으로 표상해 낼 수 있다고 하였다(박성택, 1996a).

- 동작적 표상 양식(Enactive mode of representation): 실물이나 구체물 등의 행동화, 조작화를 통해 지식을 이해하는 방법
- 영상적 표상 양식(Iconic mode of representation): 그림이나 도식 등의 영상을 통해 지식을 이해하는 방법
- 상징적 표상 양식(Symbolic mode of representation): 기호, 수식, 문자 등의 상징적 체계를 통해 지식을 이해하는 방법

예를 들어, 3 더하기 5는 8이 된다는 것을 지도할 때에, 사탕이나 공깃돌을 조작화하고 행동화하여 이해하도록 한다면, 이는 동작적 표상을 활용한 지도가 된다. 또한, 도트(점)나 동그라미와 같은 반추상적 모델을 이용하여 3 더하기 5는 8이 됨을 이해하는 것은 영상적 표상을 활용한 지도 방법이 된다. 마지막으로 상징적 표상을 활용한 지도에서는 더하기 기호와 등호를 사용하여 '5+3=8'이라고 표현하도록 할 수 있다(교육과학기술부, 2009b).

수학의 측정 영역에 해당하는 넓이 개념(넓다, 좁다)과 관련된 구체적인 활동 사례를 제시하면 다음과 같다. 여러 장의 신문지를 넓게 펼치거나 좁게 접어서 교실 바닥에 길을 만들고, 넓은 길과 좁은 길을 걸어보는 활동은 동작적 표상 양식을 활용한 활동이다. 옷 모양이 그려진 도화지에 굵은 붓과 가는 붓을 이용하여 가로줄 무늬를 그려 보는 활동은 영상적 표상 양식을 활용한 활동이다. 양쪽에 여러 명의 아동이 손을 잡고 늘어서 술래가 지나갈 수 있는 터널을 만든 후, 누군가 "넓은 터널" 또는 "좁은 터널"이라고 소리치면 각각의 터널이 만들어지고, 술래는 넓은 터널일 때에 지

나가고, 좁은 터널일 때에는 멈추는 활동은 상징적 표상 양식을 활용한 활동이다(Richardson et al., 1980).

이처럼 브루너의 EIS 이론은 수학적 지식을 다양한 방식으로 전달할 수 있는 방법을 안내해 준다. 동작적 표상은 수학적 개념이나 원리를 이해하기 위해서 학습자가 구체적인 실물의 조작을 시도하는 표상 양식이며, 영상적 표상은 시각 또는 다른 감각적 조직에 의존하는 내적 심상에 근거하는 성격을 띠고, 상징적 표상은 감각적 심상에 의존하기보다는 사고 표현의 수단인 언어나 문자, 기호 등에 의존하는 표상 양식이다(권영례, 1998). 브루너에 따르면, 아동의 지능 발달은 동작적 표상, 영상적 표상, 상징적 표상의 순서로 이루어지는 표현 수단의 발달과 그 사이의 조정 능력의 발달을 의미한다(황혜정 외, 2001).

브루너의 EIS 이론이 수학 교육에 주는 시사점은 다음과 같은 세 가지 측면에서 생각해 볼 수 있다.

첫째, 수학 지도의 계열성 측면에서 시사하는 바가 있다. 세 가지 표상 양식은 각각 선행 양식에 의존하여 발달하는데, 연령의 증가에 따라 동작적 표상 양식보다는 영상적, 상징적 표상 양식에 보다 크게 의존하게 된다는 것이다(박성택, 1996a). 따라서 추상적인 수학 학습을 쉽게 이해하기 위해서는 인지 발달의 경로에 따라 [그림 1]과 같이 동작(조작) → 영상(그림) → 상징(기호, 수식)의 단계적인 과정 중심의 학습이 이루어지는 것이 바람직하다고 할 수 있다.

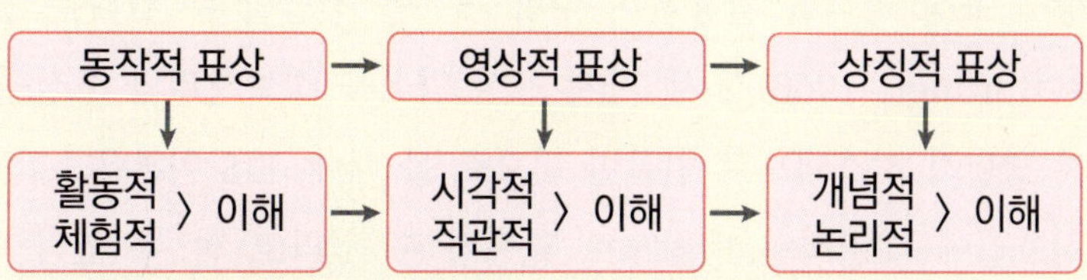

그림 1 인지 발달의 경로에 따른 학습 방법

출처: 박성택. (1996a). Bruner의 EIS이론과 수학학습. 수학 교육 프로시딩, 4, p. 90-98.을 수정함.

첫 번째 단계인 동작적 표상에서는 주로 구체물 조작에 의한 학습을 하고, 두 번째 단계인 영상적 표상에서는 구체물 조작에 의해서 습득된 지식을 영상인 그림이나 도식으로 나타내어 보고, 마지막 단계인 상징적 표상에서는 영상으로 얻은 지식을 문자, 기호, 숫자 등을 사용하여 형식화하고 이를 추상적인 수식으로 표현해 보게 하는 것이 인지 발달의 경로에 따르는 학습이라고 할 수 있다. 이처럼 수학적인 개념을 보다 명확히 형성시키기 위해서는 인지 경로에 따르는 단계적인 수학 학습이 필요하다(박성택, 1996a).

둘째, 수학 지도의 대안적 측면에서 시사하는 바가 있다. EIS 이론을 통하여 브루너가 가정하고 있는 것은 수학의 어떠한 지식도 세 가지 표상 양식으로 나타낼 수 있으며, 각각의 양식에 알맞은 학생의 수준에 따라 지도할 수 있다는 것이다(황혜정 외, 2001). 학생의 능력에 맞추어 구체적인 활동적 양식으로 제시할 수도 있고, 시각적 표현이나 추상적인 기호적 표현을 하여 제시할 수도 있다는 것이다. 이는 앞서 언급한 인지 발달의 경로에 따른 단계적인 지도와 대치되는 내용으로, 아동의 논리에 의한 점진적인 동화를 강조하는 피아제의 이론과 학습의 준비성이라고 하는 점에서 정면으로 대립하는 것이다(김응태 외, 1984). 결국, 학생의 준비성 수준에 관계없이 학생의 수준에 알맞은 대안적인 표상 양식을 활용하여 수학을 지도할 수 있다는 논리가 성립된다. 즉, 추상적 사고가 가능한 형식적 조작기에 이르지 못한 학생에게는 상징적 표상 양식이 아닌 동작적 표상이나 영상적 표상 양식을 활용하여 수학 내용을 전달할 수 있다는 것이다.

브루너(Bruner, 1966)가 세 가지 표상 양식을 정보처리와 표상을 위한 세 가지 병렬적 시스템으로 언급한 것으로 볼 때에, EIS 이론은 [그림 2]와 같이 상호간에 대안적인 방법으로 활용될 수 있다고 할 수 있다.

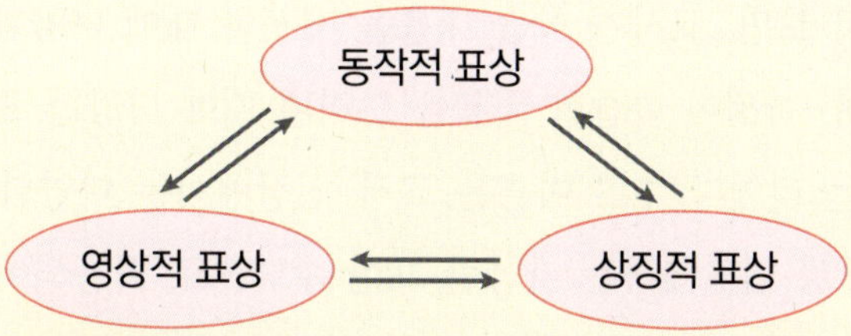

그림 2 대안적인 표상 양식으로서의 EIS 이론

EIS 이론은 동작, 영상, 상징의 순으로 단계적인 학습을 안내하는 계열적인 수학 지도 방법을 제안할 뿐만 아니라, 각각의 표상이 서로의 대안적인 표상 양식으로 활용될 수 있음을 말해 준다. 이는 특수아 수학 교육에서 동작적 표상을 활용하기 어려운 지체장애학생에게는 영상적 표상이나 상징적 표상을 활용한 대안적인 지도 방법을, 영상적 표상을 활용하기 어려운 시각장애학생에게는 동작적 표상이나 상징적 표상을 활용한 대안적인 지도 방법을, 상징적 표상을 활용하기 어려운 지적장애학생에게는 동작적 표상이나 영상적 표상을 활용한 대안적인 지도 방법을 활용할 수 있음을 말해 준다. 리차드슨 등(Richardson et al., 1980)은 브루너의 EIS 이론을 이용하여 어린 아동이나 특수교육에서 이용할 수 있는 수학 활동 교육과정을 한 권의 책으로 개발하였다. 이 책에서는 위상, 모양, 크기, 분류와 같은 기초적인 수학 내용 뿐만 아니라, 수, 연산, 자리값 등의 수학 내용까지도 동일한 수학 내용을 동작적, 영상적, 상징적 표상을 활용한 다양한 활동으로 지도할 수 있음을 보여주고 있다.

셋째, 보편적 학습 설계와 관련하여 수학 교육의 의사소통 측면에서 시사하는 바가 있다. CAST(http://www.cast.org)에서 제안한 보편적 학습 설계(universal design for learning)의 개념에 따르면, 장애학생을 포함하는 모든 학생들을 위한 교수·학습을 설계하기 위해서는 다양한 설명 수단(multiple means of representation), 다양한 표현 수단(multiple means of expression), 다양한 참여 수단(multiple means of engagement)을 고려해야 한다는 것이다(Wehmeyer et al., 2002). 수학 교육의 의사

소통 측면에서 보면, 교사가 학습 내용을 제시할 때에 다양한 설명 수단을 활용해야 하며, 학생이 학습한 내용을 드러낼 때에 다양한 표현 수단을 활용해야 한다는 것이다. EIS 이론은 교사 입장에서는 다양한 설명 수단으로, 그리고 학생 입장에서는 다양한 표현 수단으로 활용되어 수학 교육에서 의사소통을 활성화시키는 기회를 마련할 수 있다.

교수·학습의 과정은 교사와 학생 간의 상호작용을 통해서 이루어지며, 상호 간에 알맞은 의사소통 방법을 활용할 때에 효과적인 교수·학습이 이루어질 수 있다. 교사는 동작적, 영상적, 상징적 표상 양식을 활용하여 다양하게 설명함으로써 학생의 학습에 도움을 줄 수 있다. 또한, 학생에게는 동작적, 영상적, 상징적 표상 양식을 활용하여 다양하게 표현할 수 있는 기회를 제공함으로써 수업에 적극적으로 참여하는데 도움을 줄 수 있다.

정리해서 말씀드리면 누군가와 상호작용할 수 있는 수단은 첫째, 상징적 표상으로 말이나 글(수식 포함)이 있고요. 둘째, 영상적 표상으로 시각적 수단을 활용하는 그림이나 동영상 등이 있을 수 있고요. 셋째, 동작적 표상으로 조작 가능한 구체물 등이 있습니다. 말이나 글로 상호작용이 가능한 아이라면 이를 적극적으로 활용해야 하겠지만, 그렇지 않다면 다른 방법을 찾아보아야 하겠지요. 그림이나 컴퓨터를 좋아하는 아이라면 영상적 표상으로 상호작용을 할 수 있고요. 정말 상호작용이 어려운 아이라면 조작 가능한 구체물을 준비하고, 구체물을 조작하는 것으로 상호작용을 시도해보아야 하겠네요.

브루너가 EIS 이론을 개발할 당시에는 요즘 같은 첨단 기기들이 없었던 시절이라 E, I, S를 구분하여 명시적으로 표현하는 것이 가능하였지만, 현 시대에는 E, I, S가 혼합된 형태의 자료나 도구들이 많이 있습니다. 예를 들어, 컴퓨터나 스마트폰을 활용하면 그림을 조작할 수도 있고, 손이 아닌 말로 영상을 조작할 수도 있습니다. 따라서 여러 가지 표상 양식을 혼합해서 더욱 효과적인 상호작용이 이루어질 수 있는 수단을 찾아볼 수 있지 않을까 생각됩니다.

Ⅵ

학생에게 성공 경험을 주는 수학 수업

1 왜 학생에게 성공 경험을 주는 수학 수업인가?

대학을 졸업할 때쯤 나는 임용고시에 도전하느라 상황이 달랐지만 주변의 친구들은 취업하기 위해 기업에 수십 장의 응시원서를 내고 있다는 소식을 전해주었다. 대기업의 취업은 쉽지 않았는데 원서를 내고 기다린 결과가 '불합격'일 때 친구들은 큰 절망감과 좌절감에 빠진다고 하였다. 근데 이것이 한두 번이 아니라 수십 번의 실패를 맛보는 것이라 다음으로의 도전이 두렵고 힘들다는 고민을 나에게 토로하곤 하였다.

취업이라는 특정한 시기의 특수한 경우이지만, 장애학생의 경우 평소 여러 활동에 있어 학습에 성공한 경험보다는 실패한 경험이 많고, 실패에 대한 두려움에 직면해있다. 여러 번의 실패는 장애학생의 학습에 대한 의욕을 떨어뜨리기도 한다. 하지만 다양한 지원과 전략을 통해 학생에게 성공 경험을 준다면 이는 또 다른 과제에 도전하게 하는 발판이 된다.

-콘을 걷고 있는 학생의 모습-

내가 근무하고 있는 특수학교에서는 장애인 체육회의 지원을 받아 생활체육 수업을 하고 있다. 아이들은 다 함께 체육활동을 하는 수요일과 금요일을 기다리는데 여러 재미있는 활동 중 콘을 길게 늘어놓고 그 위에 올라서서 걷는 활동이 있다.

이 활동을 하면 혼자서 콘을 건너는 아동도 있고 두렵거나 균형감각이 없어 콘을 건너지 못하는 아동도 있다. 콘을 건너지 못하는 아동들 중 어떤 아이는 교사와 지원인력이 두 손을 잡아주기도 하고, 또 다른 아이는 한 손을 잡아주기도 한다. 또한 좀 더 능력이 좋은 아동은 손가락 하나를 잡아주기도 하는데 이러한 도움을 받은 아동은 콘 위를 건널 수 있다. 혼자서는 콘 위를 건너지 못하는 아동도 아동의 수준에 맞는 교사의 작은 도움을 통해서 콘 건너기 활동에서 성공을 경험할 수 있는 것이다.

이 장면은 장애학생의 성공적인 학습경험을 위해서 능력에 맞는 도움의 제공이 얼마나 중요한지를 알려준다. 하지만 너무 많은 도움은 그 과제를 재미없게 하고 너무 어려운 과제는 그것을 처음부터 포기하게 만들어 버린다. 그렇기에 적절한 난이도의 과제 제시나 그 과제를 수행하게 할 수 있는 적절한 도움의 제공이 중요하다.

우리 아이들에게 내미는 '작은 손가락 하나'가 이 아이에게 성공 경험을 주느냐 실패의 경험을 주느냐를 결정한다. 겨우 '손가락 하나가.'

2 학생의 성공 가능성을 높여주는 칭찬

칭찬의 중요성은 2000년대 초, 〈칭찬은 고래를 춤추게 한다〉라는 책의 발간으로 전 세계에 알려졌다. 바다에서 가장 무서운 육식 동물, 범고래의 묘기 비법은 다름 아닌 조련사의 '칭찬'이었기 때문이다. 이 책은 말 못 하는 동물도 변하게 하는 칭찬의 힘에 대해 다시 한번 생각하게 하였고, 이 책 이후로 올바른 칭찬을 하는 방법에 대한 논의가 이루어졌다.

장애학생들의 경우 거듭된 학습 실패로 학습된 무력감에 빠져 있는 경우가 많다. 따라서 누군가의 인정과 격려가 이 아이들의 학습동기 향상에 큰 도움이 된다. 나도 어른이지만 인정받고 싶을 때가 있다. 하지만 현장에서 보면 우리 아이들에게는 규칙과 규율을 지켜야 한다는 생각으로 칭찬보다는 꾸중을 많이 하고 있는 경우를 보곤 한다. 그뿐만 아니라 학생의 똑같은 행동에 대해서도 교사들의 시각에 따라 반응이 다른데 조금 동그란(온화한) 선생님은 장애학생의 다소 과한 행동을 지켜보거나 기다려주고, 행동의 긍정적인 변화를 발견하여 칭찬하는 반면, 조금 세모난(까칠한) 선생님은 큰 소리를 내며 화를 낸다. 분명 아이의 행동은 같은데 말이다. 지금 내가 아이를 대하는 태도를 돌이켜 보며 나는 어떤 선생님일지 한번 생각해 보는 것도 필요하다.

※ 올바른 칭찬의 방법

- 바로 칭찬하기: 칭찬받을 일을 했을 때 즉시 칭찬해 준다.
- 구체적으로 칭찬하기: 구체적인 칭찬은 칭찬에 대한 신뢰감을 형성한다.
- 과정 칭찬하기: 실수나 실패에도 과정이 좋았다면 칭찬할 수 있다. 이를 통해 아이는 좌절하지 않고 다시 도전하는 용기를 얻는다.
- 진심으로 칭찬하기: 의도된 칭찬은 아이가 부담을 느끼고 반복될 경우 아이는 칭찬에 대한 신뢰를 잃는다.

- 눈빛과 몸짓으로 칭찬하기: 말뿐만이 아니라 눈빛과 몸짓을 함께 사용한다면 칭찬의 진정성이 느껴지는 동시에 아이들이 기쁨을 느낄 수 있다. 또한 칭찬을 받는 이의 감동과 친밀감이 상승한다. 이때에는 가볍게 안아주기, 미소 짓기, 어깨나 머리 가볍게 두드려 주기, 학생의 어깨에 팔 두르기, 손으로 "최고" 표시하기, 윙크하기 등의 방법을 사용할 수 있다.

단!!! 칭찬의 역효과도 기억할 필요가 있다.
첫째, 학생은 칭찬받기 위해 좋은 결과를 내야 한다는 압박감이 들 수 있다.
둘째, 칭찬받기 위해서 어려운 것을 도전하지 않으려 할 수 있다.

무엇보다 칭찬의 가장 큰 핵심은 '아이 그대로를 바라보는 진심을 전하는 것'이다. 이러한 진심이 담긴 칭찬은 우리 아이들의 자존감을 높이고 신나게 춤추며 학교생활을 할 수 있게 하는 발판이 될 것이다. 그럼 우리 반 아이의 장점은 무엇인지 한번 생각해 보고 오늘 교실에서 만나는 우리 아이에게 따뜻한 격려와 칭찬의 한마디 해주면 어떨까?

3 학생에게 성공 경험을 주는 수학 수업에 대한 특수교사들의 이야기

가. 수업에 대한 철저한 준비와 설계가 된 수학 수업

수업에 준비가 되어 있고 교사가 잘할 수 있다는 자신감을 가지고 재미있게 즐기면서 하면 그 분위기에 학생들도 수업을 즐기게 되더라고요. 근데 준비를 안 하면 그 불안함이 느껴지거든요. 학생들 역시 선생님이 약간 불안해하고 불편해하는 감정을 느껴요.

좋은 수학 수업을 하려면 아이에 대한 분석, 가르치는 내용과 가르치는 방법에 대한 분석, 마지막에는 아이가 목표에 도달했는지를 어떻게 평가할 것인가에 대한 분석이 필요해요. 그렇게 분석하고 준비한 내 수업과 우리 아이와 시간이 만났을 때 결국에는 수업자가 원하는 곳에 도착하는 거잖아요. 그때 느껴지는 아이들의 표정과 반응 그리고 교사인 나에게 느껴지는 만족감이 있어요.

수업에서 수업목표와 활동 안내를 제시할 때 아이가 이해할 수 있는 자료나 힌트를 친절하게 제시해 주는 수업이 있어요. 보통 학습목표와 활동을 써서 제시해놓는데 그걸 그림카드 등으로 제시해서 모든 아이들이 학습목표와 활동을 이해할 수 있도록 하는 거죠. 그렇게 해야 학생들이 수업에 좀 더 적극적으로 참여한다고 생각하거든요. 특히 수학의 특성상 단계적이고 명확한 학습목표가 필요한 상황에서는 아이들의 학습목표에 대한 사전 이해가 더욱 필요한 거죠.

나. 다양한 교수전략을 통해 목표 성취가 가능한 수학 수업

1) 칭찬과 도움의 제공을 통한 성취

40분 수업을 하면 처음에는 좀 집중하는 듯하다가 점점 학생의 집중력이 떨어지는 경우가 많이 생겼어요. 그럼 학생에게 이제껏 풀던 학습지와 비슷한 문제 3장을 풀면 그 학생이 좋아하는 로봇을 가지고 놀 수 있다고 약속해요. 그러면 학생이 그 세 장을 최대한 빠르게 풀려고 노력해요. 어떨 때는 내가 가르쳐 준 방법이 아닌 자기가 생각해낸 더 빠른 방법으로 해결할 때도 있어요.

통합반 선생님이 연락을 주셨어요. 우리 반 학생 중 정시만 읽을 줄 아는 학생이 있는데 그 학생이 수업 중에 손을 탁 들어서 11시입니다. 이렇게 말한다는 거예요. 자기가 시계를 볼 줄 아니깐 친구들 앞에서 표현하고 싶은 거였어요. 그때 반 아이들이 '와~ 잘했어. 맞혔네'라고 칭찬해 주니깐 평상시에는 굉장히 산만한 아이인데 친구들의 칭찬을 듣고 정시가 될 즘에는 태도가 너무 좋아진다는 거예요.

저는 수업 중간에도 성취감을 느낄 수 있도록 칭찬을 많이 해주는 편이에요. 그 칭찬이 교사가 해주는 칭찬도 있지만, 친구끼리 주고받는 칭찬도 있잖아요. 그렇게 교실에 있는 모든 구성원들과 다양한 방법으로 칭찬을 주고받을 수 있도록 해요.

우리 학생들이 내가 덧셈을 하는데 어디서부터 해야 하는지 모르는 경우가 있어요. 두 자리 수를 알고 있는 학생이지만 10의 자리부터 계산해요. 근데 자리수의 개념이 참 어려워요. 만약에 10이다. 그럼 0이 일의 자리 수가 되는 거잖아요. 그럼 거기다가 형광펜을 긋거나 단서를 주면 학생들이 그 문제를 풀 수 있더라고요. 그러다가 단서를 점점 줄여나가는 거죠. 그렇게 성공의 경험을 할 수 있도록 해요.

2) 과제를 세분화하고 분절화하여 제시하는 과제분석법

어떤 개념이나 뭔가를 알려줄 때 통으로 알려주면 이해를 못 해요. 그러면 내 나름대로 이 아이들의 수준에 맞게 과제분석을 해서 단계별로 오늘은 2단계까지 그다음에는 3단계까지 반복적으로 알려주면 좋더라고요. 그러니깐 과제를 좀 더 분절화해야 한다는 거죠.

한 차시 내용이라도 그 차시 내용이 이 아이가 소화할 수 없다면, 이것을 세분화해서 5차시나 10차시로 나누어서 하는 것이 필요한 것 같아요. 두 차시의 내용이 연계가 깊으면 그것을 통합해서 할 수도 있고요. 교과서에 제시된 내용 그대로를 전달하는 것이 아니라 우리 아이의 수준에 맞게 과제를 나누거나 차시를 통합해서 제시하는 것이 필요한 것 같아요. 같은 시간에 효율적으로 지도하려면 그 아이에 맞는 방법으로 합리적으로 지도해야 하니까요.

3) 활동 영상과 이야기를 활용하는 수학 수업

수업은 도입이 중요하다고 보거든요. 처음에 들어갈 때 아이들이 관심 가질만한 이야깃거리를 만드는 거예요. 예를 들면 "너희 생일 케이크 몇 단까지 세어봤니?" "3단이요." "그럼 조각은 몇 개 나누어봤어?" 무작정 원을 6개로 나누라고 하는 것보다 이야깃거리를 만들면서 하면 아이들의 눈이 반짝이는 거죠.

뺄셈을 지도할 때였는데, 바둑돌을 가지고 검은색 바둑돌은 독수리, 흰색 바둑돌은 양으로 정해서 이야기를 했어요. 내 책상이 초록색이어서 초원 위에 흰색 바둑돌 양이 풀을 뜯어 먹고 있으면 한 마리씩 독수리가 잡아간다고 하는 거죠. 이야기를 만들어서 알려주면 학생 집중도도 올라가고 이야기를 스스로 만들고 싶어도 하고 재미있어해요. 또한 수학 수업을 기다려요.

블로그나 밴드에 아이들이 수업 중 한 활동을 올려요. 그럼 우리 반 아이들은 "인터넷에 네가 방금 한 인터뷰가 올라왔대." 아이들이 춤추는 것, 아이들이 문제를 맞혀 좋아하는 것. 반대로 제가 마이크를 들고 너무 좋아서 "정말 기쁩니다." 하면서 기자 흉내를 내는 것. 그러면 아이들이 "제가 찍어줄게요." 하고 "인터뷰하겠습니다."라고 하며 카메라를 들고 오곤 해요. 그러면 또 문제를 풀고 싶어 해요.

다. 다양한 방법을 활용한 반복하는 수학 수업

1) 수학의 위계성으로 인한 반복학습의 중요성

수학은 특히 이 단계가 학습되어야 다음 단계로 넘어가는 특징이 있잖아요. 더하기를 알아야 곱하기를 할 수 있고, 앞의 활동이 완전학습이 되어야 뒤의 학습이 되는 교과잖아요. 스텝 바이 스텝의 문제가 수학이 되게 강하기 때문에 반복학습과 완전학습을 추구한다고 생각해요.

그냥 안 하고 지나가면 반복 안 해도 돼요. 얘는 3학년 2학기의 분수가 안 된다고 쓰면 되는데 어차피 다음 학기에 또 가르쳐야 하니깐요. 12345 다음에 6789가 나오는데 12345를 모르는데 6789를 어떻게 가르치겠어요? 다음 개별화 교육계획을 짤 때 '얘는 12345는 모르지만 6789는 알아요'라고 할 수가 없잖아요. 그러니깐 다시 12345로 돌아가야 해요.

일반교육 수학 수업을 참관한 적이 있었는데 10 가르기 모으기 수업이었어요. 1에서 10까지의 수 개념부터 천천히 하나하나 짚어주면서 수업을 하더라고요. 저는 그 수업을 보면서, 특수교사인 우리가 수학의 단계들을 더 껑충 뛴다는 생각을 많이 했어요. 일반 아이들한테도 저렇게 하나의 주제를 가지고 세분화해서 오래 펼쳐내고 있는데, 우리는 너무 성큼 아이들이 습득도 되지 않은 상태에서 그 단계들을 축약해서 확 지나가버리네? 하는 생각이죠.

2) 다양한 형태의 반복

등교 시간, 쉬는 시간, 급식 시간 이런 모든 시간에 수학적인 그런 부분들이 그대로 녹아있을 수 있도록 끊임없이 일상에서 반복해야 해요. 하지만 활동이 지루하지 않게 다양한 형태로 반복될 수 있어야죠. 그 반복이 단순한 반복이 아니라 반복이 얹히고 또 얹혀서 그것이 깊어지는 반복이 되기 위해서는 일상에서 교묘하게 학습이 아닌 생활 속에서 그냥 습득이 될 수 있는 그런 방안들을 많이 고민해야 하지 않을까요?

수와 연산에서 수의 이름과 숫자를 셀 때 열, 스물은 주변에 있는 사람들의 나이를 물어봐요. 이런 식으로 학생들이 생활 주변에서 수학적 개념에 자연스럽게 많이 노출될 수 있도록 하는 거죠. 왜냐하면 학생들이 집에서뿐만 아니라 교실에서도 일상생활에서 사용하는 숫자와 관련된 이런 말들을 자주 사용할 수 있게 있게 해야 학습효과가 높거든요.

아이들이 배워야 하는 목표를 정해놓고 단원에서 경험을 시켰다고 하면은 경험한 걸로 끝낼 것이 아니라 일 년 동안 생활 속에서 지속적으로 반복을 해줘야 한다는 거죠. 수와 연산, 도형, 측정도 마찬가지고 놀이 활동이나 다른 교과와 연계해서 배웠던 것을 계속 생활 속에서 반복해야죠. 즉각적으로 연계될 수 있는 상황이 많잖아요.

라. 조용하고 학습에 집중할 수 있는 환경 조성

수학 수업을 할 때 주변에 주의를 흩트릴 만한 자극이 적어야 해요. 또한 수업에 관련 있는 것만 제시해야 해요. 꼭 수학 수업이 아니더라도 다른 수업도 마찬가지인데 우리 아이들이 다른 것에 관심을 돌리다 보면 수업에 집중하는 것이 떨어지니깐 교실 환경이 산만하지 않아야 하죠.

최대한 개별적 공간이었으면 해요. 조용하고 소음이 없는. 일반학급의 시끄러운 소리와 같은 소음에 덜 노출되어야 할 것 같아요. 일반학급에 너무 붙어 있거나 다른 친구들이 학습을 침해할 수 있는 노출된 공간은 아니었으면 좋겠어요.

공부하는 자리와 놀이공간을 명확히 분리해 놓지 않으면 다양한 교재교구와 놀이기구에 관심과 흥미를 갖게 되어 학습에 의욕이 떨어져요. 학습공간임을 명확히 하고 학습이 끝난 후에 놀이공간에 갈 수 있게 하면 상황과 학생에 따라서 강화물로 활용할 수도 있어요.

어떤 차시는 개념만 알아야 하는 차시가 있잖아요. 그런 것은 집중해서 책상에 앉아서 들어야 하고 적용해보거나 활동하는 차시는 라운드 테이블에 모여 앉아서 게임도 하고 그래야 할 것 같아요. 저희 교실도 뒤에는 라운드 테이블이 있고 앞에는 책걸상이 있거든요. 보통은 책걸상에 앉아서 공부를 하고 수학에 보면 게임도 나오잖아요. 그러면 라운드 테이블에 앉아서 하는 거예요.

학급에 가면 책 보는 공간, 쉬는 공간, 학습공간이 구별된 곳이 많아요. 학교에서도 학급처럼 학습공간과 놀이공간들이 좀 구분되면 좋을 것 같아요. 그러면 아이들의 집중도도 훨씬 올라가니까요.

마. 학생이 수업에 임할 수 있는 컨디션이나 마음가짐 점검

학생이 수업할 준비나 마음가짐이 되었을 때 수업을 실행하면 학생이 수업내용을 받아들이거나 습득할 수 있어요. 근데 학생 컨디션이 너무 안 좋은데, 나는 이 수업을 해야 한다고 생각할 때가 있잖아요. 그래서 평소와 똑같이 놀이식으로 수업을 하는데, 이 학생의 반응이 안 좋을 때가 있잖아요? 그럴 때는 아무리 해도 수업 참여가 어렵더라고요.

우리 아이들은 우선 1차적인 욕구가 충족되어야 하니깐요. 갑자기 화장실을 가고 싶으면 화장실을 가게 한다거나 아침을 못 먹었다고 하면 쉬는 시간에 간식이라도 먹여서 수업에 참여시키는 거죠. 그래야 수업 시간에 돌발적인 행동이나 도전적 행동 없이 수업에 참여할 수 있거든요.

4 성공 경험을 주는 수학 수업을 위해 동료 교사들이 전하는 수업 노하우

수업에 대한 철저한 준비와 설계가 된 수학 수업을 하라.

- 많은 수업 준비는 교사가 자신 있게 수업하는 데 필요한 버팀목이 되며, 준비된 수업 진행에서는 아이들의 표정과 반응이 다름을 느낄 수 있다.
- 학습자에 대한 분석과 수업내용과 방법에 대한 준비가 필요하고, 수업에서 학습목표와 활동을 안내하는 것은 학생이 적극적으로 학습에 참여하게 한다.

다양한 교수전략을 통해 목표 성취가 가능한 수학 수업을 하라.

- 칭찬과 강화, 힌트와 도움은 학생이 성공적인 학습경험을 하는 데 도움이 된다.
- 과제분석법과 활동 영상, 이야기가 있는 수업을 활용하라.

다양한 방법을 활용하는 반복하는 수학 수업을 하라.

- 장애학생은 한 번의 학습으로 수업한 내용을 완전히 습득할 수 없고, 수학은 위계성으로 인해 이 단계가 학습되지 않으면 다음 단계를 학습할 수 없다.
- 학생이 지루하고 싫증 나지 않기 위해서는 다양한 방식의 반복학습이 필요하다.
- 생활 속의 다양한 상황에서 수학적 개념들을 자연스럽고 반복적으로 노출시켜 보자.

조용하고 학습에 집중할 수 있는 환경을 조성하라.

- 장애학생의 경우 학습에 대한 주의 집중이 어려우므로 방해 자극이나 소음 없이 온전히 학습에 집중할 수 있는 환경을 만들어야 한다.
- 학습공간과 놀이공간을 구분하는 것도 좋다.

학생이 수업에 임할 수 있는 컨디션이나 마음가짐을 점검하라.

- 장애학생의 경우 컨디션에 따라 학습에 임하는 태도가 다르고, 배고픔과 같이 일차적인 욕구가 충족되지 않으면 학습에 집중할 수 없다.

5 수업에서 발생하는 장애학생의 도전적 행동 어떻게 중재해야 할까?

몇몇 장애아동들은 수업 시간에 소리 지르기, 자리에 드러누워 떼쓰기, 물건 던지기와 같은 행동을 보이며, 때로는 다른 사람에 대한 공격행동, 자신을 때리는 자해행동, 같은 행동을 반복하는 상동 행동을 하기도 한다. 이러한 것들은 도전적 행동의 유형인데, 여러 가지 도전적 행동 중 주위 사람을 가장 힘들게 하는 것이 공격행동이다.

나 역시도 장애아동의 도전적 행동을 중재하기 위해 때로는 자폐아동을 뒤에서 꽉 껴안기도 하고, 힘을 쓰기도 하는데 그때마다 들려오는 아이의 비명 소리와 몸부림이 교사인 나를 너무 힘들게 하였다. 왜냐하면 그냥 가만히 있으면 나는 정말 다정다감한 선생님인데 아이의 공격행동에 마주 섰을 때 나는 때로는 감정이 들어가서 아이에게 분노하고 화내고 있었기 때문이다.

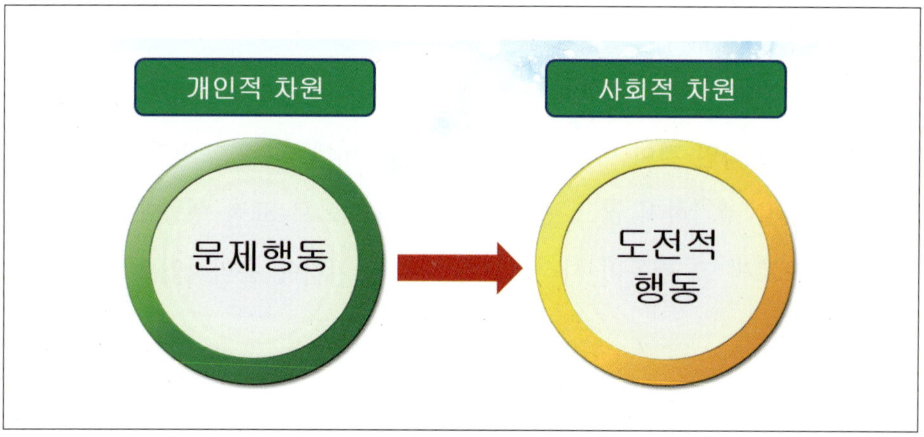

- 문제행동에서 도전적 행동으로 -

문제행동은 문제행동, 비정상 행동, 부적응행동이라는 용어로 사용되다가 최근에는 문제행동이라는 용어 대신 도전적 행동이라는 용어로 사용하고 있다.

사회복지 쪽에서는 몇 년 전부터 사용되었고 특수교육에서는 최근에 사용되기 시작하였다. 물론 문제행동을 '어려운 행동'이라는 용어로 사용해야 한다는 주장도 있긴 하나 아직 특수교육 쪽에서 사용되는 경우는 드문 것 같다. 도전적 행동이라는 용어가 사용되는 이유는 다음과 같다.

예전에는 문제행동을 장애학생 개인이 장애나 개인적 부적응 요인으로 인하여 사회적으로 용인되지 않는 행동을 하는 것이라고 여겼다. 따라서 문제행동에 대한 진단을 통해 그에 따른 의료적인 처치를 하고 단순히 행동을 없애는 것에만 관심을 두었다.

하지만 최근에는 이러한 문제행동을 장애인의 입장에서 교사가 제공하는 서비스가 본인의 욕구와 맞지 않아서, 그들과 상호작용하려는 교사의 의사소통 방법이 어려워서, 그에 도전하는 방식으로 행동을 표출할 수 있다는 관점으로 바라보고 있다(김미옥, 김동기, 김고은, 이상민, 김석, 정준영, 2014). 장애인의 도전적 행동이 개인의 기질적 문제이고 장애 때문에 발생하는 것이 아니라 개인을 둘러싸고 있는 환경, 주변 사람들과 상황들이 원인이 되어 발생된다는 관점이 강조되는 것이다.

이러한 도전적 행동을 중재하기 위해 예전에는 행동수정의 방법을 많이 사용하였다. 대표적인 것이 바로 타임아웃이나 벌이다. 하지만 이런 행동수정은 아동의 마음을 생각하지 않고 반복적이고 지속적으로 표적 행동에 대한 반응을 실행함으로써 그 행동이 사라지도록 하는 것이기에 윤리적인 비판을 많이 받았다.

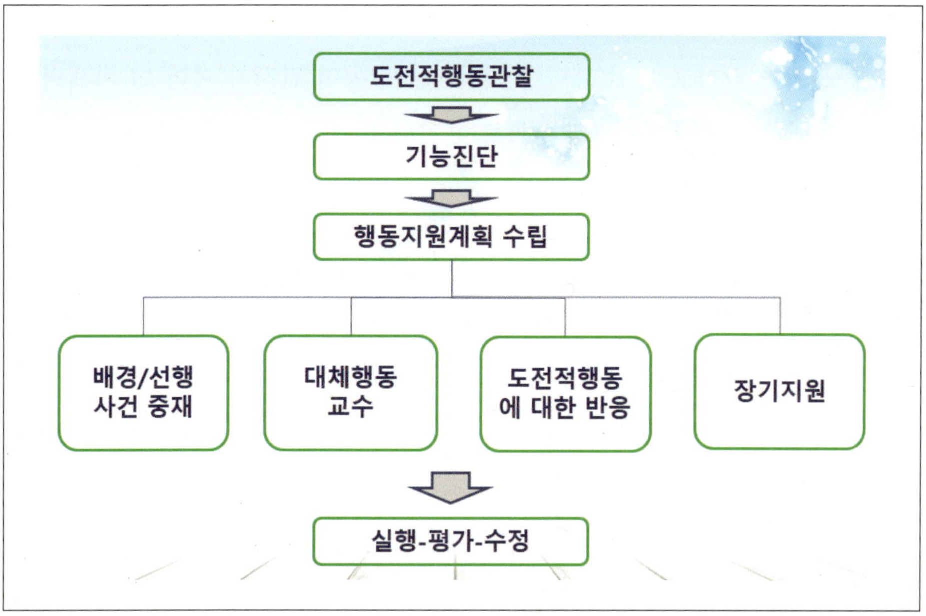

- 긍정적 행동지원의 실행 -

행동수정의 비인간적이고 혐오적인 처치에 반대하여 최근에 강조되는 것이 긍정적 행동지원이다. 긍정적 행동지원에서는 단순히 도전적 행동을 없애는 데 중점을 두는 것이 아니라 아동이 왜 그런 행동을 하는지를 생각해 보고, 아이의 도전적 행동이 발생하지 않기 위해서는 어떤 것을 변화시키거나 지원해야 하는지에 중점을 둔다.

그렇다면 말로 인지시키기 어려운 중증 장애아동의 도전적 행동은 어떻게 중재해야 하는 것일까?

도전적 행동에는 이유가 있다.

사실 나도 어릴 적 기억을 돌이켜보면 내가 원하는 것을 하지 못하거나 무언가 마음에 들지 않으면 울거나 소리를 질렀었다. 그때마다 엄마가 와서 왜 우냐고 물어보면 아직 어려 나의 생각을 말로 표현하지 못하고 계속 울며 떼쓰기만 했던 것 같다. 하지만 내 마음속에는 우는 행동에 대한 이유가 있었다. 중증의 장애아동도 마찬가지이다. 우리 반에도 중증의 자폐아동이 있었는데 그 아동의 경우 자신이 생각하고 있던 패턴이 깨지거나 활동이 갑자기 여러 번 바뀌면 공격성을 보인다. 또한, 자신이 무언가를 표현했을 때 요구를 들어주지 않으면 화를 낸다.

때로는 눈빛으로 때로는 몸짓으로 아이는 말하고 있다.

그 아이에게는 먼저 교실에서 최대한 동일한 환경과 시간표를 유지하고, 만약 일과시간의 패턴이 바뀔 때에는 그 전날 미리 아이에게 변경된 내용을 수십 번 반복하여 말해 변화를 인지할 수 있게 하였다. 또한 우리 반 아이는 자신의 요구 사항이 있을 때 항상 '--어'라고 간단한 말로 표현하거나 눈빛이나 작은 손짓으로 무언가를 가리켰다. 이때 그 아이의 눈빛이, 그 아이의 간단한 단어와 몸짓이 무엇을 가리키고 무엇을 말하는지에 귀 기울이며 아이의 요구를 들어주면 공격행동의 빈도와 강도가 현저히 줄어듦을 느낄 수 있었다. 이러한 과정을 통해 자폐아동의 공격행동은 그 자체가 문제인 것이 아니라 그 아이의 특성과 요구를 파악하지 못하는 교사의 자질이 부족했던 것이라는 반성을 하였다. 여러 도전적 행동을 보이며 나를 힘들게 했던 그 아이는 말로 표현하지 못하는 자신의 마음을 때로는 눈빛으로... 때로는 몸짓으로 무수히 많이 표현하고 있었던 것이다.

6 궁금해요 교수님

궁금증

중도중복장애학생의 수학 지도는 어떻게 해야 하나요?

현장교사의 첫 번째 고민

특수학교에는 일대일 대응이 되지 않고, 글을 읽고 쓰는데 어려움이 있는 학생들이 제법 많이 있습니다. 그래도 고등과정 또는 전공과 학생들의 성인 자립생활을 위해서 일상생활에 필요한 화폐를 가르치고자 합니다. 사회교과서 및 수학교과서를 참고하여 교육과정을 재구성하여 지도하려고 노력하지만 학생들 수준은 항상 그 자리에 머물러있는 거 같아 고민입니다.

고민 해결을 위한 조언

이 질문은 고등학교 또는 전공과 학생들의 자립생활을 위해 화폐를 가르치려고 애쓰시는 선생님께서 학생들 수준이 항상 그 자리인 것 같아 고민이라는 것입니다. 동문서답을 해야 하겠는데요. 그 답변은 우리들의 성장에 관한 이야기에서 찾아야 하겠습니다. 열심히 임용시험을 준비하는 제자들이 찾아와서 하는 상담의 전형적인 유형이 '교수님, 저는 열심히 하는데 그 성과가 나타나지 않는데… 어찌할까요?'입니다. 제 답은 아직 무르익지 않았으니, 좀 더 버티어보라는 것입니다. 우리가 알고 있는 대부분의 성장선은 사선으로 되어 있습니다. 그러나 좀 더 자세히 살펴보면 성장의 변화는 사선처럼 지속적으로 매일 매일 나아지며 나타나는 것이 아니라, 일정 기간 동안에 쌓인 이후에 갑자기 성장하는 모습으로 나타나게 됩니다(아래 그림 참조). 실제로 손톱이 매일 매일 자랄지라도, 1주 혹은 2주가 되어야만 자란 모습이 눈에 띄는 것과 같습니다.

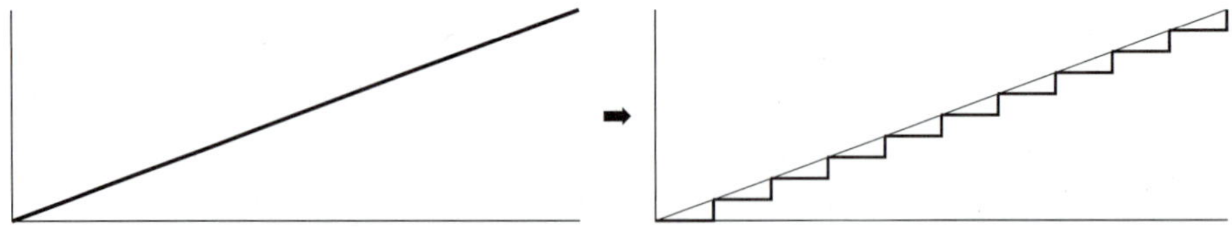

이를 전제로 하면, 선생님이 가진 고민은 두 가지로 해석됩니다. 하나는 학생들이 성장한 모습을 보여줄 만한 시기가 아직까지 도래하지 않았으므로 지금처럼 꾸준히 지도하시면 되는 것으로 시간이 해결해 줄 테니 고민거리가 아닙니다. 다른 하나는 학생들이 충분히 성장한 모습을 보일만큼의 중장기적인 계획이 부재 혹은 부실하게 세워졌을 수 있다는 점입니다. 두 번째는 충분히 고민거리가 되는데요. 이 때에는 학생들이 성장하는 모습을 보이도록 하는 것이 중요하기 때문에 학생들이 성장하는 모습을 보이도록 하는 평가 계획을 수립해야 하겠습니다. 또 어느 지점을 성장한 모습의 포인트로 잡을 것이냐의 문제인데, 사례에서는 화폐를 단계별로 앞에서부터 익혀가기 보다는 화폐 학습의 마지막 단계인 교환의 가치부터 거꾸로 지도하는 계획을 수립하는 것이 어떨까 생각됩니다. 교환의 가치를 몸으로 체득하는 것을 성장한 모습의 포인트로 잡고, 얼마나 독립적으로 얼마나 다양한 상황에서 교환의 가치를 익힐 수 있는가를 확장시켜 나가는 방식으로 계획을 수립한다면, 매번 수업에서 학생이 하지 못하는 모습이 아니라 해내는 모습을 발견하면서 보람을 느끼며 지도할 수 있지 않을까 생각됩니다. 덧붙이면, 학생들의 성장뿐만 아니라, 교사들의 성장도 위와 같은 단계적 변화를 거친다는 것을 염두해 두어야 하겠습니다.

현장교사의 두 번째 고민

먼저 지난번 강의하신 중도·중복장애 학생들에게도 교과에 최대한 접근해주려는 노력이 필요하다는 의견에 공감합니다. 그 방향으로 학생들을 지도하다가 몇 가지 어려움을 느끼는 점이 있습니다. 첫째는, 기본교육과정 초등 수학 다섯 가지 영역을 조금씩 경험할 수 있도록 수업을 구성하려 하는데, 수업이 끝나고 나면 중도 · 중복장애 학생들에게 의미가 있는 수업일까 하는 측면에서는 늘 의문이 남습니다.(현재 상황은 특수학교입니다. 따라서 생활연령이 같은 한 반이라도 장애로 인한 수준 차이가 많이 나는 복식 학급과 같은 상황이며, 수업 형태는 1:1이 아닌 전체 수업(3~5명)이라 더욱 그렇습니다.)

고민 해결을 위한 조언

우선 다섯 영역을 고루 경험할 수 있도록 준비하신 선생님, 존경합니다. 제가 해답을 제시할 수 있을지 의문이지만, 몇 가지 생각나는 대로 말씀드리면,

첫째, 모두 생활수학의 형태로 재구성하기

둘째, 주 1회 정도는 중도 · 중복장애 학생 중심의 수업 구상하기

셋째, 중도 · 중복장애 학생에게 의미있는 활동을 수업 중간중간에 삽입하기

넷째, 선생님께서 중도 · 중복장애 학생과 짝이 되어 활동하기

다섯째, 수학 수업 시간에 중도 · 중복장애 학생에게 역할 부여하기

Ⅶ

교육과정에 근거한 수학 수업

1 왜 교육과정에 근거한 수학 수업인가?

3월이 시작되면 우리 아이들에게 어떤 내용을 가르칠지에 대해 고민하는 교사들을 많이 볼 수 있다. 특히 학교를 옮기거나 새로운 학급을 맡게 되는 특수교사의 경우 이러한 고민은 더욱 두드러진다. 이러한 막막함에 방향성을 제시해 주며 나침반의 역할을 하는 것이 바로 교육과정이다. 학기 초 교사들은 교육과정을 짠다고 바쁜 시간을 보내고 있다고 하며 교육과정이라는 단어를 자주 사용하지만, 막상 교육과정이 무엇인지에 대해 물어보면 명확한 답을 말하지 못하는 경우가 많다. 몇몇 선생님은 교육과정이란 국어와 수학의 교육내용과 같이 단순히 교과 내용이라고 말하기도 하고 일부는 현장체험학습을 포함하는 학생들이 하는 모든 경험이라고 언급하기도 한다. 또한 교육목표와 내용, 방법, 평가를 체계적으로 조직한 교육계획을 교육과정이라고 말하는 사람도 있다. 교육부(2015)에서는 교육과정을 전국의 초·중등학교에서 어떤 내용과 방법으로 교육을 해야 할 것인지를 제시한 설계도이며 기본적인 틀이라고 정의하였다. 그뿐만 아니라 교육과정은 다양한 형태로 활용되는데 우리는 현장에서 국가수준의 교육과정, 학급의 교육과정, 국가수준 교육과정의 내용이 녹아있는 교과서와 지도서 등을 수업에 활용하고 있다.

이러한 교육과정의 내용 중 현장에서 가장 많이 사용되는 것이 바로 국가수준의 교육과정에 있는 성취기준이다. 특히 수학 교과는 위계가 분명한 교과이기에 교사들은 더욱더 교육과정의 성취기준을 중시하며 수업하게 된다.

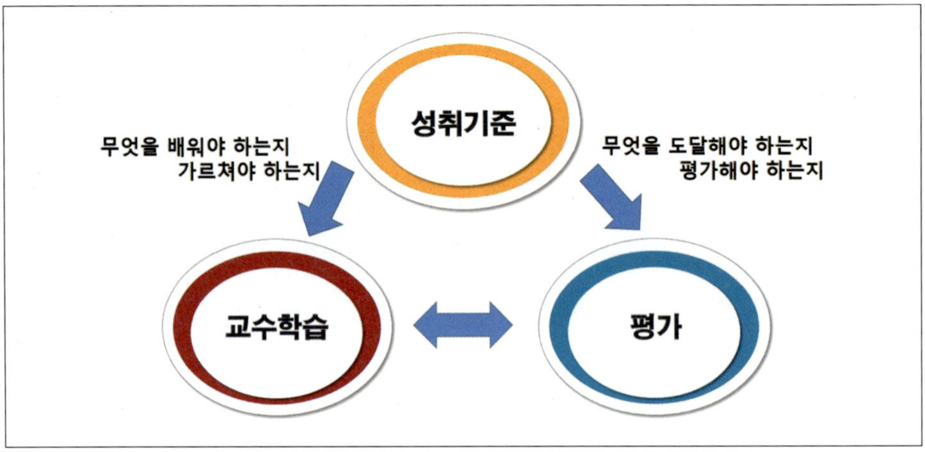

- 성취기준의 의미 -

'성취기준'이란 학생들이 교과를 통해 배워야 할 내용과 이를 통해 수업 후 할 수 있거나 할 수 있기를 기대하는 능력을 결합하여 나타낸 활동의 기준을 의미한다(교육부, 2023). 성취기준은 교수·학습 및 평가의 실질적인 근거로 교사 입장에서는 무엇을 가르치고 평가해야 하는지, 학생 입장에서는 무엇을 학습하고 성취해야 하는지에 관한 실질적인 지침이 된다.

현장 교사들의 이야기를 들어보면, 교사들은 나의 생각과 기준으로 수학 교과를 가르칠 때에는 내가 지도하고 있는 것이 올바른 것인가에 대한 불안감이 들었지만 교육과정의 성취기준을 기준으로 학생을 지도하였을 때에는 안정감을 느낄 수 있었다고 말하였다.

이러한 내용들은 교육과정을 토대로 한 수학 수업이 얼마나 중요한지를 알려준다. 간혹 신규교사들의 모습을 보면 오늘은 우리 아이에게 시각 알기를 가르치고 싶어 시각 알기를 가르쳤다가 다른 날은 화폐가 중요한 것 같아 화폐를 가르치는 모습을 볼 수 있다. 교육과정에 대한 이해 없이 자신의 느낌과 생각으로 우리 아이들의 필요성을 결정하여 수학을 지도하는 것이 때로는 매우 위험한 일임을 깨달았으면 한다. 지금 내가 아이들에게 가르치고 있는 내용이 어떤 근거로 하고 있고 수학적 위계에 어긋나지는 않는지 한번 살펴보는 건 어떨까?

여기서 잠깐!!!

성취기준을 교사가 재구조화할 수 있을까?

현장에서는 가끔 국가수준 교육과정의 성취기준을 교사가 축약하거나 통합하는 것이 가능한지에 대한 물음을 던지곤 한다. 사실 이러한 물음은 초등보다는 중등 특히 고등학교에서 많이 이루어지는 듯 하다. 왜냐하면 초등의 경우에는 성취기준이 교실 수업에 적합하지 않으면 성취기준에 의거하여 교육과정을 재구성하면 그만이다. 하지만 고등학교의 경우에는 성취기준이 평가를 하는 평가기준과 밀접하게 관련되기 때문에 학생의 평가를 정확하게 하기 위해서는 성취기준이 적합한지에 대한 판단에서 시작하여 성취기준을 재구조화하기 위한 고민을 하는 것이다.

먼저 결론부터 말하면 국가수준의 교육과정이라도 성취기준을 교사가 재구조화할 수 있다.

학교생활기록부 기재요령을 살펴보면 성취기준 재구조화에 대한 설명은 다음과 같다.

성취기준이란 학생들이 교과를 통해 배워야 할 내용과 이를 통해 수업 후 할 수 있거나 할 수 있기를 기대하는 능력을 결합하여 나타낸 활동의 기준을 의미하며, 학생의 특성·학교 여건 등에 따라 교육과정 및 교과서 내용을 분석하여 교과협의회를 통해 재구조화 할 수 있다.

또한 '성취기준의 재구조화'는 교육과정의 성취기준을 실제 평가의 상황에서 준거로 사용하기에 적합하도록 보다 구체적이고 명료하게 하는 것을 의미한다.

다만, 성취기준을 통합하거나 일부 내용을 압축하여 재구조화할 경우, 성취기준의 내용 요소 일부가 임의로 삭제되지 않도록 유의해야 하며, 일부 내용 요소를 추가해야 하는 경우에는 학생의 학습 및 평가 부담이 가중되지 않도록 학년(군), 학교급 및 교과(군) 간의 연계성을 충분히 고려해야 한다.

이처럼 성취기준의 재구조화와 성취기준을 재구조화할 때의 유의사항을 교육부에서 발간한 학교생활기록부 기재요령에 명시해 놓았기에 성취기준의 재구조화는 가능하다고 볼 수 있다.

2 교실상황과 맥락에 따른 교육과정 재구성

최근 일반교육과 특수교육에서 모두 교육과정 재구성이 강조되고 있다. 교육과정 재구성이 강조되는 이유는 두 가지 관점으로 바라볼 수 있다.

첫째, 교실 상황과 맥락의 다양성으로 바라볼 수 있는데 바로 평균의 오류이다. 예를 들면 교실에 있는 남학생 열 명의 평균 키를 조사하였더니 162센티미터이다. 이 162센티미터를 기준으로 바지를 만든다고 가정하면 분명 평균을 기준으로 바지를 만들었는데도 불구하고 162센티 길이의 바지가 딱!!! 맞는 사람은 거의 없다. 이 바지를 각 학생이 입기 위해서는 어떤 학생은 바지가 길어 바짓단을 걷어 올려야 하고, 다른 학생은 바짓단을 늘려야 한다. 평균을 기준으로 만든 바지이긴 하지만 개별 학생들의 키에 맞게 바지를 다시 재단해야 하는 것이다.

국가수준의 교육과정과 교과서도 마찬가지이다. 국가수준의 교육과정과 교과서도 그 학년의 평균적인 학습 수준을 기준으로 만든 것이다. 따라서 그 교육과정과 교과서가 딱 맞는 학급과 학생은 어디에도 없다. 따라서 교실의 상황과 맥락, 학습자의 수준에 맞게 교육과정을 재구성하는 것이 필요하다.

둘째, 교사의 전문성 향상으로 바라볼 수 있는데 일제강점기가 지나 광복 이후 우리나라에서는 교사가 부족했다. 그래서 정말 최소한의 자질만 갖춘 사람이라면 교사가 될 수 있었고, 이러한 분위기에 교사에 대한 신뢰가 약하였다. 그래서 국가에서는 교과서를 제작해 교과서의 내용을 그대로 가르치게 하였다. 따라서 예전에는 교과서의 내용을 그대로 전달하는 교사가 잘 가르치는 교사였고, 교과서의 내용을 얼마나 그대로 전달할 수 있는지가 교사의 전문성을 나타내는 기준이 되었다. 하지만 금융위기 이후 고용불안과 경제적 혼란은 직업선택에 큰 영향을 미쳤고, 최근에는 교직이 주는 안정감과 시간적 여유 등을 이유로 교직에 대한 선호도가 높아져 우수한 인재들이 교직에 몰리고 있다. 우수한 능력을 지닌 교사들은 국가수준의 교육과정과 교과서를 그대로 사용하지 않고 교실의 상황에 맞게 디자인하기 시작하였다.

교육과정 재구성을 위해 교사들은 교육과정 문해력을 갖추어야 하는데, 교육과정 문해력이란 '성취기준을 중심으로 교육과정 문서를 읽고 해석하여, 교육과정 재구성과 배움 중심 수업, 성장 중심 평가를 실행하는 교육과정 상용 능력'을 말한다(경기도교육청, 2016).

수학 교과의 교육과정 재구성은 압축, 생략, 추가, 순서 바꾸기 등의 방법을 활용할 수 있다.

표 1 교과 내 교육과정 재구성 유형

순	유형	내용
1	압축	교육과정의 내용 중에서 보다 중요하고 핵심적인 내용을 중심으로 지도하면서 나머지 다른 내용들을 포함하여 지도하는 것을 의미
2	생략	보다 중요하고 핵심적인 내용을 중심으로 지도하는 과정에서 일부 교육과정의 내용을 생략하는 경우를 의미
3	추가	보다 풍부한 이해를 위해 교육과정 이외의 내용을 추가적으로 지도하는 경우를 의미
4	순서 바꾸기	교과서의 내용 및 배열 순서를 바꾸어 교수 · 학습하는 경우를 의미

출처: 김영미 · 김혜리 · 한경화 · 김정미 · 김아영(2019). 특수교육 교육과정 재구성(p.91). 경기: 교육과학사에서 발췌함.

장애학생들에게는 개별화교육계획이 있긴 하지만 한 시간에 여러 명의 아이들이 함께 있는 수학 수업을 진행하기 위해서는 교육과정 재구성이 반드시 필요하다. 우리 반 아이들의 능력과 특성에 맞는 수업을 위해 교육과정의 성취기준을 중심으로 교육과정을 재구성해 수업해 보는 건 어떨까?

여기서 잠깐!!!

'교육과정 재구성' VS '교사교육과정' 어떤 용어를 사용할까?

최근 현장에서는 교육과정 재구성과 함께 교사교육과정이라는 용어를 사용하는 경우가 많이 있다. 교사교육과정이란 교원이 교육과정 문해력을 바탕으로 학생의 삶을 중심에 두고 국가, 지역, 학교교육과정의 기반 위에 학교공동체의 철학을 담아 계획하고 실천하면서 만들어가는 교육과정을 의미한다(이윤미, 2021). 이윤미(2021)는 '교육과정 재구성'에서 '교육과정'은 무엇을 의미하는지 명확하지 않고, 이미 있는 것을 가져다 다시 구성한다는 의미인 '재구성' 또한 교사의 창조성, 자율성의 의미를 퇴색시키는 단어라고 하며, 교육과정을 만든 주체에 따라 국가교육과정, 지역교육과정, 교사교육과정(학년, 학교, 학급교육과정 포함)이라 하여야 한다고 주장 하였으며, 여기에 '개발'이라는 단어를 조합해서 '교사교육과정 개발'이라는 용어를 사용할 것을 제안하였다.

하지만 교사교육과정이라는 용어를 사용하는 것에 대한 우려도 있다. 국가교육과정이란 시대와 사회적 요구를 반영하여 국가가 기르고자 하는 인간상을 길러내고자 하는 것이다. 만약 교사교육과정 개발로 각 교사마다 교육과정을 달리한다면 교사교육과정이 국가교육과정과 크게 달라질 수도 있으며, 국가교육과정의 내용을 교육현장에 충분히 전달하여 이를 바탕으로 학생들의 배움이 일어나게 하는데 어려움이 있을 수 있다.

3 교육과정에 근거한 수학 수업에 대한 특수교사들의 이야기

가. 교육과정에 근거한 수학 수업

1) 교육과정에 근거한 수학 수업의 유용성

예전에는 내가 중요하다고 생각하는 것을 학생들에게 수업할 때가 많았어요. 그럴 때 학생이 목표에 도달하지 못하거나 성취하지 못하면 내가 잘못 가르친 건 아닌지 불안한 마음이 들었어요. 근데 교육과정을 기준으로 수업하면 좀 더 안정감을 느낄 수가 있더라고요.

수학 교과서 만드는 작업을 한 적이 있는데 그때 교육과정을 좀 더 공부하게 되었어요. 그러다 보니 아이들에게 지금까지 내 멋대로 가르치지 않았나 하는 반성을 하게 되더라고요. 지금까지 제가 수학적 오류가 있는 내용을 너무 많이 가르친 것 같아요. 위계도 섞여 있고 용어도 잘못 가르친 것이 너무 많고. 그래서 교육과정에 충실해야 학생들에게 제공되는 수학적 오류를 줄일 수 있더라고요.

우리가 공개수업을 할 때 그 선생님이 어떤 수업이나 어떤 활동을 하겠다고 하면 보통 그 차시에만 몰입하는 경우가 많아요. 요즘은 수업 공개를 하는 선생님들의 부담을 덜어주기 위해서 지도안을 세안이 아닌 약안으로 하고 있어 그런 부분이 더욱 두드러진 것 같고요. 그렇다 보니 간혹 오류를 범할 때가 있어요. 원래 이 단원에서는 이 목표인데, 그 선생님은 보여주기 위한 수업을 위해서 재미있는 활동이 포함된 게임 같은 것을 하다 보니 교육과정에서 원했던 것, 이 단원에서 원했던 목표를 벗어나는 경우가 있거든요. 그래서 원래 단원의 목표에 벗어나지 않는 수업을 하기 위해서는 교육과정의 위계를 잘 알고 있어야 할 것 같아요.

저희는 학부 때 교육과정을 배우긴 했지만 임용시험을 위해서 그냥 내용체계표 정도만 달달 외웠던 것 같아요. 근데 실제 학생들을 가르치다 보니깐 무엇 다음에 무엇을 배워야 한다는 단계가 있더라고요. 장애학생들이라고 해서 뒤죽박죽으로 발달하는 것이 아니라 속도가 느릴 뿐이지 수와 연산에 머물더라도 그 안에서 가르기와 모으기를 먼저 하고 한 자리 수 덧셈을 하듯이 체계와 순서가 있는데 그것을 교사가 모른다면 그 학생에 맞게 적용하기가 힘들거든요. 따라서 교육과정을 배제하면 수업에 일관성이나 방향성을 잃어버릴 수 있기 때문에 교육과정은 반드시 바탕이 되어야 한다고 생각을 해요.

2) 중도 · 중복 장애학생에게 다양한 내용을 가르칠 수 있는 발판

장애가 중증인 아이를 여러 해 가르치다 보면 매번 같은 내용을 가르치게 된다는 특수교사들의 고민을 듣곤 해요. 물론 중증 장애학생들의 학업성취가 더디기에 이런 고민이 충분히 공감되긴 하지만 교육과정에 대한 이해와 분석이 있다면 이러한 문제도 충분히 해결할 수 있다고 생각해요. 교육과정에는 위계가 있고 위계에 따라 내용을 좀 더 세분화할 수 있어요. 교육과정을 기준으로 교육내용을 위계에 따라 좀 더 잘게 나누어 수업하면 교사도 매너리즘에 빠지지 않고 학생들도 단조로운 수업에서 벗어나 다양한 수업을 접할 수 있죠.

3) 학부모와의 소통의 도구로서의 교육과정

저 같은 경우는 부모님과 상담할 때 주관적으로 말씀드리지 않고 항상 근거자료를 제시해요. 우리는 국가수준의 교육과정이라는 게 있는데 그 교육과정의 목표에 근거해서 학생의 목표를 설정하고 이것에 근거해서 개별화교육계획도 작성하고 있다. 학생의 개별화교육계획 목표나 내용이 마음에 안 들 수도 있지만 이 아이가 그런 교육을 하는 이유는 교육과정에 근거하기 때문에 그런 오해는 안 했으면 좋겠다고 설명해요. 하지만 많은 특수학교 선생님들이 교과서와 교육과정을 무시하고 수업하고 있어요. 단순히 즉흥적인 학습지에 의존하는 거죠. 우리 나름 교사인데 그렇게 하면 학부모님들도 교사를 신뢰하지 못한다는 생각이 드는 거예요. 아무리 특수교사지만 체계성이 있고 근거 있게 수업한다는 것을 보여주고 싶었거든요.

나. 수학적 위계가 갖추어진 수학 수업

위계에 따라 가르치는 것이 우리 아이들에게 수학을 가르치는데 도움이 된다고 생각해요. 내가 이 내용이 우리 아이한테 필요해서 다른 학년에 있는 것을 먼저 가져와서 가르치다 보면 얘들이 저랑만 1학년부터 6학년 때까지 쭉 가는 게 아니잖아요. 교과서가 있는 이유가 학년에 맞게 가르치라고 있는 거니깐요.

시각과 시간 수업을 했어요. 근데 위계를 바꾸어 수업한 거예요. 시각과 시간의 위계를 잘 맞춰서 해야 하는데 제가 더 어려운 것을 먼저 가르쳐 놓고 교생이 있었는데 실습 중인 교생한테 더 쉬운 그다음 수업을 하라고 준 거예요. 그때 교생한테 너무 창피했었거든요. 그런 식으로 나 자신이 내 수업을 평가하는 과정에서 내가 잘못하고 있다는 것을 몇 번씩 확인하며 그때 교육과정에 충실한 수업을 해야겠다고 생각했어요.

수학 같은 경우에는 오늘 수업이 삼각형의 구성요소를 알고 다양한 모양을 만들어보는 그런 수업이라고 한다면 이 친구는 삼각형도 알고 삼각형의 요소도 알고 있어야 해요. 근데 이 친구가 점, 선, 면도 모르는 학생이라면 점선면부터 가르쳐야 하는지 삼각형의 요소를 그 수업의 제재로 활용하여 출발하면 되는지 되게 고민이 되더라고요.

다. 교육과정을 재구성하는 수학 수업

이 단원이 끝나고 나면 애들이 무엇을 알게 될 것인가를 교사가 미리 머릿속에 염두에 두고 필요 없는 내용은 빼고, 중요한 것은 반복하고 이렇게 단원을 전개하면 단원이 끝나고 애들한테 이런 것들을 심어줬구나 하는 수업이 되는데 그렇지 않고 교과서 중심으로 단원을 전개시켜 버리면... 열심히는 해요. 근데 뭘 배웠지? 하는 전개가 된다는 거죠. 그래서 교과 전체적인 내용에서 무엇을 줄이고 무엇을 강조할 것인가를 찾아내어 배치를 하고 그러고 나서 단원 안에서 최종적으로 목표를 성취하기 위해서는 어떻게 할 것인가를 계획하는 것이 중요하다고 생각해요.

간혹 특수학급의 연간 계획이 있는데 연간 계획안에 각 단원의 활동에 맞는 주제를 재구성해서 운영하는 선생님들이 있더라고요. 예를 들면 특별히 5월에 현장학습이 있으면 화폐를 중점적으로 배우고 현장학습에서 실습할 수 있도록 단원의 구성을 재배치하는 거죠.

수학 수업이라도 국어의 동화 이런 걸 연결해서 재미나게 교과를 넘나들면서 하는 수업이 재미나고 좋은 것 같아요. 예전에 물고기 동화를 이용해서 수업을 했었는데 무지개 물고기라는 동화책을 읽고 수업을 하면서 그 안에 물고기를 가지고 종이접기를 해서 물고기를 만들고, 종이접기 한 물고기를 활용해서 수 세기를 했거든요. 교과마다의 특성이 있긴 하지만 우리 아이의 특성상 재미있게 하는 게 좋다고 생각을 했어요. 그냥 수학 수업을 재미있게, 국어 수업을 재미있게 하는 것보다 융합해서 하는 것이 미술 활동, 국어 활동, 수학 활동도 하면서 학생들이 좀 더 재미있고 적극적으로 참여할 수 있는 수업을 할 수 있는 것 같아요.

저는 수학 과목같이 과목을 분절화시키는 것이 싫어요. 그냥 과목명을 유치원같이 예술경험, 자연탐구, 의사소통과 같이 통합교과 방식으로 했으면 좋겠어요. 과목이라는 것이 우리가 가르치기 위해서 편의에 의해서 나눈 것이지 지식이 분리된 것은 아니니깐요. 그런 것을 연결시켜 주는 것도 아이들의 발달에 좋은 영향을 주는 것 같아요.

라. 수학의 전 영역을 지도하는 수학 수업

현장에서 수학 수업을 보면, 우리 학생들이 기초적인 수학 지식이 많이 부족해서 보통 기초기본학습인 수와 연산에 많이 치중되어 있는 것 같아요. 근데 우리 아이들도 수학의 다양한 영역을 두루두루 경험할 수 있도록 해주는 것이 중요한 것 같아요. 내용적 측면에서 수학의 다른 영역을 한다면 새롭기도 하고 수와 연산을 잘하지 못하는 아동도 도형이나 측정에는 흥미를 가질 수 있거든요. 수와 연산, 도형, 측정, 규칙성, 자료와 가능성과 같이 교육과정상 모든 영역을 다 배우도록 규정되어 있는데 이것을 모른다고 다른 영역을 배우지 못하는 건 말이 안 되는 거죠.

보통 우리 아이들한테 수학이라고 하면 1, 2, 3, 4, 더하기 빼기, 더 나아가면 화폐 정도를 떠올려요. 사실 수학이라는 것은 굉장히 넓은 범위잖아요. 생각할 수 있는 힘을 길러주는 기초 교과이기도 하고요. 근데 우리는 수학을 그런 식으로 접근하지 못하고 있다는 생각이 들어요. 단순 반복적인 수와 연산에 집중되어 있는 거죠. 물론 단순 반복도 필요한데 더 중요한 것은 학습할 기회를 주고 사고를 확장시켜 주는 건데 저조차도 못 했던 것 같아요.

동료선생님들과 수학이 일생생활에 활용되는 경우에 대해서 이야기를 나누어 본적이 있어요. 전화를 걸기 위해서는 수를 알아야 하고, 자로 길이를 측정하거나 공간 감각을 활용하여 자신의 방을 정리하는 경우도 있었어요. 또한 규칙적 무늬를 활용하여 소품을 꾸미거나 표와 그래프를 활용하여 많은 자료를 좀 더 보기 쉽게 나타내기도 하더라고요. 그래서 우리가 일상생활에 수학을 활용하기 위해서는 수와 연산만이 아닌 수학의 여러 영역이 모두 필요하다는 것을 깨달았어요.

4 교육과정에 근거한 수학 수업을 위해 동료 교사들이 전하는 수업 노하우

교육과정에 근거한 수학 수업을 하라.

- 교육과정에 근거한 수학 수업은 수업의 일관성과 방향성을 확립할 수 있으며 수학적 오류를 줄여준다.
- 교육과정의 위계를 통해 학생의 수준을 파악할 수 있으며 이는 학부모와 소통의 근거자료가 된다.
- 중도 · 중복장애 학생의 경우에는 매년 같은 내용을 가르치게 되는 경향이 있는데, 교육과정의 위계에 대한 세부적인 이해는 다양한 수업을 할 수 있게 되는 발판이 된다.

수학적 위계가 갖추어진 수학 수업을 하라.

- 수학적 위계가 갖추어진 수학 수업은 수학 수업의 일관성과 연계성, 계통성을 갖추는 데 도움이 된다.

교육과정을 재구성하는 수학 수업을 하라.

- 교육과정 재구성을 통해 주제 중심으로 학습하는 것은 아이들이 수학을 쉽게 접근하게 하고, 아이들에게 꼭 필요한 내용을 가르치는 데 도움이 된다.

수와 연산만이 아니라 수학의 5가지 영역 모두를 지도하라.

- 우리의 수학 학습이 수와 연산에 많이 치중되어 있기에 장애학생에게도 다양한 영역을 배울 수 있는 학습 기회를 주는 것이 필요하다.

5 교육과정의 위계에 따른 규칙성 영역의 지도 방법

우리는 생활 속에서 물건의 개수를 세기도 하고, 가게에서 거스름돈을 계산하기도 한다. 또한 키와 몸무게를 측정하거나 길이나 거리를 잰다. 그뿐만 아니라 공간 감각을 통해 물건의 위치를 기억하고, 표나 그래프를 활용하여 자료를 한눈에 보기 쉽게 정리한다. 이렇게 수학의 여러 영역들이 우리 삶과 밀접한 관련이 있다. 하지만 장애학생들에게 수학을 지도하다 보면 물체나 무늬를 반복해서 배열하거나 규칙을 찾고 다음에 올 것을 예측하는 규칙성 영역이 우리 아이들의 학습과 삶에 어떤 도움이 되는지에 대해 궁금할 때가 많다.

먼저 규칙은 수, 무늬, 도형 등을 일정한 규칙으로 늘어놓은 배열을 뜻하고, 패턴이라는 용어로 규정되는데, 학교 수학에서 학생들에게 패턴이라는 용어가 익숙하지 않아 규칙 또는 규칙성이라는 용어로 대신한다(교육부, 2015).

사실 규칙성에 대한 탐구는 함수와 대수적 관계를 익히는 기초가 되며, 논리적으로 추론하는 능력을 개발하는 데 도움을 준다. 또한 생활 주변에서는 포장지의 무늬, 타일의 무늬 등과 같이 다양한 규칙적 무늬를 발견할 수 있는데 이러한 규칙적 무늬 꾸미기는 장애학생들의 규칙성 영역 지도에서 좋은 재료가 된다. 특히 특수교육에서는 규칙성 지도를 자폐 아동이 지닌 특성이나 재능과 연계하여 규칙적 무늬가 있는 작품 제작이나 일상생활에 활용하기도 한다(남윤석 외, 2021). 따라서 교사는 이런 규칙성 영역의 중요성을 간과하지 말고 다른 영역과 마찬가지로 규칙성 영역도 중요하게 다루어 현장에서 학생들을 지도하여야 한다.

이와 같은 규칙성 영역은 수학적 위계에 따라 다음과 같은 순서로 지도할 수 있다(남윤석 외, 2021).

〈위계에 따른 규칙성 지도의 방법〉

패턴 따라 하기 ➡ **패턴 예측하기** ➡ **복잡한 패턴 찾기** ➡ **자신의 패턴 만들기**

출처: 남윤석, 유장순, 이대식, 이필상, 홍성두, 고혜정, 이성진(2021). 개정교육과정에 따른 특수교육 수학교육론(pp.385-387). 경기: 교육과학사의 내용을 발췌하여 도식화함.

1. 패턴 따라 하기

- 시각적, 청각적, 운동적 표현을 활용하여 반복되는 규칙을 따라 하게 한다.
- 발 구르기와 손뼉치기를 반복하는 모습을 보여 준 후 학생에게 따라 해 보라고 한다.
- 2가지 색깔의 색깔 쌓기나무를 규칙에 맞게 놓은 후 똑같이 놓아보라고 한다.

쿵	짝	쿵	짝	쿵	짝

- 발 구르기와 손뼉치기 따라 하기-

2. 패턴 예측하기

- 패턴의 일부분을 보고 규칙을 찾고, 다음에 올 것을 예측해 보게 한다.
- 2가지 색깔의 색깔 쌓기나무를 규칙에 맞게 놓은 후 다음에 어떤 색깔의 쌓기나무가 올지 예측해 보게 한다.

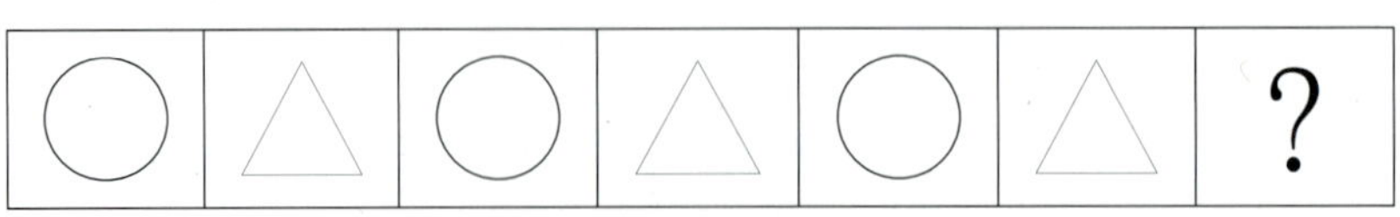

- 다음에 올 것 예측하기 -

3. 복잡한 패턴 찾기

- 기본 패턴을 따라 하고, 패턴을 발견하고, 다음에 올 것을 예측 가능한 학생에게는 보다 복잡한 패턴을 찾을 수 있게 한다.
- 지금까지는 ABABAB와 같은 패턴이 반복되는 것을 발견하였다면, 이제는 ABBABBABB와 같이 복잡한 수준의 패턴을 제시하여 패턴을 발견하고 예측해보게 한다.

○	△	△	○	△	△	○	△	△	?

- 복잡한 패턴 찾고 다음에 올 것 예측하기 -

4. 자신의 패턴 만들기

- 학생이 복잡한 패턴을 발견하게 되면 스스로 패턴을 창조할 수 있는 기회를 부여한다.

- 나만의 규칙으로 가랜드를 만든 아이들 -

6 교육과정에 근거한 수학 수업 디자인

1. 색종이 왕관 꾸미기

수업 펼치기

열기	■ 생일파티 때 쓸 왕관 만들기 - 고깔모자를 쓰고 생일파티를 하는 모습을 보여준다. - 다가오는 ○○이의 생일에 왕관을 만들어 씌워주자고 한다. - 규칙적 무늬를 활용한 띠 벽지와 포장지를 보여주며 반복되는 규칙적 무늬의 아름다움을 알게 한다. - 규칙적 무늬를 활용하여 ○○이의 왕관을 만들자고 한다.
함께 하기	【활동1】 규칙에 따라 색종이 놓기 - 색종이를 세모 모양으로 접은 후 2가지 색을 반복되게 놓아보게 한다. - 먼저 교사가 놓는 것을 보고 따라 놓은 후 다음에 올 것을 추측해 보며 색종이를 놓는다. 【활동2】 규칙적인 무늬의 왕관 만들기 - 2가지 색의 세모 모양을 반복해서 놓은 후 풀과 테이프를 이용하여 붙여준다.
나누기	- 규칙적인 무늬를 활용하여 왕관을 만들었다는 것을 다시 한번 확인한다. - 왕관에서 반복되는 부분을 다시 한번 더 찾아본다. - 초록색, 주황색, 초록색, 주황색, 초록색, 주황색... - 왕관을 머리에 쓰고 거울을 보며 규칙적 무늬의 아름다움을 느껴본다. - 이렇게 규칙적인 무늬를 활용하면 생활에서 여러 가지 것들을 예쁘게 꾸밀 수 있다고 말한다.

학습목표	• 규칙적인 무늬로 색종이 왕관을 만들 수 있다.
학습자료	• 색종이, 풀, 테이프

수업 TIP

- 중증의 장애학생에게는 규칙을 발견하고 다음에 올 것을 찾는 활동이 어려울 수 있는데 이때에는 학생에게 생활 주변에서 패턴을 찾고, 시각적, 청각적, 운동적 표현을 통해 반복되는 것을 따라 하고 즐길 수 있는 기회를 충분히 제공한다.
- 규칙적 무늬로 완성된 왕관을 머리에 쓰고 거울을 보는 활동은 규칙적 무늬의 아름다움을 느껴보게 할 수 있으며 학생들에게 왕관을 쓴 자신의 모습을 보는 즐거움을 줄 수 있다.

교육과정에 근거한 수학 수업 디자인

2. 가랜드로 교실 꾸미기

수업 펼치기

열기	■ 손님맞이 교실 꾸미기 - 우리 교실에 손님이 오신다고 하며 손님을 맞기 위해 교실을 꾸미자고 한다. - 여러 가지 규칙적인 무늬를 보여주며 이렇게 반복되는 규칙을 활용하면 예쁜 무늬를 만들 수 있다고 한다. - 그중 여러 가지 파티에서 사용되는 가랜드를 보여주며 우리도 함께 규칙적인 무늬를 활용하여 가랜드를 만들어보자고 한다.
함께 하기	【활동1】 규칙에 따라 색지 놓기 - 규칙에 따라 두 가지 색의 색지를 나란히 놓아 본다. - 하늘색, 주황색, 하늘색, 주황색… 【활동2】 규칙에 따라 동그라미 그리기 - 세모 모양의 색지에 같은 모양의 동그라미를 반복해서 그려본다. 이때에는 동그라미의 개수보다는 동그라미를 반복해서 그린다는 것을 인식하게 한다. 【활동3】 끈을 연결하여 가랜드 만들기 - 색지에 끈을 연결하여 가랜드를 만들게 한다.
나누기	- 규칙적인 무늬를 활용하여 가랜드를 만들었다는 것을 다시 한번 확인한다. - 가랜드에서 반복되는 부분을 다시 한번 더 찾아본다. - 이렇게 규칙적인 무늬를 활용하면 생활에서 여러 가지 것들을 예쁘게 꾸밀 수 있다고 말한다. - 규칙적인 무늬를 활용하여 옷, 신발, 가방 등을 꾸며보자고 약속한다.

학습목표	• 규칙적인 무늬로 가랜드를 만들어 교실을 꾸밀 수 있다.
학습자료	• 색종이, 색연필, 끈

수업 TIP

- ☑ 손님이 온다는 가정 아래 교실을 꾸미는 것은 학습동기를 유발하고 규칙적인 무늬의 아름다움을 직접 경험할 수 있게 한다.
- ☑ 규칙에 따라 색지를 놓는 것은 아이들이 쉽게 따라 하지만 다음에 올 것을 예측하는 것은 중증의 장애학생들에게는 어려울 수 있다.
- ☑ 규칙 찾기는 ABAB와 같은 규칙에서 시작할 수 있다. AAA와 같이 같은 것을 반복해서 놓아보거나 그려보는 것이 쉬워 보일 수 있지만 같은 것을 계속 그리다 보면 규칙의 마디(부분)를 찾기 어렵고, 규칙이 무엇인지를 발견하기 어렵다.

교육과정에 근거한 수학 수업 디자인

3. 규칙 두루마리 종이 만들기

수업 펼치기

열기	■ 규칙에 따라 색깔 쌓기나무 놓기 - 2가지 색을 반복하여 색깔 쌓기나무를 놓게 한다. - 빨간색, 노란색, 빨간색, 노란색... - 색깔 쌓기나무를 따라서 놓아보고 반복되는 부분을 말한다. - 색깔 쌓기나무의 규칙을 찾고, 다음에 올 것을 예측한다. - 다양한 규칙을 만들어보고 규칙을 함께 찾아보자고 한다.
함께 하기	【활동1】 규칙 종이에서 규칙 찾기 - 2가지 무늬의 배열이 있는 규칙 종이에서 반복되는 부분을 찾고 다음에 올 것을 알아맞히게 한다. - 빨간색 동그라미, 초록색 동그라미, 빨간색 동그라미, 초록색 동그라미... 다음에는 무엇이 나올까? 【활동2】 규칙 종이에 규칙 만들기 - 규칙 종이에 자신의 규칙을 만들어 친구에게 규칙을 찾게 한다. - 동그라미, 세모, 동그라미, 세모, 동그라미, 세모... 다음에는 무엇이 나올까?
나누기	- 규칙 종이를 보여주며 함께 반복되는 부분을 찾는다. - 반복되는 부분을 찾은 후에는 다음에 올 것을 함께 예측해 본다. - 규칙 종이를 활용하여 친구와 규칙 찾기 놀이를 하여 규칙을 찾고 다음에 올 것을 맞혀보도록 한다. - 2가지 무늬를 활용하여 규칙을 찾고 나만의 규칙을 만들어 보았음을 확인한다.

학습목표	• 2가지 무늬의 배열에서 규칙을 찾고 나만의 규칙을 만들 수 있다.
학습자료	• 색깔 쌓기나무, 8절지, 색연필 등

수업 TIP

- ☑ 두루마리 휴지처럼 규칙 종이를 둥글게 말았다가 폈다 하는 활동은 아이들의 학습동기 유발에 도움이 된다.
- ☑ 규칙 종이의 무늬를 통해 2가지 색과 모양에 따른 규칙을 찾을 수 있다.
- ☑ 규칙 종이를 통해 나만의 규칙을 정해서 만드는 활동까지 할 수 있다.
- ☑ 규칙 종이를 활용하여 친구들과 놀이 활동을 하면 아이들이 즐겁고 재미있게 규칙 맞히기 놀이를 할 수 있다.

교육과정에 근거한 수학 수업 디자인

4. 규칙에 따른 수수깡 나무 만들기

수업 펼치기

열기	■ 반복되는 개수의 규칙 알기 - 종이컵을 같은 개수로 책상 위에 반복해서 놓아본다. - 종이컵 1개, 1개, 1개... - 종이컵 2개, 2개, 2개... - 종이컵 3개, 3개, 3개... - 종이컵을 같은 개수로 반복해서 놓는 것과 같이 오늘은 수수깡과 이쑤시개를 같은 개수로 반복해서 꽂아 수수깡 나무를 만들어 보자고 한다.
함께 하기	【활동1】 수수깡 나무에 이쑤시개 꽂기 - 수수깡을 반으로 자르고 반 개는 그대로 놔두고 나머지 반 개는 잘게 자른다. - 수수깡을 고무줄로 묶고 플라스틱 통에 넣는다. - 수수깡 하나에 3개씩 반복해서 이쑤시개를 꽂게 한다. 【활동2】 수수깡 나무에 수수깡 꽂기 - 수수깡에 꽂힌 이쑤시개에 잘린 수수깡을 꽂게 한다. - 이때 한 개의 이쑤시개에 한 개의 수수깡이 꽂히는 것으로 규칙과 대응의 개념을 익힌다. 〈p.180 수수깡 나무 만들기 활동 참고〉
나누기	- 완성된 수수깡 나무를 보여주며 이쑤시개와 잘린 수수깡을 3개씩 반복하여 꽂아 보았음을 다시 한번 더 확인한다. - 개수가 반복되는 규칙을 통해 수수깡 나무를 빨리 만들었음을 알려준다. - 우리 생활 주변에도 이렇게 개수를 반복하여 작업하는 경우를 함께 알아본다. - 식당에서 수저와 젓가락을 테이블마다 같은 개수로 놓거나 컵을 같은 개수로 쌓을 수 있음을 말한다.

학습목표	• 개수의 규칙에 따라 수수깡 나무를 만들 수 있다.
학습자료	• 이쑤시개, 수수깡 등

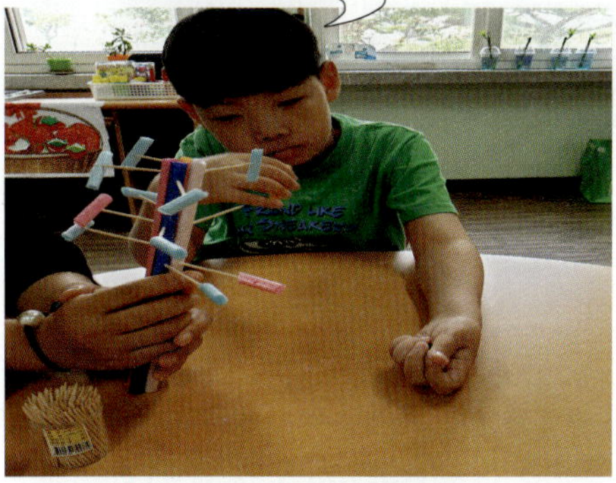

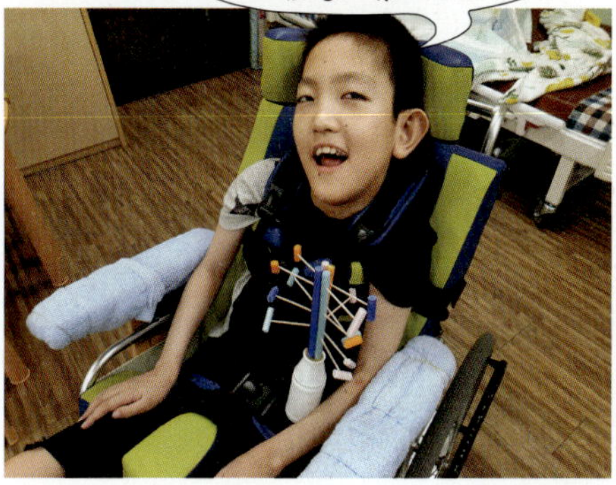

수업 TIP

- 수수깡에 이쑤시개와 잘린 수수깡을 반복해서 꽂으면 재미있게 개수가 반복되는 규칙을 익힐 수 있다.
- 단순히 수수깡 나무를 만드는 활동 자체에 그치지 않고 수 개념과 반복되는 규칙을 익히게 할 수 있다.
- 수준이 낮은 아동에게는 수수깡을 바닥에 놓고 그 위에 이쑤시개와 잘린 수수깡을 꽂고 수수깡을 고무줄로 묶어 플라스틱 통에 넣게 하고, 수준이 높은 아동에게는 수수깡을 묶어 플라스틱 통에 넣은 상태에서 이쑤시개를 꽂게 한다.

교육과정에 근거한 수학 수업 디자인

5. 규칙성 지도를 위한 교구 만들기

◉ 규칙 두루마리 종이 만들기

준비물 8절지, 50센티 자, 색연필, 연필, 가위 등

제작방법
① 8절지를 5센티미터 폭으로 길게 자른다.
② 10칸 정도의 칸(적당한 칸)에 숫자 또는 무늬를 활용하여 규칙을 만든다.

활용방법
① 규칙 두루마리 종이에 나만의 규칙을 만든 후 반복되는 숫자나 무늬를 보여주어 규칙을 찾게 한다.
② 규칙 두루마리 종이를 펼치며 다음에 올 것을 예측해보게 한다.

◉ 수수깡 나무 만들기

준비물 수수깡, 이쑤시개, 고무줄, 플라스틱 통 등

제작방법
① 긴 수수깡 한 개에 이쑤시개를 3개씩 꽂는다.
② 긴 수수깡에 꽂은 이쑤시개에 짧은 수수깡을 꽂는다.
③ 수수깡을 모아 고무줄로 넣고 플라스틱 통에 넣는다.

활용방법
① 수수깡에 이쑤시개를 꽂을 때 반복되는 개수로 꽂음으로써 반복되는 개수의 규칙을 익히게 한다.
② 긴 수수깡에 꽂힌 이쑤시개 한 개에 짧은 수수깡 한 개를 꽂음으로써 자연스럽게 규칙과 대응의 개념을 알게 한다.

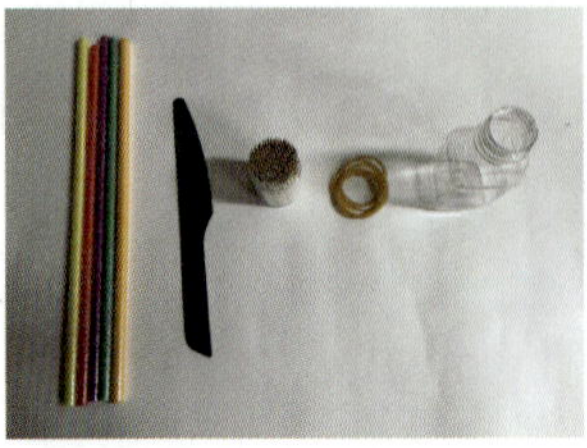
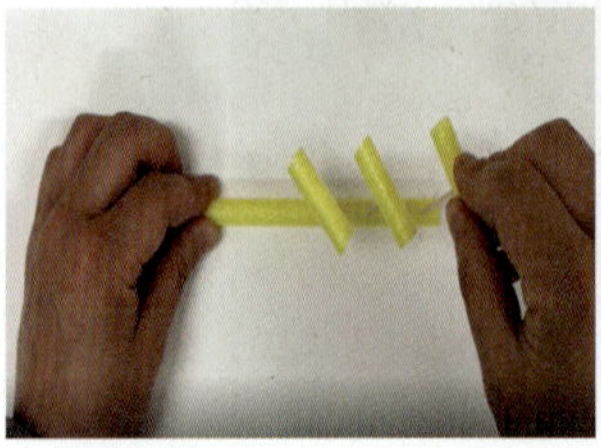
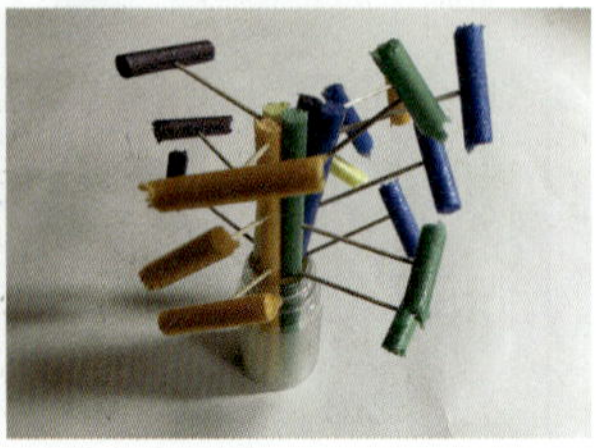

7 궁금해요 교수님

궁금증

교육과정에 근거한 수학 수업을 하려면 어떻게 해야 할까요?

현장교사의 고민

첫 번째 고민. 성취기준, 학생의 장애 유형 및 정도, 흥미, 참여도 등 교육과정을 재구성할 때 고려하여야 할 요소들에는 여러 가지가 있습니다. 학급의 상황과 교사의 재량에 따라 다르겠지만 이 중에서 일반적으로 가장 먼저 고려되어야 할 것과 그 이유는 무엇일까요?

두 번째 고민. 교육과정 재구성의 필요성은 인식하고 있지만 저의 역량이 부족하다 보니 내용의 축소나 난이도 조절의 재구성 형식이 많고 이러다 보니 누적된 수업의 계열성이 부족하여 다음 내용에서 어려움을 겪는 난관에 봉착하는 경우가 많습니다. 교육과정 재구성이 최종적으로 지향해야 하는 방향은 무엇이며 장기적인 관점에서 보았을 때 교육과정 재구성에서 우선되어야 하는 사항은 무엇이 있을까요?

고민 해결을 위한 조언

최근 특수교육 현장에서 가장 이슈가 되는 교육과정 재구성에 관한 물음이군요. 이전에는 특수교육 현장에서 통합교육, 교수적 수정, 개별화 교육 등의 주제들이 많은 관심의 대상이었는데, 최근에는 교육과정 재구성에 관한 관심과 노력이 매우 활발한 것 같습니다. 왜 일까요?

교육과정 재구성은 국가 수준에서 만들어지는 교육과정이 실제 교육현장의 구체적인 상황을 반영할 수 없기 때문에, 교육과정을 적용하기 위해서는 실제 학교(급) 현장에 알맞게 재구성하여 지도해야 한다는 개념입니다. 이러한 교육과정 재구성이 이루어지기 위해서는 먼저 적용해야 할 만한 마땅한 교육과정이 존재해야 한다는 것입니다. 최근 들어 교육과정 재구성이 활발하게 논의되고 있는 것은 특수교육 대상 학생들에게 적용해 볼 만한 교육과정이 생겨났기 때문으로 볼 수 있는 부분입니다. 예전에는 특수교육의 초점을 가르쳐야 할 내용보다는 가르쳐야 할 대상에 두고, 학생 개인차에 알맞은 개별화 교육을 시도하였다면, 최근에는 그 초점이 가르쳐야 할 내용인 교육과정으로까지 확장되었음을 보여주는 증거이기도 합니다.

또한 일반교육 분야에서의 교육과정 재구성은 주로 수준별 수업을 위한 수단으로 활용되는데, 하나의 수업 활동에 참여하는 여러 수준의 학생들에게 적절한 수업이 이루어질 수 있도록 교육과정을 재구성하는 것입니다. 개인 간 차이가 큰 특수교육 수업 환경에서는 서로 다른 수업 내용으로 개별화 교육이 실행되기도 하지만, 하나의 수업 활동이나 주제 속에서 개인차가 큰 학생들이 모두 함께 참여할 수 있는 방안으로서의 교육과정 재구성에 관한 관심도 증가하는 것으로 보입니다.

이러한 내용을 토대로 하면, 교육과정 재구성에서 고려되어야 할 것은 재구성의 대상이 되는 교육과정, 적용 대상인 학생들의 수준이나 특성, 하나의 수업 활동에 참여하는 학생 수나 수업 방식 등이 모두 고려되어야 하지 않을까 생각됩니다. 어느 하나가 중요하다기보다는 가르쳐야 할 대상에만 초점을 둔 개별화 교육보다는 가르쳐야 할 내용까지를 고려하는 교육과정 재구성을 통한 개별화 교육이 더 바람직하고, 더 나아가 한 교실에서 이루어지는 하나의 수업 활동에 모두가 참여할 수 있도록 수준별 교육을 가능하게 하는 교육과정 재구성이 더욱 더 바람직하다고 할 수 있지 않을까 생각해봅니다.

두 번째 질문은 교육과정 재구성에서 내용 축소나 난이도 조절의 재구성을 적용하다 보면 계열성의 부족으로 다음 내용을 지도하는 데에 어려움을 겪는다는 내용입니다. 손쉬운 답변은 계열성 부족의 문제를 보완하기 위해서는 내용을 축소하는 교육과정 재구성이 아닌 내용을 확장하는 교육과정 재구성을 해야 한다는 것입니다. 내용을 확장하여 충분히 반복 연습할 수 있는 기회를 제공한다면, 난이도 문제도 해결되고 다음 학습으로 이어지는 계열성의 문제도 극복할 수 있지 않을까요. 교육과정의 성취기준 하나하나는 다양한 방식으로 해석

되고 적용될 필요가 있는 것이 사실입니다. 국립특수교육원에서는 2015 특수교육교육과정을 기반으로 평가준거 마련을 위한 성취기준의 명료화 및 구체화 작업을 진행하였습니다. 성취기준의 명료화 및 구체화 작업을 통해서 성취준거를 마련하는 것은 그러한 성취준거에 도달하기 위한 수업이 시행되어야 함을 의미하므로, 이는 성취기준을 중심으로 하는 확장 중심의 교육과정 재구성이라 할 수 있습니다. 예시 자료와 같이 성취기준 문장 서두의 조건을 달리하거나, 성취기준 문장 말미의 행위동사를 토대로 활동을 달리하거나, 이 성취기준을 달성하는 수업활동에서 사용할 참고자료를 달리하여 적용한다면 하나의 성취기준이 수많은 차시(또는 제재 또는 단원)로 확장될 것입니다.

- 성취기준의 명료화 및 상세화 작업 예시 -

<table>
<tr><td>□ 핵심개념:
수의 기초</td><td colspan="2">[2수학01-02]
여러 가지 구체물 중에서 제시한 것과 같은 것 또는 다른 것을 찾는다.</td></tr>
<tr><td>평가준거
성취기준</td><td colspan="2">평가준거 성취기준 풀(POOL)</td></tr>
<tr><td rowspan="2">[2수학01-02-01] 여러 가지 구체물 중에서 제시한 것과 같은 것을 찾는다.</td><td>여러 가지 구체물
중에서</td><td>제시한 것과 같은 것을 찾는다.</td></tr>
<tr><td>• 여러 가지 물건 중에서
• 여러 가지 색깔 중에서
• 실물 및 실물과 같은 사진 중에서
• 실물 및 실물과 같은 그림 중에서</td><td>• 제시한 것과 같은 것에 근육의 긴장상태가 변화한다.
• 제시한 것과 같은 것에 눈길을 돌린다.
• 제시한 것과 같은 것에 눈을 맞춘다.
• 제시한 것과 같은 것에 일관성 있는 반응을 보인다.
• 제시한 것과 같은 것에 상대방의 신체 일부(예. 팔, 손, 옷자락 등)를 건드리거나 잡는다.
• 제시한 것과 같은 것을 손가락으로 가리킨다.
• 제시한 것과 같은 것을 손으로 잡는다.
• 제시한 것과 같은 것과 연관된 다른 사물을 보여준다.
• 제시한 것과 같은 것과 같은 사물을 행동으로 보인다.
• 제시한 것과 같은 것에 머리 움직임(고개 끄덕이기, 고개 숙이기, 고개 까닥이기)으로 표현한다.</td></tr>
</table>

		• 제시한 것과 같은 것에 자신만의 제스처로 표현한다. • 바구니 안에 같은 것을 담는다. • 같은 것을 든 사람들끼리 모인다. • 같은 것끼리 모은다. • 같은 것끼리 짝짓는다.. • 같은 것끼리 연결하여 나열한다.
[2수학01-02-02] 여러 가지 구체물 중에서 제시한 것과 같은 것을 찾는다.	**여러 가지 구체물 중에서**	**제시한 것과 다른 것을 찾는다.**
	• 여러 가지 물건 중에서 • 여러 가지 색깔 중에서 • 실물 및 실물과 같은 사진 중에서 • 실물 및 실물과 같은 그림 중에서	• 제시한 것과 다른 것에 근육의 긴장상태가 변화한다. • 제시한 것과 다른 것에 눈길을 돌린다. • 제시한 것과 다른 것에 눈을 맞춘다. • 제시한 것과 다른 것에 일관성 있는 반응을 보인다. • 제시한 것과 다른 것에 상대방의 신체 일부(예. 팔, 손, 옷자락 등)를 건드리거나 잡는다. • 제시한 것과 다른 것을 손가락으로 가리킨다. • 제시한 것과 다른 것을 손으로 잡는다. • 제시한 것과 다른 것과 연관된 다른 사물을 보여준다. • 제시한 것과 다른 것과 같은 사물을 행동으로 보인다. • 제시한 것과 다른 것에 머리 움직임(고개 끄덕이기, 고개 숙이기, 고개 까닥이기)으로 표현한다. • 제시한 것과 다른 것에 자신만의 제스처로 표현한다. • 바구니 안에 다른 것을 담는다. • 다른 것을 든 사람들끼리 모인다. • 다른 것끼리 모은다. • 다른 것끼리 짝짓는다. • 다른 것끼리 연결하여 나열한다.
성취기준 구현 교과서 단원	초등1-2학년 수학㉮	2단원 같은 것과 다른 것

출처: 강은영 외(2020). 2015 특수교육 기본교육과정 수학과 평가준거 성취기준 풀[Pool] (p.14). 충남: 국립특수교육원에서 발췌함.

교과용도서 개발 과정에서는 최소 시수를 기준으로 교과용도서를 개발하기 때문에 성취기준을 최대한 확장하기보다는 최소 시수에 맞추어 적절한 분량으로의 확장을 시도하게 됩니다. 실제로는 시수를 많이 늘려서 지도하면 더 좋을 텐데 하는 생각이 들 때가 많습니다. 교사용지도서에 제시된 한 활동을 한 차시 분량으로 확장할 수도 있고, 한 차시의 활동을 자료만 달리하여 여러 차시에 걸쳐서 진행할 수도 있겠습니다. 실제 초등의 예비특수교사들과 수업시연을 준비하는 과정에서 초등 학년군 교과용도서를 살펴보면, 내용을 축소해야 하는 경우는 거의 없고, 내용을 확장해야만 난이도 조절, 일반화 가능성, 다음 단계 학습으로의 진입 등이 수월하겠다는 생각을 많이 했습니다.

이러한 논의를 토대로 특수교육에서의 교육과정 재구성이 추구해야 할 방향은 진도를 맞추기 위한 내용 축소, 난이도를 낮추기 위한 수준 높은 내용의 삭제를 통한 내용 축소가 아니라 내용 확장을 통한 난이도 조절에 두어야 하지 않을까 생각됩니다. 쉬운 수준의 내용이라면 더 쉽게 접근하고 더 크게 일반화하기 위한 내용의 확장이 필요하고, 어려운 수준의 내용이라도 더 쉽게 단계적으로 접근하고 최소한의 일반화라도 이룰 수 있도록 하기 위한 내용의 확장이 필요하겠습니다. 이러한 내용 확장 중심의 교육과정 재구성에 대한 노하우가 축적된다면, 여러 수준의 많은 특수교육 대상 학생들이 교육과정에 접근하는 기회가 마련될 것이며, 노하우가 차곡차곡 쌓여진 이후에는 확장된 내용을 압축하여 전달할 수 있는 더 효율적인 방안까지 생겨나지 않을까 생각됩니다.

최근 일반교육에서는 교육의 삶에 대한 활용성을 강조하여 교육과정 재구성을 통한 주제중심으로 수업을 많이 진행하고 있습니다. 고학년의 경우 프로젝트 수업입니다. 하지만 특수교육의 경우 교육과정 재구성에 대한 이해 및 실제적 적용방법에 대한 연수의 기회가 부족한 것 같습니다.

먼저 현장에서 실제적으로 교육과정을 재구성하여 적용하기 위해서 교과간이나 교과 내에서 어떻게 해야 하는지 교육과정 재구성에 대한 개괄적인 설명을 듣고 싶습니다.

또한, 교육과정 재구성을 할 때 큰 대주제가 '소중한 나' 라고 하면 국어시간에 나의 몸에 대해서 알고 체육시간에 나의 몸을 활용하여 놀이하기를 하는 등의 방법으로 하는 것이 맞는 것인지... 아니면 국어시간에 국어의 내용, 수학의 내용, 체육의 내용을 통합하여 지도하는 것이 교육과정 재구성의 실제인지 어떠한 방법으로 현장에 적용하고 수업하는 것이 맞는지 궁금합니다.

고민 해결을 위한 조언

위와 같은 주제 중심의 통합이 있을 수 있습니다. 위의 주제에 맞는 수학 활동으로는 나의 몸을 이용하여 개수 세기, 나의 몸을 크게 작게 만들어보기, 나의 몸을 길이의 임의단위로 사용하기 등을 생각해 볼 수 있겠네요.

이같은 주제 중심의 통합 이외에도 개념 중심의 통합(예, 화폐 개념: 수학과 사회 통합, 공간 개념: 수학과 체육, 거리(길이) 개념: 수학과 지리, 규칙성: 수학과 미술 등)이 있습니다.

또 기술(or 기능) 중심의 통합(셈하기: 수학과 과학, 체육 등, 분류하기: 수학과 과학, 그래프 해석하기: 수학과 사회 등)이 있습니다.

2022 개정 특수교육 교육과정에서 주제 중심의 통합을 위해서는 내용체계표 상의 내용요소와 각 성취기준(교과 통합을 위해 일련번호 부여함)을 참조할 수 있고, 개념 중심의 통합을 위해서는 내용체계표 상의 범주와 내용 요소를 참조할 수 있으며, 기술 중심의 통합을 위해서는 교과별 핵심 역량과 내용체계표 상의 과정 · 기능을 참조할 수 있겠습니다.

참고로 수학과 교육과정의 교과핵심역량 중에서 2022 개정 교육과정의 연결 역량은 이러한 교육과정 재구성(or 교과 통합)의 기초를 아래와 같이 제공하고 있습니다.

- 수학 내적 연결: 수학 학습에서 얻은 지식과 기능을 다른 영역이나 문제에 적용하는 것
- 수학 외적 연결: 수학 학습에서 얻은 지식과 기능을 실생활이나 다른 교과에 적용하는 것

Ⅷ

과정중심평가를 실시하는 수학 수업

1 왜 과정중심평가를 실시하는 수학 수업인가?

최근 일반교육에서는 과정중심평가를 강조하고 있다. 예전에는 평가를 100점, 90점, 80점과 같이 점수를 매기거나 1등, 2등, 3등과 같이 등급을 나누어 학생을 선발하기 위해 사용하였다. 하지만 최근에는 평가가 학생의 성장과 발달을 돕기 위한 평가로 변화하고 있다. 특수교육에서도 과정중심평가가 강조되고 있기는 하나 특수교사들은 이러한 평가에 대한 특별함을 사실 느끼지 못하고 있다. 왜냐하면 우리는 역동적 평가와 개별화라는 이름으로 여태껏 학생들의 성장과 발달을 위한 과정중심평가를 실시해 왔기 때문이다.

- 한눈에 알아보는 과정중심평가의 특징 -

• 성취기준에 기반을 둔 평가	• 수업 중에 이루어지는 평가
• 수행 과정의 평가	• 지식, 기능, 태도의 인지적, 정의적 영역까지 포함하여 종합적으로 평가
• 다양한 평가 방법을 통한 학생의 다양한 측면 파악	• 학습자의 발달을 위한 평가 결과 활용

출처: 한국교육과정 평가원(2017). 과정을 중시하는 수행평가 어떻게 할까요?(p.5). 서울: 한국교육과정평가원에서 발췌함

과정중심평가에 대해 살펴보면, 과정중심평가는 교육과정(성취기준)에 의거해서 수업을 하고 그에 따른 평가를 하며 교육과정-수업-평가 일체화를 중요하게 생각한다. 또한 평가를 통한 학생의 성취 향상을 강조한다. 하지만 여러 유명 강사의 강의를 들어보아도 과정중심평가가 여태껏 하던 수행평가와는 어떻게 다른지, 매 차시마다 이루어지는 형성평가와는 어떻게 다른지에 대한 명확한 차이점을 알지 못하였다. 또한 평가를 통해 학생의 성취를 향상시킨다는 것이 조금은 뜬구름 잡는 소리처럼 들리기도 한다. 근데 학교에서 배구를 하다가 과정중심평가의 강조점을 한눈에 알 수 있었다.

내가 있는 특수학교는 일주일에 한 번 코치님을 모시고 배구 레슨을 받는다. 물론 코로나 19 발생 이전의 일이다. 레슨에서 우리가 수비 자세를 잡으면 코치는 스파이크를 때려 공을 보낸다. 이때 코치는 수강생의 수비 자세를 보고 "자세를 더 낮춰" "무릎은 굽혀야 돼" "마이(my)라고 외치면서 들어와" "공을 한번 쳤다고 가만히 있으면 안 돼" "계속 공을 보고 다음에 올 동작을 준비해야 돼"와 같이 지금 현재 하고 있는 우리의 동작을 평가하고 어떻게 고쳐야 하는지 바로 피드백해 준다. 그럼 수강생들은 코치의 피드백을 받고 즉시 자세를 고친다. 그렇게 계속 수비 자세를 잡고 코치의 평가에 따라 고쳐나가는 과정을 반복하다 보면 완벽하지는 않지만 점점 FM 자세, 즉 코치가 가르쳐 주는 정확한 수비 자세와 동작을 하게 된다.

배구 레슨과 같이 수업 중간중간 학생의 성취를 평가하고 학생 자신의 부족한 부분을 고쳐 나가면서 원하는 성취기준에 도달해 가는 것이 과정중심평가의 핵심 아닐까?

우리는 배구 레슨을 받으면서 수비 자세가 이상하거나 자세를 낮추지 않았다고 "넌 노력 요함이야"라고 하며 끝내지 않는다. 부족한 부분을 가르쳐줘서 잘하도록 해 준다. 왜냐면 그것이 레슨이고 수업이니깐. 과정중심평가도 이것이 핵심이다. 단순히 점수를 매기고 끝내는 것이 아니라 피드백을 통해 학생의 성취를 향상시키는 것....

2 '평가'를 강조하는 백워드 설계(Backward Design)

백워드 설계는 아동 낙오방지법에서 비롯된 것으로 1990년대 미국 아동들에게는 심각한 학력 저하 문제가 나타난다. 이를 극복하기 위해 미국에서는 각 주가 성취도 평가의 기준을 정하고, 이를 충족하지 못한 학교, 교사, 학생은 제재를 받도록 하여 일반교육과정에서 낙오하는 학생이 없도록 하고자 한다.

이에 교육현장에서는 성취기준이 중요시되었으며, 자유로운 교육풍토에 반해 평가에서는 좋은 성적을 거두어야 하는 문제에 직면하게 된다. 이에 따라 평가를 중시하며, 성취기준을 기반으로 하는 교육과정 개발 모형인 백워드 설계가 강조된다. 혹시 족집게 과외를 받은 적이 있는가? 족집게 과외 강사는 시험에 어떤 문제가 나올지를 먼저 생각하며 학생들을 지도한다. 시험에 나오는 문제 위주로 공부하다 보면, 학생들은 벼락치기 시험공부라 할지라도 시험에서 좋은 성적을 거둘 수 있다. 백워드 설계도 마찬가지인데, 학생들이 일정 수준의 성취에 도달하였다는 것을 증명하기 위해서 수업에서 평가를 먼저 생각한 후, 학생들이 평가에서 좋은 성적을 거둘 수 있도록 학습내용과 방법을 결정하는 것이다.

백워드 설계는 '적절한 교수란 기대되는 결과로부터 거슬러 찾아가는 것'이라는 원리를 기반으로, 학습자들의 교육과정 목표 도달 여부와 정도를 판단할 수 있는 '평가'를 먼저 고안한 후, 이를 기반으로 교수학습을 고안해나가는 역의 방식을 취한다(조현희, 김종윤, 2019). 이는 우리가 일반적으로 사용하는 수업설계인 타일러가 강조한 순차적 설계(Forward Design)와 대비된다. 순차적 설계에서는 교사가 수업목표를 확인한 후, 교수학습 내용과 방법을 계획하고, 마지막에 평가를 계획하는 반면, 백워드 설계에서는 교수학습 내용과 방법을 계획하기 전에 평가를 먼저 계획함으로써 목표-수행-평가 간의 일관성을 극대화한다(장수빈, 김경자, 2010). 즉 교육과정 설계에서 평가를 고안하는 순서의 변화 때문에 백워드 설계라고 명명하는 것이다.

가. 순차적 설계(Forward Design)

목표 ➡ 내용 ➡ 방법 ➡ 평가

수업을 설계할 때 수업을 통해 학생이 도달해야 할 목표를 먼저 떠올리고, 다음에 내용과 방법을 구성하며 평가를 하는 것이다. 이 순차적 설계는 목표와 평가가 괴리되고 내용과 방법이 목표와 평가로부터 연계성이 떨어지는 문제점을 가지고 있다.

나. 백워드 설계(Backward Design)

목표 ➡ 평가 ➡ 내용 ➡ 방법

순차적 설계의 문제점을 개선하기 위해 등장한 것이 백워드 설계이다. 백워드 설계는 1998년 위긴스와 맥타이에 의해 개발된 것으로 백워드 설계에서는 목표 다음에 평가를 먼저 고려하며, 학습자의 진정한 이해와 전이 가능성이 높은 주요 아이디어에 초점을 둔다.

3 과정중심평가를 실시하는 수학 수업에 대한 특수교사들의 이야기

가. 평가를 미리 계획하는 백워드 설계

제대로 된 평가가 되려면 제대로 된 계획이 먼저 있어야 하죠. 요즘 백워드 교육과정을 많이 이야기하는데 저도 백워드가 굉장히 중요하다고 봐요. 어떤 단원이나 어떤 영역을 들어가기 전에 이 단원이나 이 영역을 통해서 우리 아이들에게 어떤 배움이 일어날까를 바라보고 수업을 하는 것과 그냥 하는 것은 엄청나게 차이가 있다고 생각하거든요.

학습지로 할지, 수행활동으로 할지 아니면 중증 학생 같은 경우 정의적 영역인 참여 태도 등을 평가할지 미리 수업 설계 과정에서 어떻게 평가할지를 염두에 두어야 학생에게 맞는 평가가 이루어질 수 있어요. 특수 선생님들의 경우 아이들의 성취가 눈에 보이지 않는다는 이유로 평가가 미미한 경우가 많은 것 같아 아쉬워요.

계획과 활동, 평가 같은 것을 일관성 있게 할 수 있는 준비가 필요한 것 같아요. 보통은 수업은 수업대로 하고, 평가는 따로 생각해서 하거든요. 그럴 때면 분명 수업에서 배운 것을 평가하는 것이 맞는 것 같은데, 내가 생각한 내용을 즉흥적으로 평가하거나 수업 후 한참이 지나서 평가하니 너무 체계가 없는 것 같았어요. 수업한 활동들 그리고 거기에서 일어난 배움을 평가하는 교사의 역량이 필요한 거죠.

나. 수업내용에 대한 즉각적인 평가

본 차시 학습을 시작하기 전에 전 차시 내용에 대해 평가해서 전 차시에 대한 복습이 될 수 있도록 하고 있어요. 왜냐하면 우리 아이들은 학습한 내용을 잘 잊어버리기 때문에 수업이 끝나고도 그 내용을 기억하고 있는지를 다시 한번 더 확인할 필요가 있거든요. 그것에 대한 학생의 이해 여부가 확인이 되면, 제가 계획한 다음 수업을 그대로 진행하고요.

매 차시마다 수업을 하고 바로 평가를 하는 것이 중요한 것 같아요. 왜냐하면 다음 수업을 준비할 수 있으니깐요. 이번 수업에 이런 교구를 썼는데 학생들이 별로 흥미를 보이지 않았다면 다른 것을 생각해 보아야 하고, 학생들이 좀 더 하고 싶어 하는 것들이 보였다면 다음 시간에 그걸 사용해서 수업을 진행해 보는 거죠. 그런 부분들을 교사가 판단해야죠.

매 차시 평가를 하는 것이 중요한데요, 학기 말에 한번에 평가하면, 여태까지 한 활동들과 그에 대한 수행 수준을 통틀어서 평가하고 서술해야 하잖아요. 근데 수업 때 한 내용을 그때까지 아이가 잘 기억하고 있는지 다 습득하고 있는지를 확인하기 어려워요. 우리 아이들은 쉽게 잊으니깐요.

수업 중 학습한 내용을 즉각적으로 평가하는 것이 중요한 것 같아요. 수학은 위계가 있는 학문이기 때문에 수업 중 이 아이가 어느 정도 알고 있는지를 파악해야, 즉 변별하고 짝짓기가 되어야 수로 가는데 이 아이가 아는지 모르는지 모르면 다음 단계로 진도 나가기가 힘들다는 생각을 했어요.

다. 관찰과 누가기록

저도 처음에는 평가를 하기 위해서 시험문제를 만들었는데 그것으로는 평가가 안 되더라고요. 그래서 나중에 평가하기 편하려고 수업 중 했던 내용과 학생의 활동을 한 줄 한 줄 적기 시작했어요. 근데 그러한 것이 쌓이다 보니깐 그 학생이 어느 부분을 아는지, 모르는지가 느껴지더라고요.

학생에 대한 꾸준한 관찰 결과가 있어야 그걸 토대로 총괄적인 평가를 낼 수 있으니까요. 우리는 항상 지도안을 짜면 관찰평가 이렇게 하는데. 그런 관찰들이 단순히 그냥 본다고 되는 게 아니라 기록을 해 놔야 나중에 의미가 있거든요.

가르치다 보면 아이가 수행하는 것을 보고, 수행하는 것을 보면 아이의 진보를 알 수 있는 거잖아요. 평가라는 것을 따로 하지 않고 아이가 수행하는 모습을 보면서 아이의 수준을 판단하는 것 같아요.

저는 어떨 때 이 아이가 많이 변했다고 느끼냐면 교과전담 선생님이나 실무원 선생님과 이야기할 때 아, 아이가 이것을 습득했다는 것을 알게 되는 경우도 많거든요. 매시간 순간순간을 담임교사가 모든 것을 볼 수 없으니깐 아이들의 발달에 대해서 아이와 관련된 선생님들과 이야기를 많이 나누는 것이 필요한 것 같아요.

라. 포트폴리오 평가

포트폴리오가 그 아이에 대해서 잘 보여줄 수 있는 것 같아요. 일시적으로 평가하기보다는 아이의 학습한 내용이나 학습 수준을 포트폴리오를 통해 확인할 수 있는 거죠. 저희 아이들은 컨디션이 안 좋으면 못 풀 수도 있고 그렇잖아요. 근데 누적된 자료들이 모이면 이 아이의 수준을 알 수 있거든요.

읽고 쓰기가 되는 아이들은 기존에 있는 참고서를 단순화해서 꼭 활동지로 하고 이것을 남겨요. 부모님들도 이 아이들이 놀이와 활동을 해서 즐거웠다는 것을 중요하게 생각하지 않고 그러니깐 "우리 아이가 어느 정도 수준으로 하나요?"와 같이 결과를 중요시하는 부모님들도 계셔서 증거물을 줘야 저도 이야기할 때 편해지더라고요.

○○학교에서는 알림장을 이 년 치로 한 묶음을 만든대요. 예를 들면 1학년 3월부터 2학년 말까지 이 아이의 변화 과정을 알림장 속에서 다 볼 수 있는 거예요. 알림장이 포트폴리오 역할을 하는 거죠. 중간중간 성장과 관련된 기록이 담겨 있으니까 눈으로 확인할 수 있는 산출물이 되는 거니까요. 우리는 일반학교에서 하듯이 수행평가 문항을 만들어서 평가를 하는 건 쉽지 않잖아요.

4 과정중심평가를 실시하는 수학 수업을 위해 동료 교사들이 전하는 수업 노하우

평가를 미리 계획하는 백워드 설계를 하라.

- 수업을 설계할 때 아이들이 이 수업이 끝나고 나서 어떤 것을 배울지, 무엇을 평가할지를 먼저 생각하는 것이 필요하다.

수업내용에 대한 즉각적인 평가를 하라.

- 장애학생의 경우 학습한 내용을 잘 잊어버린다.
- 수학은 전 단계가 학습되어야 다음 단계로의 학습이 가능한 위계성이 있기에 즉각적인 평가가 중요하다.

관찰과 누가기록을 활용하라.

- 꾸준한 기록은 학생의 수준을 파악하는 데 도움이 되고, 학생의 수준 파악을 위해 그 학생을 가르치는 여러 선생님과 소통하는 것도 필요하다.

포트폴리오 평가를 활용하라.

- 아이의 변화와 진보가 크지 않기에 수업한 내용을 하나씩 모으는 것이 필요하다.
- 아이의 컨디션이 좋지 않으면 평가에서 자신의 능력을 나타내지 못할 수도 있기에 학습 수준이나 학습한 내용을 알기 위해서는 포트폴리오 평가가 필요하다.

5 궁금해요 교수님

궁금증

백워드 설계를 왜 이해중심교육과정이라고 할까요?

현장교사의 고민

백워드 설계를 공부하다 보면, 백워드 설계를 이해중심교육과정과 동일한 개념으로 설명하고 있는 글들을 많이 볼 수 있습니다. 백워드 설계에 대해 살펴봄으로써 백워드 설계가 평가의 순서를 바꾸어 수업을 설계하는 것이라는 것은 알 것 같은데, 평가를 거꾸로 하는 것이 이해중심교육과정과 무슨 상관이 있는지, 왜 백워드 설계를 이해중심교육과정이라 하는지 궁금합니다.

고민 해결을 위한 조언

이것은 백워드 설계의 세부 단계를 살펴보면 알 수 있습니다.

기대하는 학습결과 확인	학습목표 설정 및 핵심질문 설정
이해의 증거 결정	평가계획 수립(설명/해석/적용/공감/관점을 갖다/자기지식을 갖다)
학습경험 계획	학습내용과 방법 결정

- 백워드 설계의 세부 단계 -

백워드 설계에서는 기대하는 학습결과를 확인하고, 학습자의 이해의 증거를 결정한 후 학습경험을 계획합니다. 이때 기대하는 학습결과 확인은 수업에서 학습목표의 설정과 확인, 이해의 증거 결정은 평가계획 수립, 학습경험 계획은 학습 내용과 방법을 결정하는 것입니다. 여기에서 평가계획을 수립하는 이해의 증거 결정 단계가 이해중심교육과정과 밀접한 연관이 있습니다.

우리는 어떤 내용을 학습자에게 가르칠 때(teaching) 가르치는 것과 학생이 받아들이는 이해를 동일시 할 수 없습니다. 수업을 하는 교사가 똑같은 내용을 가르쳐도 내용의 100을 이해하는 학생이 있고, 반 정도인 50을 이해하는 학생이 있으며, 전혀 이해하지 못하는 학생도 있습니다. 그럼 학생이 수업 내용을 어느 정도 이해했는지를 살펴보아야 하며, 다음과 같은 방법으로 학생의 이해 정도를 알아볼 수 있습니다.

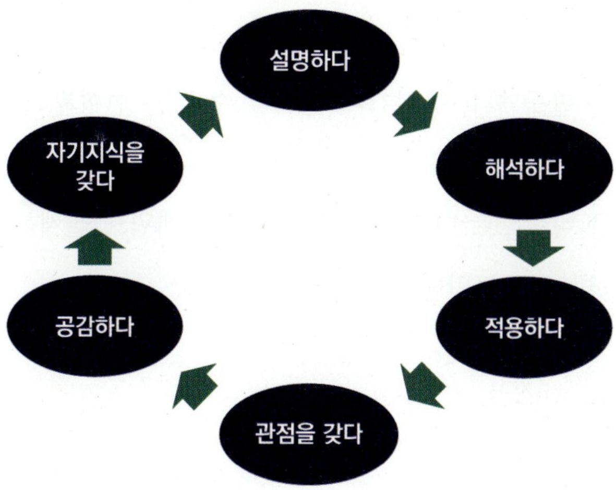

- 학생의 이해를 알아보기 위한 방법 -

즉 학생이 교사의 수업(teaching) 내용을 이해하였는지는 설명하고, 해석하고, 적용하고, 공감하고, 관점을 갖고, 자기 지식을 갖는 것 등을 통해 알 수 있으며, 이것을 바탕으로 학생의 이해정도를 확인하기 위한 평가계획을 세우는 것입니다. 백워드 설계를 이해중심교육과정이라고 하는 이유도 단순히 가르치는 것이 중요한 것이 아니라(내가 가르친다고 학생들이 모두 이해한 것은 아니므로...) 학생이 수업 내용을 이해하고 그것을 적용할 수 있는 것이 중요해서 이해중심교육과정이라고 하는 것입니다. 이해했다는 것은 지식의 전이와 일반화를 일으킬 수 있으니깐요.

그럼 백워드 설계를 특수교육에 적용하는 방안을 고민할 수 있습니다. 백워드 설계는 성취를 중요시합니다. 한 차시 수업을 하고 평가를 해서 학생의 목표에 대한 도달정도를 알아보는 것이기 때문입니다. 근데 장애학생들의 경우 눈에 띄는 성취가 단시간에 쉽게 나타나지 않습니다. 그렇다면 백워드 설계를 특수교육 현장에 적용할 수 있을까 하는 의구심이 들 수 있습니다. 한편으로는 관찰과 포트폴리오에 치우친 특수교육의 평가에서 백워드 설계를 통해 좀 더 명시적이고 성취지향적인 평가로의 전환점이 될 수 있다는 기대감도 있습니다. 특수교육 현장에 백워드 설계를 적용하기 위해서는 성취기준을 좀 더 세분화하여 평가기준을 만들거나, 장시간에 성취할 수 있는 변형된 성취 중심의 백워드 설계를 고려해 볼 수 있을 것 같습니다. 여러분들도 우리 아이들의 성취를 이끌어내고 이를 바탕으로 다시 수업을 설계하는 백워드 설계를 특수교육 현장에서 적용하는 방안을 고민해 보는 건 어떨까요?

IX

협력이 이루어지는 수학 수업

1 왜 협력이 이루어지는 수학 수업인가?

'한 아이를 키우기 위해서는 온 마을이 필요하다'는 아프리카 속담이 있다. 이 속담은 아이를 키우기 위해서는 많은 이들의 손길과 관심이 필요함을 나타낸다. 이는 장애학생에게도 마찬가지이다. 장애학생은 장애 특성으로 인해 특수학교, 특수학급, 시설 등에서 따로 떨어져 교육을 받거나 사회통합과 자립생활을 목적으로 통합학급이나 지역사회 등에서 함께 교육을 받기도 한다. 그러한 과정에 특수교사, 통합학급 담당교사, 학부모, 보조인력, 치료사나 방과 후 강사 등 많은 이들이 장애학생의 교육에 관여하게 되고, 이들의 협력과 소통은 장애학생의 교육 효과에 큰 영향을 미친다. 하지만 특수교사들은 때로는 통합학급 교사와 관계 형성에 어려움을 겪기도 하고, 학부모를 상대하느라 진을 빼기도 한다. 이는 서로 처해 있는 상황이 다르고, 서로 간의 입장과 관점의 차이 때문이라 할 수 있다. 예를 들어 통합학급에서 평소 도전적 행동을 보이는 장애학생이 있다면 특수교사는 어떻게든 장애학생을 통합시키려 노력할 것이고, 일반학급 교사는 다른 학생들의 피해를 우려해 학생을 특수학급으로 내려보내려 애쓸 수 있다. 또한 특수교사가 학생의 장애를 사회적 지원의 관점으로 바라본다면 치료사는 의료적 관점으로 장애학생의 기능을 개선하는 데에만 집중할 수 있다. 하지만 우리 모두는 서로를 억압하고 견제하는 적이 아니라 아이를 중심에 두고 함께 문제를 해결해야 할 동료이다. 오케스트라에서는 서로 다른 악기들이 모여 멋진 화음을 만든다. 근데 이런 각각의 악기들이 함께 멋진 소리를 낼 수 있도록 만드는 것은 지휘자의 몫이다. 특수교사도 오케스트라의 지휘자처럼 여러 교육주체들을 잘 이끌고 융화시켜 우리 아이를 위해 최고의 교육 효과를 만드는 능력이 필요하지 않을까?

예전 2인 3각 경기를 한 적이 있다. 2명이 서로의 발을 묶고 목적지까지 달리는 경기였는데, 한 사람이 너무 빨라도 넘어지고, 너무 늦어도 넘어졌다. 이 경기에서 가장 중요한 것은 서로가 서로의 호흡을 맞추며 함께 달려 나가는 것이었다. 우리 아이들을 교육하는 것도 마찬가지이다. 학부모, 통합학급교사, 지원인력, 치료사 등 우리 아이들의 교육과 관련된 사람 모두가 함께 협력하며 나아가야 한다. 이러한 협력 여부에 따라 통합교육 현장에서 우리 아이는 '특수한 아이'가 될 수도 있고 '특별한 아이'가 될 수도 있다.

2 교사 간의 협력 '전문적 학습공동체'

최근 SNS를 보다 보면 참쌤스쿨에서 다양한 콘텐츠를 만들어 현장 교사들과 나누는 모습을 볼 수 있다. 특수교육에서는 실천하는특수교사행동연구회가 앞장서서 다양한 연수를 기획하고 현장에 도움이 되는 교재를 제작하고 있다. 예전에 교사의 전문성 개발이라고 하면 교사들이 빽빽하게 앉아 연수와 강의를 듣는 것을 떠올릴 수 있었다. 하지만 최근에는 교사들이 함께 정기적으로 모여 생각과 의견을 나누고, 수업에 대해 고민하는 시간을 가지며 전문성 향상을 위해 노력하는 모습을 많이 볼 수 있다.

가. 교사의 전문성 개발

학문적 접근 ➡ 반성적 접근 ➡ 공동체적 접근

이는 교사의 전문성 개발에 대한 시대적 변화로 볼 수 있는데, 예전에는 교사의 전문성 향상은 학문적 접근을 중시하며 교직을 위한 전문지식이 객관적으로 존재하고 이 지식은 전달된다는 가정 아래 지식의 전달과 획득 위주의 교사 연수 프로그램으로 진행되었다(서경혜, 2009). 하지만 교사들은 실제 교실로 돌아가 연수 때 배운 지식을 적용하였을 때 그들이 획득한 전문지식이 교실에 적용되지 않음을 깨닫게 된다고 하였다(서경혜, 2009). 왜냐하면 이러한 지식들은 탈맥락화, 일반화, 실천 상황의 확실성을 특징으로 하여 다양한 맥락과 상황 속에서 달라지는 교사들이 실제 가르치는 교실 상황과 맞지 않았기 때문이다. 학문적 접근에 대한 비판으로 대두된 것이 반성을 통한 교사교육이다. 서경혜(2005)는 지금까지 교사의 전문성 개발을 위한 교사교육의 실패는 교사들을 위한 절대적 지식이 존재하고 이를 그대로 전달하면 된다는 기술적 합리성에 기인한다고 진단하고 이에 대한 대안으로 반성적 교사교육을 강조하였다. 교사들은 수업을 실행하고 반성하는 과정에서 실천적 지식이 함양되며 이는 실제 교실에서 수업하는 데 도움이 된다는 것이다. 이러한 이유로 기존의 수업장학이나 수업평가를 비판하며 수업컨설팅과 수업비평 등이 현장에서 활발하게 이루어지기 시작하였다. 하지만 반성적 교사교육은 개인주의적 특성으로 인하여 학습이 개인이 갖는 한계를 넘기 어렵다는 비판을 받고 있다(서경혜, 2013).

최근에는 학문적 지식 전달 위주의 교사 연수와 개인의 반성적 사고를 강조하는 반성적 교사교육을 비판하며, 전문적 학습공동체라는 이름으로 교사들이 공동체를 형성하여 서로 가르치고 배우는 모습을 볼 수 있다(서경혜, 2019).

경기도교육청(2016)은 전문적 학습공동체란 교원들이 동료성을 바탕으로 함께 수업을 개발하고, 함께 실천하며, 교육 활동에 대하여 대화하고 협의하는 과정에서 함께 성장하는 학습공동체 활동을 하는 것을 말하며, 공동연구, 공동실천, 집단 성장을 특징으로 한다고 하였다.

특히 예전 교사 연수나 반성적 교사교육에서 교사의 전문성 개발은 개인적인 것으로 여겨졌으나 교사학습공동체에서 전문성 개발은 사회적 과정으로 협력적 특성을 띠는 것과 동시에 실천적, 상황적 특징을 보인다(서경혜, 2009).

최근 시·도교육청에서도 학습공동체, 교과연구회, 교원 동아리라는 이름으로 교사들 간의 집단지성과 협력을 장려하고 있다.

이 글을 읽는 여러분도 동료들과 함께 손을 잡고 여러분의 콘텐츠를 함께 나누고 공유하며 나아가 좀 더 수준 높은 콘텐츠를 창조해 보는 건 어떨까? '교사가 최고의 콘텐츠다.'

3 협력이 이루어지는 수학 수업에 대한 특수교사들의 이야기

가. 가정과의 연계와 협력이 이루어지는 수학 수업

1) 학생의 필요와 수행 수준 파악

학교에서는 이것을 잘하는 것 같은데 가정에서는 전혀 안 되는 경우도 있거든요. 또 아이들이 가정생활에서 실제 필요한 기술은 무엇인지, 아이들의 생활 속에서 관심사가 무엇인지 그런 것을 파악하기 위해서는 부모님께 정보를 얻는 것이 필요하죠. 학교에서 관찰할 수 없는 내용도 부모님들 통해서 알 수 있으니깐요.

우리 학생이 '저는 수학의 어떤 부분이 좀 부족해요'라고 말하거나 '저는 어떤 부분을 공부하고 싶어요'라고 말하기는 사실 좀 힘들어요. 물어봐도 학생의 대답이 정확히 돌아오지 않는 경우가 많죠. 그래서 부모님과 소통을 많이 하는 편이에요.

우리 학생들이 학교에서만 공부하는 게 아니라 특히 수학 과목 같은 경우에는 외부에 치료실이나 학원을 많이 다녀요. 그래서 학교에서 내가 연산 부분을 손가락을 써서 가르쳤는데 그 선생님은 동그라미를 쳐서 가르쳤다고 하면 얘는 또 헷갈리고 새로운 걸 배우게 되는 느낌이에요. 똑같은 더하기 똑같은 수준을 공부하는데도 방식이 달라져버리니깐요. 그래서 그 부분은 학원 선생님이랑 소통할 수 없으니까 부모님하고 얘가 어느 정도 수준을 학원에서 공부하고 있는지 소통해요.

2) 학교에서 배운 내용을 복습하고 반복하는 기회

한 학생이 수학을 공부하는 시간이 하루에 학교에서 1시간이 채 안 돼요. 그렇기 때문에 학교에서 배운 것을 부모님하고 집에서 또는 학원에서 복습하거나, 학원이나 집에서 학교에서 배울 것을 예습하고 학교에서 복습해야 학생이 까먹지도 않고 계속 앞으로 나아갈 수 있는 교육이 되더라고요. 이런 식으로 서로 협력하며 계속 같이 해나가야죠.

학교에서 배운 것이 있으면 가정에서도 반복하게끔 해보거나 실생활에 적용하는 것이면 한번 적용할 수 있게끔 학부모님께 말씀을 드리는 거죠. 우리 아이들은 배운 내용을 일반화하는 것에 제한이 있잖아요. 같은 개념인데 다른 형태의 문제로 풀게 하면 어려워하는 아이들이 많아요. 실생활은 그런 변화되는 요소가 더 많을 수 있죠. 따라서 아이들이 학교에서 길이를 배웠다고 하면 집에 가서 자신의 키 재보기와 같은 활동을 부모님과 함께 하게 하는 거죠.

아이들과 수업 시간에 한 더하기 활동을 알림장에 붙이고 그것을 집에 가서도 하게 하는 거예요. 그렇게 하면 엄마들이 지금 우리 아이가 학교에서 무엇을 하는지 알 수 있고 아이가 집에 갔을 때도 엄마가 그 활동을 위한 똑같은 상황을 제공해 주니깐 좋았어요.

나. 지원인력과 협력하는 수학 수업

1) 학습의 효율성을 높이는 지원인력과의 협력

학생 수를 최소화시켜도 보았고, 학습지를 따로 만들어 가지고 학생의 수준에 맞게 주기도 하였는데 그중에서 가장 좋았던 게 지원인력을 활용해서 선생님 한 명당 담당하는 학생 수를 최소화시키는 것이 학생의 집중도가 가장 좋았어요.

계절학교 때 실무원 없이 수업한 적이 있었는데 그렇게 하니깐 신변처리하다가 수업이 끝났거든요. 교사가 수업을 주도적으로 진행하기 위해서는 애들 신변처리나 수업 지원이 필요한 거죠. 또 일대일 수업이 아닌 이상 교사 한 명이 학생 모두에게 시간을 다 할애할 수 없잖아요. 그래서 학생의 학습효과를 높이기 위해서는 지원인력의 적절한 도움을 받는 것이 필요해요.

우리 학급에 오는 자원봉사 선생님들은 매일 일지 양식으로 해서 1교시 어떤 수업을 하였고, 학생의 태도가 어떠했다와 같이 그날의 수업 진행 상황들을 간략하게 적어서 그걸 매월 내부결재를 올려요. 그러한 자료가 학생들의 수준과 학습 상황을 파악하는 데 도움이 될 때가 많아요.

실무원이나 사회복무요원들은 내가 등을 밀 수 없을 때 그 영역의 등을 긁어주고 밀어주는 역할을 하는 분들이 아닐까 생각해요. 정말 감사하게 생각하고 내가 내 수업과 일상에서 보지 못하는 학생의 부분들을 사각지대에서 잘 봐줄 수 있는 분들이라 생각하죠.

2) 너무 과하지도 덜하지도 않은 적절한 도움을 주는 지원인력 활용

사전에 지원인력에게 수업에서 아이에게 어떤 도움을 줘야 하는지 알려주는 거예요. 그때 지원인력이 아이한테 계속 상주하는 것이 아니라 빠지는 부분이 있어야 하거든요. 특히 교구를 조작하지 못하는 경우가 있으면 그 부분에서는 도와주다가 아이가 할 줄 알면 빠져야죠. 그래서 자리를 기역 자로 배치하는 경우도 있어요. 꺾어지는 위치에 지원인력을 배치하여 지원인력이 학생에게 접근하거나 빠지기 쉽게 하려고요.

수업에서 제가 한 아이를 보는 동안 다른 아이에게 이렇게 지도해 주세요라고 할 때 그분들이 자칫 잘못하면 애들 하는 것을 그냥 옆에서 손만 대야 되는데, 손을 잡아버린다든지(너무 과도한 지원이 된다는...) 너무 오버해서 아이들의 자발성을 침해하는 경우가 되게 많아요. 그래서 조심스럽기도 해요. 센스 있게 페이딩을 적절하게 잘 하는 것이 필요하거든요.

지원인력 중에 학생과 선생님이 어떤 것을 원하는지 캐치를 잘 하시는 분이 있잖아요. 이때에는 학생이 할 수 있게 나도 기다려 줘야겠다든가 학생들의 요구가 무엇인지를 빨리 파악해서 적절하게 필요할 때 도움을 주는 분들이 좋죠.

다. 통합학급 교사와 협력하는 수학 수업

수학처럼 추상적인 과목은 더 집중을 많이 해야 되는데. 그날 컨디션에 따라서 학생들의 수업태도나 집중도가 달라질 때가 많아요. 예를 들어 날씨가 흐리고 비만 와도 집중이 안 되는 친구들이 있고, 감기약을 먹었다 하면 수업 참여가 잘 이루어지지 않는 부분들이 있거든요. 그뿐만 아니라 통합반에서 어떤 친구들과 싸우고 특수학급에 오면 그날은 수업이 잘 안되거든요. 그런 부분은 특수교사가 모르고 수업을 진행한다면 매우 힘들어지죠. 그런 정보들을 통합교사나 특수교사가 서로 소통해야죠.

통합학급에서 학생한테 해보라고 하면, 우리 아이들이 멍석 깔아주면 못 한다고, 도움반에서 할 수 있었던 것도 못 할 때가 많아요. 근데 우리 반에서 구구단 8단 했던 것을 영상물로 찍어 통합학급 교사에게 보여드리면 많이 놀라시더라고요. 우리 아이가 이 정도 할 수 있다는 것에. 그렇게 우리 아이의 정확한 수준을 알려주기 위해서는 통합반 선생님과 많이 소통하는 것이 필요한 것 같아요.

교사 간 협력이 중요한 이유는 제가 잘하고 있는지 잘 가르치고 있는지 그것에 대한 점검이 필요하기 때문이에요. 아이들이 잘 배우고 있는지도 제 눈에는 잘 배우고 있는 것 같아도 똑같은 모습을 보고도 통합반 선생님은 다르게 생각할 수 있잖아요. 그래서 저의 주관적인 생각이나 기대수준으로 아이들을 판단하고 있는지에 대해 궁금해지더라고요. 다른 선생님들이 이 아이를 객관적으로 보기에는 어떤지 알고 싶은 거죠.

4 협력이 이루어지는 수학 수업을 위해 동료 교사들이 전하는 수업 노하우

가정과의 연계와 협력을 통해 학생의 관심사와 수행 수준을 파악하라.

- 학생들은 때로는 환경에 따라 다른 학습 수준을 나타낸다.
- 가정과의 연계를 통해 외부기관에서 배운 내용과 방법을 수업에 참고할 수 있다.

가정과의 연계를 통해 학교에서 배운 내용을 복습하고 반복하며 생활 속에서 적용하라.

- 수업에서 배운 내용을 학교에서 사용하는 것은 한계가 있고, 수학 수업 시간은 부족하다.
- 알림장을 활용하여 수업한 내용을 복습하게 하는 것도 도움이 된다.

지원인력과 협력하라.

- 다수의 학생을 혼자서 지도하기는 어려우므로 지원인력을 존중하고 소통하며 동료라는 의식을 가지는 것이 필요하다.
- 사전에 지원인력의 역할을 알려주는 것은 지원인력이 수업에서 적절한 지원을 하는 데 도움이 된다.

통합학급 교사와 협력하고 소통하라.

- 통합학급과 특수학급에서 일어난 일을 서로 알려주어야 학생의 컨디션을 파악하고 수업에 참고할 수 있다.
- 학생의 정확한 수행 수준을 파악하기 위해서는 통합학급 교사와의 협력이 필요하다.

5 궁금해요 교수님

첫 번째 궁금증

저경력 교사들이 선배 교사의 교육과정 활용에 대한 노하우를 배울 방법이 있을까요?

현장교사의 고민

고경력의 교사들은 교육과정의 흐름을 잘 알고 활동 내용이나 교과서를 참고하면 교과 간 및 교과내 활용에 대해서 빨리 흐름을 파악하고 연결하여 수업을 할 수 있지만, 저경력 교사들은 경험과 교육과정 재구성의 어려움으로 인해 수업 전에 참고해야 할 지도서나 교수학습 자료, 활동 전에 숙지해야 할 교육과정 및 교과서 구성 체제 및 활용방법들에 대해 자세하게 안내되어 있지 않아 어려움을 겪고 있습니다. 이러한 어려움을 어떻게 해결해야 하는지 늘 고민이 됩니다.

고민 해결을 위한 조언

저와 같은 고민을 하고 계신 선생님이 계셔서 동지애가 느껴지네요. 제가 특별한 문제해결 방법을 제안할 수는 없는 문제인 것 같고요. 아주 상식적인 수준에서 말씀드리면, 우선 직전 교육에서 예비교사 교육이 잘 이루어지도록 해야 하겠지요. 여러 곳에서 말씀드리고 다니는데, 초등특수전공은 그나마 초등수학 교과목을 이수하기 때문에 다행인데, 중등특수교육 전공은 표시과목이 수학이 아닌 이상 수학 교과목을 배울 수 있는 기회가 거의 없기 때문에 이를 개선하기 위한 노력을 다 함께 해야 한다고 봅니다. 그나마 최근에 중등특수교사 양성 교육과정에서 표시과목의 일부로 기본 교육과정 교과목을 편성할 수 있는 여지가 생겨서 다행입니다.

또한, 현직연수에서는 '교사도 가르치는 내용과 방법을 배워야 하는 학습자'라는 생각으로 '교사 학습'에 대한 관심과 노력이 지속되어야 하겠습니다. 교과연구회, 소규모의 전문적 학습공동체, 멘토-멘티 등의 다양한 방법으로 고경력

교사들과 저경력 교사들이 함께하는 자리가 마련되면 서로 간에 도움을 얻을 수 있지 않을까 생각됩니다.

특수교육 현장의 분위기 측면에서는 매번 안타깝게 느끼는 것이지만, 우리 특수교사들은 자신이 수많은 시행착오를 거치면서 쌓아 온 노하우를 다른 교사들과 잘 공유하지 않는다(or 못한다)는 것입니다. 제가 요즘 메모장에 적어 놓은 글 중에 하나는 '세상에는 정답이라는 것이 없고 오직 찾아 만들어야 할 해답만이 있을 뿐이다.'는 것이 있습니다. 아마도 선생님들께서 정답을 찾지 못했다는 생각에서 자신의 노하우를 공유하지 못하는 것이 아닌가 하는 생각입니다. 선생님들께서 찾아 만들어낸 노하우는 정답보다도 훨씬 가치있는 해답이므로 얼마든지 편안하게 드러내어 놓아도 좋을 듯합니다.

두 번째 궁금증

통합교육 환경에서 협력교수를 효율적으로 적용하기 위한 방법에는 어떤 것이 있을까요?

현장교사의 첫 번째 고민

연구학교를 운영하면서 통합학급교사와 협력교수를 실행하고 있습니다. 다양한 형태의 협력교수가 있지만 교수-지원 모델을 많이 활용하고 있는데요, 교수-지원 모델의 경우 주로 일반교사가 수업을 하고, 특수교사는 장애학생의 옆에 일대일로 붙어서 지원의 역할을 하게 됩니다. 이런 경우 제가 학생의 학습을 보조하다 보니 특수교육지원인력의 역할 정도로밖에 보이지 않아 고민이 됩니다. 교수-지원 모델에서 특수교사는 어떤 역할을 해야 할까요?

고민 해결을 위한 조언

최근 특수교육에서 통합교육이 강조되면서, 통합교육의 질을 높이기 위한 여러 방법적 고민들을 하고 있는데, 그중 하나가 바로 협력교수입니다. 협력교수란 두 명 혹은 그 이상의 교사가 다양한 능력의 아동을 대상으로 같은 공간 안에서 함께 교수하는 것을 의미합니다(Cook & Frinen, 1995). 협력교수는 교수 형태와 방법에 따라 교수-지원, 스테이션 교수, 대안적 교수, 평행교수, 팀티칭 등으로 나눌 수 있습니다. 이 중 통합교육 현장에서 특수교사와 통합교사가 함께 수업할 때 가장 많이 쓰는 것이 교수-지원 모델과 팀티칭입니다.

이 물음에 대한 답으로는 단순히 수업에서 보이는 모습은 특수교사도 특수교육지원인력 같이 장애학생의 학습을 보조하는 역할을 하게 되지만 수업을 시작하기 전부터 일반교사와 특수교사는 서로 협력하여 수업을 설계합니다. 예를 들면 일반교사가 어떤 과목의 차시 수업을 하고자하면 특수교사는 이 차시에서 장애학생이 성취할 수 있는 목표를 수정하여 제시합니다. 그리고 활동 1~3이 있다면 그 활동에 장애학생이 참가할 수 있도록 좀 더 간단하고 조작할 수 있는 수준의 활동으로 조절합니다. 즉 수업의 설계에서 일반교사와 특수교사는 장애학생의 수업참여를 위해 목표와 활동 내용에 대한 논의를 하게 되고, 충분한 협력이 이루어진 후 수업을 실행하는 것입니다. 이렇게 단순히 보이는 모습과 수업 전 교수적합화에 대한 협력의 과정들이 녹아들어 수업이 행해지는 것은 다른 것입니다.

이건 특수학교나 특수학급에서 이루어지는 특수교사의 수업에서도 마찬가지로 적용할 수 있습니다. 일부 사람들은 장애학생에게 1부터 5까지를 가르치는 교사의 수업장면을 보면서 그러한 활동은 대학생이나 전문적 지식을 가지지 않은 봉사자도 할 수 있지 않은가 라며 비판적 목소리를 내곤 합니다. 하지만 개별화교육계획이라는 뼈대 아래 그 아동의 수준과 특성에 적절한 교수방법으로 1부터 5까지의 수를 가르치는 것과 그냥 무작정 1부터 5까지의 수를 가르치는 것은 질적으로 차이가 크다고 할 수 있습니다. 똑같은 방법으로 교수해도, 이론적 배경이 녹아들어 가르치는 것과 그냥 가르치는 것은 실제적 의미와 효과가 다르지 않을까요?

현장교사의 두 번째 고민

팀티칭을 하는 경우 보통 도입과 활동 1은 일반교사가 하고, 활동2와 정리는 특수교사가 하는 것으로 역할을 나누는데 하나의 수업을 하면서 일반교사 한 명이 처음부터 끝까지 수업을 진행하면 되지 굳이 이렇게 반씩 역할을 나누어서 수업을 할 필요가 있는가 하는 생각이 듭니다. 또한 이러한 경우 수업에서 특수교사와 일반교사의 역할 전환이 너무 부자연스럽다는 문제점이 있습니다.

고민 해결을 위한 조언

이것에 대한 답은 일반 아이들에 대한 특수교사의 존재에 대한 인식으로 접근할 수 있는데, 일반적으로 통합학급 아이들의 눈에 일반교사와 특수교사는 주와 보조로 보일 수 있습니다. 하지만 수업에서 역할을 반으로 나누어 서로가 동등한 수업을 함으로써 아이들에게 보이는 특수교사의 모습은 기존의 특수교사와 다를 수 있고, 아이들의 교사를 바라보는 관점에 대한 변화를 일으킬 수 있습니다. 그래서 서로 역할을 나누어 수업을 하는 것이 필요합니다.

다만 협력교수에 있어서 특수교사에게 부족한 부분이 있습니다. 바로 확산적 사고를 자극하는 발문 능력입니다. 특수교사는 항상 수렴적 사고의 발문을 해왔기 때문에 아이들의 확산적 사고를 자극하는 발문의 능력이 부족한 부분을 종종 보곤 합니다. 특수교사는 이런 부분을 보완하고, 일반교육과 교과교육에 대한 이해를 높이고, 일반교사는 장애에 대한 이해와 특수교육에 대한 관심을 높인다면 협력교수의 질은 좀 더 높아지지 않을까요?

부록 I

좋은 수업의 모습 살펴보기

1 일반교육에서 좋은 수업의 구성요소

표 1 선행연구를 통해 살펴본 일반교육에서 좋은 수업의 구성요소

영역	세부내용
교육 내용 측면	• 교육과정이 재구성된 수업 • 머릿속에 지식이 쌓여가는 수업 • 학생들의 실생활이나 경험과 밀착된 교육내용 • 총체적 수업 • 계획적이고 구조화된 수업
교육 방법 측면	• 학습자의 능력과 적성, 수준을 고려한 수업 • 흥미와 즐거움이 있는 수업 • 다양한 교수전략을 사용하는 수업 • 학생들 간의 협동을 활용하는 협동수업 • ICT를 효율적으로 활용하는 수업 • 도우미를 적극적으로 활용하는 수업 • 학습 주제에 따라 융통성 있는 수업모형이 적용된 수업
교수 학습 활동 측면	• 교사와 학생 간에 활발한 상호작용이 일어나는 수업 • 학생의 적극적인 참여가 있는 수업 • 학생들의 자기 주도적 학습이 일어나는 수업 • 교과 내용을 명확하고 효과적으로 전달해 주는 수업 • 다양한 표현이 가능한 표현적 수업
수업 환경 측면	• 준비된 환경
평가 측면	• 수업내용에 대한 이해와 수업 목표에 도달하는 수업 • 수업과 평가를 긴밀히 연계하는 수업 • 수행평가

출처: 이성진(2020). 좋은 수학 수업에 대한 초등특수교사의 학습경험 탐색 연구(p.15.). 위덕대학교 대학원 박사학위 논문에서 발췌함.

2 특수교육에서 좋은 수업의 구성요소

표 2 선행연구를 통해 살펴본 특수교육에서 좋은 수업의 구성요소

영역	세부내용
교육 내용 측면	• 실생활 중심 내용을 가르치는 수업 • 학생에게 적합한 목표가 달성되는 수업
교육 방법 측면	• 교사의 역량이 발휘되는 수업 • 흥미 및 동기를 유발하는 수업 • 다양한 교재 및 교구를 활용한 수업 • 쉽고 반복하는 수업 • 장애학생의 수준과 특성을 고려한 수업
교수 학습 활동 측면	• 학생이 직접 참여하는 수업 • 상호작용이 활발한 수업 • 선택의 기회와 책임이 부여된 수업 • 교사와 학생의 신뢰하는 관계가 구축된 수업
수업 환경 측면	• 자연스러운 환경과 직접적 경험을 할 수 있는 환경 조성 • 적극적 참여와 상호작용이 가능한 자리 배치 • 모든 학생들에게 공평한 기회가 주어지는 수업 분위기 • 허용적인 수업환경 및 교사를 신뢰하는 분위기
평가 측면	• 평소의 활동과 연결된 수행평가가 이루어지는 수업 • 전이와 일반화가 이루어지는 평가
기타	• 통합적인 환경과 보조원과의 성공적인 협력이 이루어지는 수업

출처: 이성진(2020). 좋은 수학 수업에 대한 초등특수교사의 학습경험 탐색 연구(p.22). 위덕대학교 대학원 박사학위 논문에서 발췌함.

3 일반교육에서 좋은 수학 수업의 구성요소

표 3 선행연구를 통해 살펴본 일반교육에서 좋은 수학 수업의 구성요소

영역	세부내용
교육 내용 측면	• 일관성, 위계성, 연계성을 유지하고 있는 교육과정하에 실시된 수업 • 수학의 기본 개념, 이해, 추론, 문제해결, 의사소통으로 구성된 교육과정하에 실시된 수업 • 필수적인 수학과 기본 개념으로 구성된 수업 • 학생의 흥미, 관심, 수준, 개인차를 고려하여 수업내용을 선정한 수업 • 실생활 소재를 활용한 수업 • 그 수업에서 기대하고 있는 학습목표를 달성할 수 있는 수업 • 교육과정 및 교과서를 재구성한 수업
교육 방법 측면	• 구체적 조작물과 다양한 자료를 활용하는 수업 • 수준별 학습이 이루어지는 수업 • 동기유발이 잘 이루어지는 수업 • 자기 주도적 학습 능력을 신장시키는 수업 • ICT를 활용하는 수업 • 메타인지 학습 전략을 도입한 수업
교수 학습 활동 측면	• 학생과 교사 간의 상호작용이 잘 이루어지는 수업 • 적절한 피드백을 제공해 주는 수업 • 모든 학생들에게 균등한 기회를 주는 수업
수업 환경 측면	• 수학에 대한 허용적인 분위기의 수업
평가 측면	• 수업 시간 중 즉각적인 평가를 통해 학생들의 이해를 점검하는 수업 • 수업 시간을 마무리할 때 평가를 통해 학생들의 이해를 점검하는 수업 • 실생활 활용과 연계된 평가를 실시하는 수업

출처: 이성진(2020). 좋은 수학 수업에 대한 초등특수교사의 학습경험 탐색 연구(p.28). 위덕대학교 대학원 박사학위 논문에서 발췌함.

4 특수교육에서 좋은 수학 수업의 구성요소

표 4 심층면담을 통해 살펴본 특수교육에서 좋은 수학 수업의 구성요소

영역	세부내용
삶의 문제를 해결하는 실생활 관련 수학 수업	• 실생활의 소재를 활용한 수학 수업 • 수학적 요소에 대한 자극을 자연스럽게 받을 수 있는 환경 • 전이와 일반화가 가능한 평가
학습동기를 높이는 수학 수업	• 학생의 요구를 반영한 수학 수업 • 학생이 좋아하는 자료를 활용한 수학 수업 • 친숙한 소재를 활용한 수학 수업 • 재미있고 즐거운 수학 수업 • 주제 중심 수학 수업
모든 학생들의 수업 참여를 위한 수준별 수학 수업	• 장애학생의 눈높이에 맞는 기초적인 내용을 제시하는 수학 수업 • 개별 학생의 수준에 맞는 내용과 활동이 제공되는 수학 수업 • 표상을 달리하는 수준별 자료가 제공되는 수학 수업 • 중증 장애학생의 학습 참여를 위해 시도하는 수업 • 수학 수업의 집중력과 학습력을 높일 수 있는 일대일 수학 수업 • 다음 수업 계획 수립을 위한 수준별 평가
학생의 역량을 높이는 활동 중심 수학 수업	• 직접 체험하고 참여하는 수학 수업 • 기다려줌으로써 학생에게 먼저 기회를 주는 수학 수업 • 학생에게 선택권을 주는 수학 수업 • 구체적 조작을 통해 참여를 증진하는 수학 수업 • 교재교구가 잘 갖추어진 환경 • 아이들의 자신감을 높이는 허용적 분위기
상호작용이 활발한 수학 수업	• 교사와 학생의 활발한 상호작용을 통해 피드백이 일어나는 수학 수업 • 친구와 함께 가르치고 배우는 또래 교수 • 학생들 간에 서로 평가하고 칭찬하는 수학 수업 • 신나는 놀이와 함께 수학적 목표가 스며드는 수학 수업
성공 경험을 주는 수학 수업	• 수업에 대한 준비와 설계가 된 수학 수업 • 다양한 교수전략을 통해 목표 성취를 가능하게 하는 수학 수업 • 다양한 방법을 활용한 반복하는 수학 수업 • 학습목표가 달성된 수학 수업 • 조용하고 학습에 집중할 수 있는 환경 • 수업에 임할 수 있는 편안한 환경이 조성된 수학 수업

영역	세부내용
교육과정에 근거한 수학 수업	• 교육과정에 근거한 수학 수업 • 수학적 위계가 갖추어진 수학 수업 • 교육과정 재구성을 통한 주제 중심 수학 수업 • 수학 전 영역을 지도하는 수학 수업
과정중심평가를 실시하는 수학 수업	• 백워드 설계 수학 수업 • 수업내용에 대한 즉각적인 평가를 하는 수학 수업 • 관찰과 누가기록 • 포트폴리오 평가
협력이 이루어지는 수학 수업	• 가정과의 연계와 협력이 이루어지는 수학 수업 • 지원인력과의 협력이 이루어지는 수학 수업 • 통합학급 교사와 협력이 이루어지는 수학 수업

출처: 이성진(2020). 좋은 수학 수업에 대한 초등특수교사의 학습경험 탐색 연구(pp.57-58). 위덕대학교 대학원 박사학위 논문에서 발췌하여 수정하고 보완함.

부록 Ⅱ

개정 기본교육과정 수학과 내용 체계 및 성취기준 살펴보기

1 2022 기본교육과정 수학과 영역별 내용체계표

⊙ 수와 연산

<table>
<tr><td colspan="2">핵심
아이디어</td><td colspan="5">• 수 이전 개념을 다루는 활동은 수 개념 형성의 기초가 된다.
• 사물의 개수와 양을 나타내기 위해 만들어진 수는 생활 속에서 집합수, 순서수, 명명수로 사용된다.
• 기초적인 덧셈, 뺄셈, 곱셈, 나눗셈 연산의 문제 해결은 실생활 문제를 합리적으로 해결하는 데 유용하다.
• 실생활 장면에서 다양한 형태의 화폐 활용은 화폐의 용도와 가치를 이해하는 토대가 된다.</td></tr>
<tr><td colspan="2" rowspan="3">범주</td><td colspan="5">내용 요소</td></tr>
<tr><td colspan="3">초등학교</td><td>중학교</td><td>고등학교</td></tr>
<tr><td>1~2학년</td><td>3~4학년</td><td>5~6학년</td><td>1~3학년</td><td>1~3학년</td></tr>
<tr><td rowspan="4">지식·이해</td><td>수의 기초</td><td>• 찾기
• 변별하기
• 비교하기
• 짝짓기
• 순서짓기</td><td></td><td></td><td></td><td></td></tr>
<tr><td>수</td><td>• 다섯까지 개수 세기</td><td>• 열까지 개수 세기
• 한 자리 수
• 순서수</td><td>• 두 자리 수</td><td>• 세 자리 수</td><td>• 네 자리 수
• 생활 속의 수</td></tr>
<tr><td>수의 연산</td><td>• 가르기와 모으기</td><td>• 한 자리 수의 덧셈과 뺄셈</td><td>• 10이 되는 더하기와 10에서 빼기
• 몇십의 덧셈과 뺄셈</td><td>• 몇백의 덧셈과 뺄셈
• 받아올림이 있는 한 자리 수의 덧셈
• 곱셈의 기초</td><td>• 큰 수의 덧셈과 뺄셈
• 받아내림이 있는 십몇과 한 자리 수의 뺄셈
• 나눗셈의 기초</td></tr>
<tr><td>화폐</td><td>• 화폐 탐색</td><td>• 동전 활용</td><td>• 지폐 활용</td><td>• 여러 가지 화폐 활용</td><td>• 화폐 활용과 관리</td></tr>
<tr><td colspan="2">과정·기능</td><td colspan="3">• 수 개념 파악하기
• 수를 세고 읽고 쓰기
• 덧셈, 뺄셈 문제 해결 과정 나타내기</td><td colspan="2">• 수 계열 파악하기
• 생활 속의 수를 찾아 읽고 쓰기</td></tr>
</table>

범주	내용 요소				
	초등학교			중학교	고등학교
	1~2학년	3~4학년	5~6학년	1~3학년	1~3학년
	• 화폐 활용 시 간단한 의사 표현하기 • 수와 연산을 실생활과 타 교과에 적용하기 • 구체물, 수모형, 계산 도구 활용하기			• 사칙연산 문제 해결 과정 나타내기 • 화폐 활용 시 다양한 의사 표현하기 • 수와 연산을 여가, 직업생활 및 타 교과에 적용하기 • 수모형, 계산 도구 활용하기	
가치·태도	• 수의 필요성 • 덧셈과 뺄셈의 유용성 • 동전과 지폐의 생활 속 가치 • 적극적으로 참여하는 태도			• 생활 속의 수에 대한 흥미와 관심 • 사칙연산에서의 성공 경험 • 여러 가지 화폐의 생활 속 가치 • 또래와 협력하는 태도	

⊙ 도형

<table>
<tr><td colspan="2">핵심 아이디어</td><td colspan="5">• 주변 사물을 관찰하여 여러 가지 모양을 찾고, 조작하는 것은 도형의 특성과 성질을 이해하는 기초가 된다.
• 입체 또는 평면 모양과 도형을 만들고 꾸미는 활동을 통해 도형을 생활 속에서 유용하게 활용한다.
• 공간에 대한 직접적 경험은 물리적 공간을 이해하고 활용하는 기초가 된다.</td></tr>
<tr><td colspan="2" rowspan="3">범주</td><td colspan="5">내용 요소</td></tr>
<tr><td colspan="3">초등학교</td><td>중학교</td><td>고등학교</td></tr>
<tr><td>1~2학년</td><td>3~4학년</td><td>5~6학년</td><td>1~3학년</td><td>1~3학년</td></tr>
<tr><td rowspan="3">지식·이해</td><td>모양과 도형</td><td>• 사물의 모양</td><td>• 입체 모양</td><td>• 평면 모양</td><td>• 평면도형</td><td></td></tr>
<tr><td>만들기와 꾸미기</td><td></td><td>• 입체 모양 만들기와 꾸미기</td><td>• 평면 모양 만들기와 꾸미기</td><td>• 평면도형 만들기와 꾸미기</td><td>• 생활과 도형</td></tr>
<tr><td>공간 감각</td><td>• 공간의 탐색</td><td>• 위치와 방향의 변화</td><td>• 공간의 이해</td><td>• 쌓기나무 쌓기</td><td>• 공간의 활용</td></tr>
<tr><td colspan="2">과정·기능</td><td colspan="3">• 사물의 모양 관찰하고 찾기
• 위치와 방향, 거리를 구분하기
• 평면 모양 만들거나 그리기
• 여러 가지 모양으로 만들기와 꾸미기
• 대상의 위치, 방향, 거리 나타내기
• 직관적 비교로 모양 분류하기
• 도구를 사용하여 모양 그리기</td><td colspan="2">• 도형 관찰하고 구별하기
• 입체 모양과 똑같이 쌓기
• 사용된 쌓기나무 개수 세기
• 여러 가지 도형으로 만들기와 꾸미기
• 모양 보고 쌓기나무 개수 추측하기
• 직관적 비교로 도형 분류하기
• 도구를 사용하여 도형 그리기</td></tr>
<tr><td colspan="2">가치·태도</td><td colspan="3">• 사물의 모양에 대한 흥미와 관심
• 모양의 아름다움
• 만들기와 꾸미기의 즐거움
• 또래와 협력하여 만들기와 꾸미기</td><td colspan="2">• 도형에 대한 흥미와 관심
• 도형의 아름다움
• 공간의 효율적 활용
• 또래와 협력하여 만들기와 꾸미기</td></tr>
</table>

⊙ 측정

<table>
<tr><td colspan="2">핵심
아이디어</td><td colspan="5">• 여러 가지 속성의 양을 비교하고, 단위를 사용하여 측정하는 활동은 실생활 및 실습 활동에 활용된다.
• 일상생활 속 시간의 순서와 경과를 이해하는 것은 계획적인 생활을 실천하는 토대가 된다.</td></tr>
<tr><td colspan="2" rowspan="3">범주</td><td colspan="5">내용 요소</td></tr>
<tr><td colspan="3">초등학교</td><td>중학교</td><td>고등학교</td></tr>
<tr><td>1~2학년</td><td>3~4학년</td><td>5~6학년</td><td>1~3학년</td><td>1~3학년</td></tr>
<tr><td rowspan="2">지식·이해</td><td>양의 측정</td><td>• 직관적 비교</td><td>• 직접 비교</td><td>• 길이(cm)
• 들이(L)</td><td>• 길이(m)
• 무게(kg)</td><td>• 생활과 측정</td></tr>
<tr><td>시간</td><td>• 시간 경험하기</td><td>• 하루의 일과</td><td>• 시각과 날짜</td><td>• 시간과 달력</td><td>• 시간 계획하기</td></tr>
<tr><td colspan="2">과정·기능</td><td colspan="3">• 측정 대상의 속성 탐색하기
• 측정 절차 따르기
• 측정 도구 사용하기
• 측정 단위(cm, L, 시, 일) 표현하기
• 양을 비교하고 결과를 표현하기
• 양적 감각 익히기
• 측정을 일상생활과 연결하기
• 시간의 순서 파악하기
• 시간과 생활 모습의 변화 연결하기</td><td colspan="2">• 측정 정보 파악하기
• 측정 도구 선택하고 활용하기
• 측정 단위(m, km, kg, 월, 년) 표현하기
• 측정을 자립, 진로와 직업생활, 타 교과와 연결하기
• 물체의 양 어림하기
• 시간 계획을 수립하고 생활에 활용하기
• 시간에 따른 생활 모습의 변화 관계 짓기</td></tr>
<tr><td colspan="2">가치·태도</td><td colspan="3">• 측정 도구의 필요성
• 시간 측정의 필요성
• 측정 활동에서의 성공 경험</td><td colspan="2">• 측정 도구 활용의 유용성
• 시간 계획의 유용성
• 측정 활동에서의 자신감</td></tr>
</table>

⊙ 규칙성

<table>
<tr><td colspan="2">핵심 아이디어</td><td colspan="5">• 생활 주변의 여러 규칙적인 현상을 경험하고 탐구하는 활동은 변화하는 현상과 대상 간의 관계를 이해하는 기초가 된다.</td></tr>
<tr><td colspan="2" rowspan="3">범주</td><td colspan="5">내용 요소</td></tr>
<tr><td colspan="3">초등학교</td><td>중학교</td><td>고등학교</td></tr>
<tr><td>1~2학년</td><td>3~4학년</td><td>5~6학년</td><td>1~3학년</td><td>1~3학년</td></tr>
<tr><td>지식·이해</td><td>규칙성</td><td>• 규칙 따라 하기</td><td>• 물체 배열의 규칙</td><td>• 물체, 무늬 배열의 규칙</td><td>• 대응하는 규칙</td><td>• 규칙의 활용</td></tr>
<tr><td colspan="2">과정·기능</td><td colspan="3">• 규칙 경험하고 모방하기
• 다음에 올 것 추측하고 확인하기
• 규칙에 맞게 배열하기
• 물체와 무늬 배열에서 규칙 찾기
• 규칙에 맞게 나타내기
• 규칙을 실생활과 놀이와 연결하기
• 도구를 활용하여 규칙 나타내기</td><td colspan="2">• 규칙에 따른 변화 찾기
• 한 양에 대응하는 다른 양 추측하기
• 규칙을 정해 배열하기
• 물체, 무늬, 수 배열 등에서 규칙 찾기
• 규칙에 대한 생각을 공유하기
• 규칙을 여가 및 직업생활에 적용하기
• 도구를 활용하여 규칙 문제 해결하기</td></tr>
<tr><td colspan="2">가치·태도</td><td colspan="3">• 규칙적 무늬의 아름다움
• 규칙적 배열에 대한 흥미와 호기심
• 규칙 찾기 활동에서의 성공 경험</td><td colspan="2">• 규칙 활용의 유용성
• 규칙 정하는 활동에의 흥미와 관심
• 다른 학생의 규칙에 대한 생각을 존중하는 태도</td></tr>
</table>

⊙ 자료와 가능성

<table>
<tr><td colspan="2">핵심 아이디어</td><td colspan="5">• 자료를 일정한 기준에 따라 분류하는 활동은 자료의 특징을 파악하고 집단을 비교하는 데 활용된다.
• 표와 그래프의 정보를 파악하는 것은 생활 속 문제를 합리적으로 해결하는 데 유용하다.
• 가능성을 이해하는 것은 생활 속에서 미래를 예측하고 준비하는 데 도움이 된다.</td></tr>
<tr><td colspan="2" rowspan="3">범주</td><td colspan="5">내용 요소</td></tr>
<tr><td colspan="3">초등학교</td><td>중학교</td><td>고등학교</td></tr>
<tr><td>1~2학년</td><td>3~4학년</td><td>5~6학년</td><td>1~3학년</td><td>1~3학년</td></tr>
<tr><td rowspan="3">지식·이해</td><td>분류하기</td><td>• 분류 경험하기</td><td>• 두 개로 분류하기</td><td>• 세 개 이상으로 분류하기</td><td>• 두 가지 기준으로 분류하기</td><td>• 여러 가지 기준으로 분류하기</td></tr>
<tr><td>표와 그래프</td><td></td><td></td><td>• 표 만들기</td><td>• 간단한 그래프</td><td>• 여러 가지 그래프</td></tr>
<tr><td>가능성</td><td></td><td></td><td></td><td>• 놀이 속의 가능성</td><td>• 생활 속의 가능성</td></tr>
<tr><td colspan="2">과정·기능</td><td colspan="3">• 자료의 특성과 분류 기준 파악하기
• 기준에 따라 자료 분류하기
• 자료를 수집·정리하기
• 자료를 분류하고 비교하기
• 표 그리는 과정 따르기
• 자료를 표로 나타내기
• 표를 일상생활과 연결하기</td><td colspan="2">• 자료의 분류 기준 파악하기
• 순차적으로 자료 분류하기
• 자료, 표, 그래프 연결하기
• 그래프 그리는 과정 따르기
• 자료를 그래프로 정리하기
• 그래프 정보를 활용하여 문제 해결하기
• 가능성 추측하기
• 가능성을 일상생활과 연결하기</td></tr>
<tr><td colspan="2">가치·태도</td><td colspan="3">• 분류의 필요성
• 분류 활동에의 적극적 참여
• 표의 편리함과 유용성</td><td colspan="2">• 그래프의 편리함과 유용성
• 실생활 자료 활용에의 자신감
• 가능성 예측의 필요성</td></tr>
</table>

2 2022 기본교육과정 수학과 학년군별 성취기준

수학 〈초등학교 1-2학년군〉		
영역	범주	성취기준
수와 연산	수의 기초	[2수학01-01] 주변을 탐색하여 방금 전에 보았던 사물을 찾는다.
		[2수학01-02] 제시한 구체물과 같거나 다른 구체물을 찾는다.
		[2수학01-03] 구체물을 보고 많은 것과 적은 것을 비교한다.
		[2수학01-04] 서로 관계있는 구체물을 찾아 일대일로 짝짓는다.
		[2수학01-05] 구체물을 한 가지 기준에 따라 순서대로 배열한다.
	수	[2수학01-06] 구체물이 있고 없음을 구별하고, 한 개와 여러 개를 구별한다.
		[2수학01-07] 다섯 개 이하 구체물의 개수를 센다.
		[2수학01-08] 배열이 다른 구체물의 개수를 세어 비교한다.
	수의 연산	[2수학01-09] 다섯 개 이하의 구체물을 양쪽으로 가른다.
		[2수학01-10] 양쪽의 구체물을 하나로 모은다.
	화폐	[2수학01-11] 화폐의 용도를 알고 구체물 중에서 화폐를 찾는다.
도형	모양과 도형	[2수학02-01] 생활 주변에서 볼 수 있는 사물의 모양을 관찰한다.
		[2수학02-02] 여러 가지 사물의 모양의 기초적인 특성을 구별한다.
		[2수학02-03] 직관적인 비교를 통하여 같은 모양과 다른 모양을 찾는다.
	공간감각	[2수학02-04] 주변의 물건을 자유롭게 옮긴다.
		[2수학02-05] 나를 중심으로 앞, 뒤, 옆, 위, 아래를 구별한다.
측정	양의 측정	[2수학03-01] 여러 가지 구체물의 크기, 길이, 무게를 감각적으로 경험한다.
		[2수학03-02] 구체물 두 개의 크기, 길이를 직관적으로 비교하고 용어로 나타낸다.
		[2수학03-03] 구체물 두 개의 무게를 직관적으로 비교하고 용어로 나타낸다.
	시간	[2수학03-04] 생활 모습을 관찰하여 낮과 밤으로 나타낸다.
		[2수학03-05] 시간의 변화에 따른 일상생활의 모습을 관찰하여 전과 후로 구분한다.

수학 〈초등학교 1-2학년군〉		
영역	범주	성취기준
규칙성	규칙성	[2수학04-01] 시각적, 청각적, 운동적 표현을 통해 생활 주변에서 반복되는 규칙을 경험한다.
		[2수학04-02] 소리와 리듬, 동작 등을 통해 반복되는 규칙을 따라 한다.
자료와 가능성	분류하기	[2수학05-01] 여러 가지 분류 상황을 경험한다.

수학 〈초등학교 3-4학년군〉		
영역	범주	성취기준
수와 연산	수	[4수학01-01] 열 개 이하의 구체물 개수를 센다.
		[4수학01-02] 두 모음의 구체물 개수를 비교하고 많고 적음을 표현한다.
		[4수학01-03] 9 이하의 수를 읽고 쓴다.
		[4수학01-04] 0의 개념을 알고 0을 읽고 쓴다.
		[4수학01-05] 9 이하의 수 크기를 비교한다.
		[4수학01-06] 구체물의 배열을 순서수로 표현한다.
	수의 연산	[4수학01-07] 실생활에서 활용되는 한 자리 수의 덧셈과 뺄셈의 의미를 안다.
		[4수학01-08] 합이 9 이하인 더하기를 하고 덧셈식으로 나타낸다.
		[4수학01-09] 피감수가 9 이하인 빼기를 하고 뺄셈식으로 나타낸다.
		[4수학01-10] 0이 있는 덧셈과 뺄셈을 한다.
	화폐	[4수학01-11] 동전의 액면가를 읽고 크기를 비교한다.
		[4수학01-12] 몇백 원짜리 상품과 교환할 수 있는 동전을 찾는다.
도형	모양과 도형	[4수학02-01] 교실 및 생활 주변에서 볼 수 있는 사물에서 여러 가지 입체 모양을 찾는다.
		[4수학02-02] 상자 모양, 공 모양, 둥근 기둥 모양 등의 여러 가지 입체 모양을 탐색한다.
		[4수학02-03] 직관적인 비교를 통하여 상자 모양, 공 모양, 둥근 기둥 모양을 분류한다.
	만들기와 꾸미기	[4수학02-04] 여러 가지 입체 모양을 활용하여 모양을 만들거나 꾸민다.

수학 〈초등학교 3-4학년군〉		
영역	범주	성취기준
	공간감각	[4수학02-05] 주변의 물건을 찾거나 옮기면서 위치의 변화를 경험한다.
		[4수학02-06] 주변의 물건을 찾거나 옮기면서 방향의 변화를 경험한다.
측정	양의 측정	[4수학03-01] 구체물 두세 개의 크기, 길이를 직접 비교하고 용어로 나타낸다.
		[4수학03-02] 구체물 두세 개의 무게를 직접 비교하고 용어로 나타낸다.
	시간	[4수학03-03] 하루의 주요 활동을 보고 아침, 점심, 저녁으로 구분한다.
		[4수학03-04] 하루의 주요 활동을 아침, 점심, 저녁의 시간 순서대로 나타낸다.
규칙성	규칙성	[4수학04-01] 반복되는 두 가지 물체 배열을 보고 똑같이 배열한다.
		[4수학04-02] 반복되는 두 가지 물체 배열을 보고, 다음에 올 것을 추측하여 배열한다.
		[4수학04-03] 생활 주변의 두 가지 물체 배열에서 규칙을 찾는다.
자료와 가능성	분류하기	[4수학05-01] 두 개의 모음으로 분류된 자료를 보고 한 가지 기준을 찾는다.
		[4수학05-02] 자료를 한 가지 기준에 따라 두 개의 모음으로 분류한다.

수학 〈초등학교 5-6학년군〉		
영역	범주	성취기준
수와 연산	수	[6수학01-01] 10의 개념을 알고, 몇십을 센다.
		[6수학01-02] 10개의 묶음과 낱개의 수를 두 자리 수로 나타낸다.
		[6수학01-03] 두 자리 수의 크기를 비교한다.
	수의 연산	[6수학01-04] 합이 10이 되는 더하기를 하고 덧셈식으로 나타낸다.
		[6수학01-05] 피감수가 10인 빼기를 하고 뺄셈식으로 나타낸다.
		[6수학01-06] 실생활에서 활용되는 몇십의 덧셈과 뺄셈의 의미를 안다.
		[6수학01-07] 받아올림(내림)이 없는 몇십의 덧셈과 뺄셈을 한다.

수학 〈초등학교 5-6학년군〉		
영역	범주	성취기준
		[6수학01-08] 받아올림(내림)이 없는 몇십의 덧셈, 뺄셈과 관련된 실생활 문제를 해결한다.
	화폐	[6수학01-09] 지폐(천 원, 오천 원, 만 원)의 액면가를 읽고 크기를 비교한다.
		[6수학01-10] 지폐(천 원, 오천 원, 만 원)를 다른 액면가의 지폐로 교환한다.
		[6수학01-11] 몇천 원짜리 상품과 교환할 수 있는 지폐를 찾는다.
		[6수학01-12] 만 몇천 원짜리 상품과 교환할 수 있는 지폐를 찾는다.
도형	모양과 도형	[6수학02-01] 교실 및 생활 주변의 사물을 관찰하여 여러 가지 평면 모양을 찾는다.
		[6수학02-02] 동그라미, 네모, 세모 등의 여러 가지 평면 모양을 탐색한다.
		[6수학02-03] 직관적 비교를 통하여 동그라미, 네모, 세모 모양을 분류한다.
	만들기와 꾸미기	[6수학02-04] 동그라미, 네모, 세모 등의 평면 모양을 다양한 방법으로 만들거나 그린다.
		[6수학02-05] 여러 가지 평면 모양을 활용하여 모양을 만들거나 꾸민다.
	공간감각	[6수학02-06] 사물의 위치, 방향, 거리를 파악하여 표현한다.
		[6수학02-07] 위치, 방향, 거리에 맞게 물건을 옮긴다.
측정	양의 측정	[6수학03-01] 길이(cm)의 단위를 알고 측정 도구(자 등)를 사용하여 길이를 측정한다.
		[6수학03-02] 들이(L)의 단위를 알고 측정 도구(비커 등)를 사용하여 들이를 측정한다.
	시간	[6수학03-03] 다양한 형태의 시계를 경험하고 시각을 '몇 시', '몇 시 30분'으로 나타낸다.
		[6수학03-04] 1일, 1주일을 알고 날짜를 '며칠', '무슨 요일'로 나타낸다.
규칙성	규칙성	[6수학04-01] 생활 주변의 두세 가지 물체의 배열에서 규칙을 찾는다.
		[6수학04-02] 정해진 규칙에 따라 두세 가지 물체를 배열한다.

수학 〈초등학교 5-6학년군〉		
영역	범주	성취기준
		[6수학04-03] 생활 주변의 두세 가지 무늬의 배열에서 규칙을 찾는다.
		[6수학04-04] 여러 가지 모양과 색 등을 활용하여 규칙적인 무늬를 꾸민다.
자료와 가능성	분류하기	[6수학05-01] 세 개 이상의 모음으로 분류된 자료를 보고 한 가지 기준을 찾는다.
		[6수학05-02] 자료를 한 가지 기준에 따라 세 개 이상의 모음으로 분류한다.
	표와 그래프	[6수학05-03] 분류한 자료를 표로 나타낸다.

수학 〈중학교 1-3학년군〉		
영역	범주	성취기준
수와 연산	수	[9수학01-01] 100의 개념을 알고, 몇백을 센다.
		[9수학01-02] 일, 십, 백의 자릿값을 알고, 세 자리 수를 읽고 쓴다.
		[9수학01-03] 세 자리 수의 크기를 비교한다.
	수의 연산	[9수학01-04] 실생활에서 활용되는 몇백의 덧셈과 뺄셈의 의미를 안다.
		[9수학01-05] 받아올림(내림)이 없는 몇백의 덧셈과 뺄셈을 한다.
		[9수학01-06] 받아올림(내림)이 없는 몇백의 덧셈, 뺄셈과 관련된 실생활 문제를 해결한다.
		[9수학01-07] 받아올림이 있는 한 자리 수의 덧셈을 한다.
		[9수학01-08] 실생활에서 활용되는 곱셈의 의미를 안다.
		[9수학01-09] 곱셈구구의 원리를 알고 1단부터 9단까지 나타낸다.
		[9수학01-10] 곱셈구구를 활용하여 실생활 문제를 해결한다.
	화폐	[9수학01-11] 지폐(오만 원)의 액면가를 읽고 크기를 비교한다.
		[9수학01-12] 지폐(오만 원)를 다른 액면가의 지폐로 교환한다.
		[9수학01-13] 몇만 몇천 원짜리 상품과 교환할 수 있는 지폐를 찾는다.
		[9수학01-14] 대용 화폐를 활용하여 상품을 교환한다.

수학 〈중학교 1-3학년군〉		
영역	범주	성취기준
도형	모양과 도형	[9수학02-01] 사각형, 삼각형, 원을 탐색한다.
		[9수학02-02] 직관적 비교를 통하여 사각형, 삼각형, 원을 분류한다.
		[9수학02-03] 사각형, 삼각형, 원의 특성을 이해한다.
	만들기와 꾸미기	[9수학02-04] 다양한 방법으로 사각형, 삼각형, 원을 만들거나 그린다.
		[9수학02-05] 여러 가지 도형을 활용하여 모양을 만들거나 꾸민다.
	공간감각	[9수학02-06] 쌓기나무를 이용하여 자유롭게 늘어놓거나 쌓는다.
		[9수학02-07] 입체 모양을 보고 똑같이 쌓기나무로 쌓는다.
		[9수학02-08] 쌓기나무로 만든 입체 모양에 사용된 쌓기나무의 개수를 센다.
측정	양의 측정	[9수학03-01] 길이(m)의 단위를 알고 측정 도구(줄자 등)를 사용하여 길이를 측정한다.
		[9수학03-02] 무게(kg)의 단위를 알고 측정 도구(저울 등)를 사용하여 무게를 측정한다.
	시간	[9수학03-03] 1시간은 60분임을 알고 시간을 '몇 분', '몇 시간'으로 나타낸다.
		[9수학03-04] 다양한 형태의 달력을 경험하고 날짜를 '몇 월', '몇 월 며칠'로 나타낸다.
규칙성	규칙성	[09수학04-01] 대응 관계의 의미를 알고 생활 주변에서 대응 관계가 있는 것을 찾는다.
		[09수학04-02] 두 양 사이의 대응 관계를 대응표에 나타내고, 규칙을 찾는다.
		[09수학04-03] 한 양이 변할 때 다른 양이 그에 종속하여 변화하는 대응 관계를 추측하고 확인한다.
자료와 가능성	분류하기	[9수학05-01] 두 가지 기준에 따라 자료를 순차적으로 분류한다.
	표와 그래프	[9수학05-02] 자료를 간단한 그래프로 나타낸다.
		[9수학05-03] 간단한 그래프를 보고 필요한 내용을 찾는다.
	가능성	[9수학05-04] 놀이로 가능성을 경험한다.

<table>
<tr><th colspan="3">수학 〈고등학교 1-3학년군〉</th></tr>
<tr><th>영역</th><th>범주</th><th>성취기준</th></tr>
<tr><td rowspan="15">수와 연산</td><td rowspan="6">수</td><td>[12수학01-01] 1000의 개념을 알고, 몇천을 센다.</td></tr>
<tr><td>[12수학01-02] 일, 십, 백, 천의 자릿값을 알고, 네 자리 수를 읽고 쓴다.</td></tr>
<tr><td>[12수학01-03] 네 자리 수의 계열을 이해하고, 수의 크기를 비교한다.</td></tr>
<tr><td>[12수학01-04] 생활 속의 다양한 명명수를 읽는다.</td></tr>
<tr><td>[12수학01-05] 생활 속에서 접하는 여러 가지 수를 찾아 읽는다.</td></tr>
<tr><td>[12수학01-06] 생활 속에서 접하는 여러 가지 수의 의미를 알고 활용한다.</td></tr>
<tr><td rowspan="7">수의 연산</td><td>[12수학01-07] 실생활에서 활용되는 몇천의 덧셈과 뺄셈의 의미를 안다.</td></tr>
<tr><td>[12수학01-08] 받아올림(내림)이 없는 몇천의 덧셈과 뺄셈을 한다.</td></tr>
<tr><td>[12수학01-09] 받아올림(내림)이 없는 몇천의 덧셈, 뺄셈과 관련된 실생활 문제를 해결한다.</td></tr>
<tr><td>[12수학01-10] 받아내림이 있는 (십몇)-(몇)을 한다.</td></tr>
<tr><td>[12수학01-11] 실생활에서 활용되는 나눗셈의 의미를 안다.</td></tr>
<tr><td>[12수학01-12] 나머지가 없는 나눗셈의 몫을 구한다.</td></tr>
<tr><td>[12수학01-13] 나눗셈과 관련된 실생활 문제를 해결한다.</td></tr>
<tr><td rowspan="2">화폐</td><td>[12수학01-14] 실생활의 다양한 상황에서 필요한 화폐를 활용한다.</td></tr>
<tr><td>[12수학01-15] 화폐를 관리하여 저축 및 소비생활을 한다.</td></tr>
<tr><td rowspan="5">도형</td><td rowspan="2">만들기와 꾸미기</td><td>[12수학02-01] 주어진 도형으로 무늬를 꾸미거나 모양을 채운다.</td></tr>
<tr><td>[12수학02-02] 여러 가지 도형을 활용하여 만들거나 꾸며 실생활에 활용한다.</td></tr>
<tr><td rowspan="3">공간감각</td><td>[12수학02-03] 크기와 모양이 같은 물건을 늘어놓거나 쌓아 공간을 정리한다.</td></tr>
<tr><td>[12수학02-04] 크기와 모양이 다른 물건을 늘어놓거나 쌓아 공간을 정리한다.</td></tr>
<tr><td>[12수학02-05] 공간을 활용하는 목적에 맞게 정리한다.</td></tr>
<tr><td rowspan="2">측정</td><td rowspan="2">양의 측정</td><td>[12수학03-01] 길이의 단위를 활용하여 여러 가지 측정 활동에 참여한다.</td></tr>
<tr><td>[12수학03-02] 들이의 단위를 활용하여 여러 가지 측정 활동에 참여한다.</td></tr>
</table>

수학 〈고등학교 1-3학년군〉		
영역	범주	성취기준
		[12수학03-03] 무게의 단위를 활용하여 여러 가지 측정 활동에 참여한다.
		[12수학03-04] 생활 속 활동에 필요한 양을 어림한다.
	시간	[12수학03-05] 여러 가지 생활 내용을 일일, 주간 계획표에 나타낸다.
		[12수학03-06] 여러 가지 생활 계획표를 보고 필요한 일정을 나타낸다.
규칙성	규칙성	[12수학04-01] 생활 주변의 물체, 무늬, 수 등의 배열에서 규칙을 찾고, 찾은 규칙을 표현한다.
		[12수학04-02] 규칙적인 물체, 무늬, 수 등을 활용하여 생활 속 문제를 해결한다.
		[12수학04-03] 대응하는 규칙을 활용하여 생활 속 문제를 해결한다.
자료와 가능성	분류하기	[12수학05-01] 여러 가지 기준에 따라 자료를 분류한다.
		[12수학05-02] 생활 속 분류된 자료를 보고 필요한 물건을 찾는다.
	표와 그래프	[12수학05-03] 여러 가지 그래프를 경험한다.
		[12수학05-04] 생활 속 그래프를 보고 필요한 정보를 찾는다.
	가능성	[12수학05-05] 생활 속에서 여러 가지 가능성을 경험한다.

3 2022 기본교육과정 수학과 영역별 성취기준

⊙ 수와 연산

수의 기초	
초등 1-2학년군	[2수학01-01] 주변을 탐색하여 방금 전에 보았던 사물을 찾는다.
	[2수학01-02] 제시한 구체물과 같거나 다른 구체물을 찾는다.
	[2수학01-03] 구체물을 보고 많은 것과 적은 것을 비교한다.
	[2수학01-04] 서로 관계있는 구체물을 찾아 일대일로 짝짓는다.
	[2수학01-05] 구체물을 한 가지 기준에 따라 순서대로 배열한다.

수	
초등 1~2학년군	[2수학01-06] 구체물이 있고 없음을 구별하고, 한 개와 여러 개를 구별한다.
	[2수학01-07] 다섯 개 이하 구체물의 개수를 센다.
	[2수학01-08] 배열이 다른 구체물의 개수를 세어 비교한다.
초등 3~4학년군	[4수학01-01] 열 개 이하의 구체물 개수를 센다.
	[4수학01-02] 두 모음의 구체물 개수를 비교하고 많고 적음을 표현한다.
	[4수학01-03] 9 이하의 수를 읽고 쓴다.
	[4수학01-04] 0의 개념을 알고 0을 읽고 쓴다.
	[4수학01-05] 9 이하의 수 크기를 비교한다.
	[4수학01-06] 구체물의 배열을 순서수로 표현한다.
초등 5~6학년군	[6수학01-01] 10의 개념을 알고, 몇십을 센다.
	[6수학01-02] 10개의 묶음과 낱개의 수를 두 자리 수로 나타낸다.
	[6수학01-03] 두 자리 수의 크기를 비교한다.
중학교 1~3학년군	[9수학01-01] 100의 개념을 알고, 몇백을 센다.
	[9수학01-02] 일, 십, 백의 자릿값을 알고, 세 자리 수를 읽고 쓴다.
	[9수학01-03] 세 자리 수의 크기를 비교한다.
고등학교 1~3학년군	[12수학01-01] 1000의 개념을 알고, 몇천을 센다.
	[12수학01-02] 일, 십, 백, 천의 자릿값을 알고, 네 자리 수를 읽고 쓴다.
	[12수학01-03] 네 자리 수의 계열을 이해하고, 수의 크기를 비교한다.
	[12수학01-04] 생활 속의 다양한 명명수를 읽는다.
	[12수학01-05] 생활 속에서 접하는 여러 가지 수를 찾아 읽는다.
	[12수학01-06] 생활 속에서 접하는 여러 가지 수의 의미를 알고 활용한다.

수의 연산	
초등 1~2학년군	[2수학01-09] 다섯 개 이하의 구체물을 양쪽으로 가른다.
	[2수학01-10] 양쪽의 구체물을 하나로 모은다.
초등 3~4학년군	[4수학01-07] 실생활에서 활용되는 한 자리 수의 덧셈과 뺄셈의 의미를 안다.
	[4수학01-08] 합이 9 이하인 더하기를 하고 덧셈식으로 나타낸다.
	[4수학01-09] 피감수가 9 이하인 빼기를 하고 뺄셈식으로 나타낸다.
	[4수학01-10] 0이 있는 덧셈과 뺄셈을 한다.
초등 5~6학년군	[6수학01-04] 합이 10이 되는 더하기를 하고 덧셈식으로 나타낸다.
	[6수학01-05] 피감수가 10인 빼기를 하고 뺄셈식으로 나타낸다.
	[6수학01-06] 실생활에서 활용되는 몇십의 덧셈과 뺄셈의 의미를 안다.
	[6수학01-07] 받아올림(내림)이 없는 몇십의 덧셈과 뺄셈을 한다.
	[6수학01-08] 받아올림(내림)이 없는 몇십의 덧셈, 뺄셈과 관련된 실생활 문제를 해결한다.
중학교 1~3학년군	[9수학01-04] 실생활에서 활용되는 몇백의 덧셈과 뺄셈의 의미를 안다.
	[9수학01-05] 받아올림(내림)이 없는 몇백의 덧셈과 뺄셈을 한다.
	[9수학01-06] 받아올림(내림)이 없는 몇백의 덧셈, 뺄셈과 관련된 실생활 문제를 해결한다.
	[9수학01-07] 받아올림이 있는 한 자리 수의 덧셈을 한다.
	[9수학01-08] 실생활에서 활용되는 곱셈의 의미를 안다.
	[9수학01-09] 곱셈구구의 원리를 알고 1단부터 9단까지 나타낸다.
	[9수학01-10] 곱셈구구를 활용하여 실생활 문제를 해결한다.
고등학교 1~3학년군	[12수학01-07] 실생활에서 활용되는 몇천의 덧셈과 뺄셈의 의미를 안다.
	[12수학01-08] 받아올림(내림)이 없는 몇천의 덧셈과 뺄셈을 한다.
	[12수학01-09] 받아올림(내림)이 없는 몇천의 덧셈, 뺄셈과 관련된 실생활 문제를 해결한다.
	[12수학01-10] 받아내림이 있는 (십몇)-(몇)을 한다.
	[12수학01-11] 실생활에서 활용되는 나눗셈의 의미를 안다.
	[12수학01-12] 나머지가 없는 나눗셈의 몫을 구한다.
	[12수학01-13] 나눗셈과 관련된 실생활 문제를 해결한다.

화폐	
초등 1~2학년군	[2수학01-11] 화폐의 용도를 알고 구체물 중에서 화폐를 찾는다.
초등 3~4학년군	[4수학01-11] 동전의 액면가를 읽고 크기를 비교한다.
	[4수학01-12] 몇백 원짜리 상품과 교환할 수 있는 동전을 찾는다.
초등 5~6학년군	[6수학01-09] 지폐(천 원, 오천 원, 만 원)의 액면가를 읽고 크기를 비교한다.
	[6수학01-10] 지폐(천 원, 오천 원, 만 원)를 다른 액면가의 지폐로 교환한다.
	[6수학01-11] 몇천 원짜리 상품과 교환할 수 있는 지폐를 찾는다.
	[6수학01-12] 만 몇천 원짜리 상품과 교환할 수 있는 지폐를 찾는다.
중학교 1~3학년군	[9수학01-11] 지폐(오만 원)의 액면가를 읽고 크기를 비교한다.
	[9수학01-12] 지폐(오만 원)를 다른 액면가의 지폐로 교환한다.
	[9수학01-13] 몇만 몇천 원짜리 상품과 교환할 수 있는 지폐를 찾는다.
	[9수학01-14] 대용 화폐를 활용하여 상품을 교환한다.
고등학교 1~3학년군	[12수학01-14] 실생활의 다양한 상황에서 필요한 화폐를 활용한다.
	[12수학01-15] 화폐를 관리하여 저축 및 소비생활을 한다.

⊙ 도형

모양과 도형	
초등 1~2학년군	[2수학02-01] 생활 주변에서 볼 수 있는 사물의 모양을 관찰한다.
	[2수학02-02] 여러 가지 사물의 모양의 기초적인 특성을 구별한다.
	[2수학02-03] 직관적인 비교를 통하여 같은 모양과 다른 모양을 찾는다.
초등 3~4학년군	[4수학02-01] 교실 및 생활 주변에서 볼 수 있는 사물에서 여러 가지 입체 모양을 찾는다.
	[4수학02-02] 상자 모양, 공 모양, 둥근 기둥 모양 등의 여러 가지 입체 모양을 탐색한다.
	[4수학02-03] 직관적인 비교를 통하여 상자 모양, 공 모양, 둥근 기둥 모양을 분류한다.
초등 5~6학년군	[6수학02-01] 교실 및 생활 주변의 사물을 관찰하여 여러 가지 평면 모양을 찾는다.
	[6수학02-02] 동그라미, 네모, 세모 등의 여러 가지 평면 모양을 탐색한다.
	[6수학02-03] 직관적 비교를 통하여 동그라미, 네모, 세모 모양을 분류한다.

모양과 도형	
중학교 1~3학년군	[9수학02-01] 사각형, 삼각형, 원을 탐색한다.
	[9수학02-02] 직관적 비교를 통하여 사각형, 삼각형, 원을 분류한다.
	[9수학02-03] 사각형, 삼각형, 원의 특성을 이해한다.

만들기와 꾸미기	
초등 3~4학년군	[4수학02-04] 여러 가지 입체 모양을 활용하여 모양을 만들거나 꾸민다.
초등 5~6학년군	[6수학02-04] 동그라미, 네모, 세모 등의 평면 모양을 다양한 방법으로 만들거나 그린다.
	[6수학02-05] 여러 가지 평면 모양을 활용하여 모양을 만들거나 꾸민다.
중학교 1~3학년군	[9수학02-04] 다양한 방법으로 사각형, 삼각형, 원을 만들거나 그린다.
	[9수학02-05] 여러 가지 도형을 활용하여 모양을 만들거나 꾸민다.
고등학교 1~3학년군	[12수학02-01] 주어진 도형으로 무늬를 꾸미거나 모양을 채운다.
	[12수학02-02] 여러 가지 도형을 활용하여 만들거나 꾸며 실생활에 활용한다.

공간감각	
초등 1~2학년군	[2수학02-04] 주변의 물건을 자유롭게 옮긴다.
	[2수학02-05] 나를 중심으로 앞, 뒤, 옆, 위, 아래를 구별한다.
초등 3~4학년군	[4수학02-05] 주변의 물건을 찾거나 옮기면서 위치의 변화를 경험한다.
	[4수학02-06] 주변의 물건을 찾거나 옮기면서 방향의 변화를 경험한다.
초등 5~6학년군	[6수학02-06] 사물의 위치, 방향, 거리를 파악하여 표현한다.
	[6수학02-07] 위치, 방향, 거리에 맞게 물건을 옮긴다.
중학교 1~3학년군	[9수학02-06] 쌓기나무를 이용하여 자유롭게 늘어놓거나 쌓는다.
	[9수학02-07] 입체 모양을 보고 똑같이 쌓기나무로 쌓는다.
	[9수학02-08] 쌓기나무로 만든 입체 모양에 사용된 쌓기나무의 개수를 센다.
고등학교 1~3학년군	[12수학02-03] 크기와 모양이 같은 물건을 늘어놓거나 쌓아 공간을 정리한다.
	[12수학02-04] 크기와 모양이 다른 물건을 늘어놓거나 쌓아 공간을 정리한다.
	[12수학02-05] 공간을 활용하는 목적에 맞게 정리한다.

⊙ 측정

양의 측정		
초등 1~2학년군	[2수학03-01]	여러 가지 구체물의 크기, 길이, 무게를 감각적으로 경험한다.
	[2수학03-02]	구체물 두 개의 크기, 길이를 직관적으로 비교하고 용어로 나타낸다.
	[2수학03-03]	구체물 두 개의 무게를 직관적으로 비교하고 용어로 나타낸다.
초등 3~4학년군	[4수학03-01]	구체물 두세 개의 크기, 길이를 직접 비교하고 용어로 나타낸다.
	[4수학03-02]	구체물 두세 개의 무게를 직접 비교하고 용어로 나타낸다.
초등 5~6학년군	[6수학03-01]	길이(cm)의 단위를 알고 측정 도구(자 등)를 사용하여 길이를 측정한다.
	[6수학03-02]	들이(L)의 단위를 알고 측정 도구(비커 등)를 사용하여 들이를 측정한다.
중학교 1~3학년군	[9수학03-01]	길이(m)의 단위를 알고 측정 도구(줄자 등)를 사용하여 길이를 측정한다.
	[9수학03-02]	무게(kg)의 단위를 알고 측정 도구(저울 등)를 사용하여 무게를 측정한다.
고등학교 1~3학년군	[12수학03-01]	길이의 단위를 활용하여 여러 가지 측정 활동에 참여한다.
	[12수학03-02]	들이의 단위를 활용하여 여러 가지 측정 활동에 참여한다.
	[12수학03-03]	무게의 단위를 활용하여 여러 가지 측정 활동에 참여한다.
	[12수학03-04]	생활 속 활동에 필요한 양을 어림한다.

시간		
초등 1~2학년군	[2수학03-04]	생활 모습을 관찰하여 낮과 밤으로 나타낸다.
	[2수학03-05]	시간의 변화에 따른 일상생활의 모습을 관찰하여 전과 후로 구분한다.
초등 3~4학년군	[4수학03-03]	하루의 주요 활동을 보고 아침, 점심, 저녁으로 구분한다.
	[4수학03-04]	하루의 주요 활동을 아침, 점심, 저녁의 시간 순서대로 나타낸다.

시간	
초등 5~6학년군	[6수학03-03] 다양한 형태의 시계를 경험하고 시각을 '몇 시', '몇 시 30분'으로 나타낸다.
	[6수학03-04] 1일, 1주일을 알고 날짜를 '며칠', '무슨 요일'로 나타낸다.
중학교 1~3학년군	[9수학03-03] 1시간은 60분임을 알고 시간을 '몇 분', '몇 시간'으로 나타낸다.
	[9수학03-04] 다양한 형태의 달력을 경험하고 날짜를 '몇 월', '몇 월 며칠'로 나타낸다.
고등학교 1~3학년군	[12수학03-05] 여러 가지 생활 내용을 일일, 주간 계획표에 나타낸다.
	[12수학03-06] 여러 가지 생활 계획표를 보고 필요한 일정을 나타낸다.

⊙ 규칙성

규칙성	
초등 1~2학년군	[2수학04-01] 시각적, 청각적, 운동적 표현을 통해 생활 주변에서 반복되는 규칙을 경험한다.
	[2수학04-02] 소리와 리듬, 동작 등을 통해 반복되는 규칙을 따라 한다.
초등 3~4학년군	[4수학04-01] 반복되는 두 가지 물체 배열을 보고 똑같이 배열한다.
	[4수학04-02] 반복되는 두 가지 물체 배열을 보고, 다음에 올 것을 추측하여 배열한다.
	[4수학04-03] 생활 주변의 두 가지 물체 배열에서 규칙을 찾는다.
초등 5~6학년군	[6수학04-01] 생활 주변의 두세 가지 물체의 배열에서 규칙을 찾는다.
	[6수학04-02] 정해진 규칙에 따라 두세 가지 물체를 배열한다.
	[6수학04-03] 생활 주변의 두세 가지 무늬의 배열에서 규칙을 찾는다.
	[6수학04-04] 여러 가지 모양과 색 등을 활용하여 규칙적인 무늬를 꾸민다.
중학교 1~3학년군	[09수학04-01] 대응 관계의 의미를 알고 생활 주변에서 대응 관계가 있는 것을 찾는다.
	[09수학04-02] 두 양 사이의 대응 관계를 대응표에 나타내고, 규칙을 찾는다.
	[09수학04-03] 한 양이 변할 때 다른 양이 그에 종속하여 변화하는 대응 관계를 추측하고 확인한다.

규칙성	
고등학교 1~3학년군	[12수학04-01] 생활 주변의 물체, 무늬, 수 등의 배열에서 규칙을 찾고, 찾은 규칙을 표현한다.
	[12수학04-02] 규칙적인 물체, 무늬, 수 등을 활용하여 생활 속 문제를 해결한다.
	[12수학04-03] 대응하는 규칙을 활용하여 생활 속 문제를 해결한다.

⊙ 자료와 가능성

분류하기	
초등 1~2학년군	[2수학05-01] 여러 가지 분류 상황을 경험한다.
초등 3~4학년군	[4수학05-01] 두 개의 모음으로 분류된 자료를 보고 한 가지 기준을 찾는다.
	[4수학05-02] 자료를 한 가지 기준에 따라 두 개의 모음으로 분류한다.
초등 5~6학년군	[6수학05-01] 세 개 이상의 모음으로 분류된 자료를 보고 한 가지 기준을 찾는다.
	[6수학05-02] 자료를 한 가지 기준에 따라 세 개 이상의 모음으로 분류한다.
중학교 1~3학년군	[9수학05-01] 두 가지 기준에 따라 자료를 순차적으로 분류한다.
고등학교 1~3학년군	[12수학05-01] 여러 가지 기준에 따라 자료를 분류한다.
	[12수학05-02] 생활 속 분류된 자료를 보고 필요한 물건을 찾는다.

표와 그래프	
초등 5~6학년군	[6수학05-03] 분류한 자료를 표로 나타낸다.
중학교 1~3학년군	[9수학05-02] 자료를 간단한 그래프로 나타낸다.
	[9수학05-03] 간단한 그래프를 보고 필요한 내용을 찾는다.
고등학교 1~3학년군	[12수학05-03] 여러 가지 그래프를 경험한다.
	[12수학05-04] 생활 속 그래프를 보고 필요한 정보를 찾는다.

가능성	
중학교 1~3학년군	[9수학05-04] 놀이로 가능성을 경험한다.
고등학교 1~3학년군	[12수학05-05] 생활 속에서 여러 가지 가능성을 경험한다.

참고문헌

강은영, 박경옥, 박남수, 박은희, 이은규, 강병선, 강수정, 권준, 박지민, 박은희, 백서연, 염지혜, 이은규, 이자민, 장은진, 지푸름, 최연호(2020). 2015 특수교육 기본교육과정 수학과 평가준거 성취기준 풀[Pool]. 충남: 국립특수교육원.

강현석(1998), 지식의 구조론 이후 Bruner의 교육과정 이론 탐구. 교육과정 연구, 16(2), 105-128.

경기도교육청(2016). 교사의 교육과정 문해력 신장. 경기: 경기도교육청.

경상북도교육청연수원(2018). 초등교사 핵심역량(PBL 수업디자인 직무연수). 경북: 경상북도교육청연수원.

고창규(2006). 초등학교 '좋은' 수업의 특성 연구: 담화행위(act), 유도행위, 교수행동요소, 바로잡기(repair)를 중심으로. 열린교육연구, 14(1), 25-49.

고창규(2013). 초등교사들이 교수-학습지도안 작성시 고려하는 '좋은' 수업 특성. 인문논총, 31, 183-213.

교육부(2023). 2023학년도 학교생활기록부 기재요령(초등학교). 교육부.

교육부(2023). 2023학년도 학교생활기록부 기재요령(중학교). 교육부.

교육부(2023). 2023학년도 학교생활기록부 기재요령(고등학교). 교육부.

교육부(1998). 제7차 특수학교 교육과정. 교육부.

교육부(2008). 특수학교 교육과정[별책 3]. 교육부.

교육부(2011). 특수교육 교육과정[별책 3]. 교육부.

교육부(2015). 특수교육 교육과정[별책 3]. 교육부.

교육부(2022). 특수교육 교육과정[별책 3]. 교육부.

구교만, 이웅배(2016). 특수교사의 좋은 체육 수업에 대한 인식과 방해요인. 한국특수체육학회지, 24(4), 13-22.

국립특수교육원(2015). 생활수학. 충남: 국립특수교육원.

김경옥, 임경원(2012). 정신지체 특수학교 교사가 인식하는 '좋은 수업'의 특징에 대한 중요도와 실행도 분석. 지적장애연구, 14(1), 103-124.

김나현, 임경원(2011). 중학교 특수학급 교사가 인식하는 '좋은 수업'의 특징에 대한 중요도와 실행도 분석. 특수교육저널: 이론과 실천, 12(4), 47-70.

김미옥, 김동기, 김고은, 이상민, 김석, 정준영(2014). 시설이용자의 도전적 행동에 대한 개별화 조치 계획 방안. 한국장애인복지시설협회.

김영미 · 김혜리 · 한경화 · 김정미 · 김아영(2019). 특수교육 교육과정 재구성. 경기: 교육과학사.

김종현, 남윤석(2018). 수학수업에서 나타나는 특수교육 대상 학생들의 수학 학습 특성의 다양성에 관한 연구. 특수교육연구, 25(1), 198-227.

남윤석, 이성진(2021). 기본 교육과정 수학 교과용도서 개발에 참여한 특수교사의 경험 탐색. 특수교육연구, 28(1), 62-94.

남윤석, 유장순, 이대식, 이필상, 홍성두, 고혜정, 이성진(2021). 개정교육과정에 따른 특수교육 수학교육론. 경기: 교육과학사.

박성택(1996). Bruner의 EIS이론과 수학 학습. 수학 교육 프로시딩, 4, 90-98.

박윤정, 심상길, 한경근(2019). 좋은 수학수업에 대한 예비특수교사의 인식 조사. 특수교육교과교육연구, 12(3), 47-65.

박자영, 임경원(2011). 특수교육에서의 좋은 수업에 대한 학부모의 인식. 정서행동장애연구, 27(4), 259-277.

방정숙(2012a). 예비 초등교사의 좋은 수학수업에 대한 인식. 수학교육논문집, 23(2), 231-253.

방정숙(2012b). 예비 초등교사의 좋은 수학수업에 대한 인식 변화. 학습자중심교과연구, 12(4), 391-416.

방정숙, 권미선(2012). 좋은 수학수업에 대한 교사들의 인식: 초·중등 교사의 인식 비교를 중심으로. 수학교육논문집, 26(3), 333-358.

방정숙, 권미선, 김정원(2012) 초등학교 우수 수업 동영상에 나타난 좋은 수학수업의 특징 분석. 한국초등수학교육학회지, 16(3), 403-426.

백영균(2005). 에듀테인먼트의 이해와 활용. 서울: 정일.

서경혜(2004). 좋은 수업에 대한 관점과 개념: 교사와 학생 면담 연구. 교육과정연구, 22(4), 165-187.

서경혜(2005). 반성과 실천: 교사의 전문성 개발에 대한 소고. 교육과정연구, 23(2), 285-310.

서경혜(2009). 교사전문성 개발을 위한 대안적 접근으로서 교사학습공동체의 가능성과 한계. 한국교원교육연구, 26(2), 243-276.

서경혜(2013). 교사 학습에 대한 공동체적 접근. 교육과학연구, 44(3), 161-191.

서경혜(2019). 학교단위 교사학습공동체 운동의 의의와 과제. 교육과학연구, 50(2), 1-28.

송상헌(2000). 초등학교 수학교실에서의 좋은 수업 구현을 위한 몇 가지 권고. 과학교육논총, 12, 29-49.

승윤희, 정진원(2016). 음악과의 좋은 수업에 대한 초등교사의 인식 연구. 음악교육공학, 28, 129-158.

신재한, 권택환(2013). ARCS 이론을 적용한 특수교육 대상 학생의 학습동기 유발 전략 탐색. 지적장애연구, 15(4), 161-180.

오정숙(2011). '좋은 수업'에 대한 예비 특수교사들의 인식 연구. 특수교육저널: 이론과 실천, 12(4), 537-556.

이상헌(2018). 세상을 바꾸는 제4차 산업혁명의 미래. 메이트북스.

이성진(2020). 좋은 수학 수업에 대한 초등특수교사의 학습경험 탐색 연구. 위덕대학교 대학원 미간행 박사학위 논문.

이성진(2021). 특수교사가 디자인하는 좋은수학수업. 경기: 교육과학사.

이성진, 남윤석(2021). 좋은 수학 수업에 대한 초등특수교사의 학습경험 탐색. 특수교육연구, 28(2), 81-115.

이성흠, 이준(2010). '좋은 체육수업'에 대한 중등학교 체육교사의 인식: 중요도-실행도 차이 분석을 중심으로. 한국교원교육연구, 27(4), 317-341.

이윤미(2021). 우리, 학교 교과서 만들자. 서울: 기역.

이혁규(2013). 누구나 경험하지만 누구도 모르는 수업. 서울: 교육공동체 벗.

이혜전, 임경원, 백종남, 김경옥, 김나현, 김이열, 김나애(2012). 특수교육에서의 좋은 수업에 대한 인식에 영향을 미치는 특수교사의 특성변인 탐색. 학습장애연구, 9(2), 1-28.

이혜전, 임경원(2012). 특수교육에서의 '좋은 수업'의 개념과 수업평가 기준 개발에 대한 특수교사의 인식. 지적장애연구, 14(4), 197-223.

이홍우(2017), 지식의 구조와 교과, 경기: 교육과학사,

유영식(2017). 교육과정-수업-평가를 일체화하는 과정중심평가. 서울: 즐거운 학교.

장경원, 최정임, 장선영(2020). PBL 문제 및 수업운영 계획을 위한 실천지침 개발. 학습자중심교과교육연구, 20, 569-594.

장미순, 유현미, 신현기(2013). '좋은 수업'에 대한 특수교사의 인식. 지적장애연구, 15(1), 147-174.

장소윤, 남상준(2015). '좋은 사회과 수업'에 대한 초등교사들의 인식: Focus Group Interview를 중심으로. 초등교과교육연구, 21, 83-106.

장수빈, 김경자(2010). 초등사회과에서 이해 중심 차별화 수업(Differentiated Instruction)이 학습자의 이해와 자기조절학습능력에 미치는 영향. 한국초등교육, 21(2), 127-147.

정동영, 김미선, 김주영, 김희규, 남윤석(2012). 장애학생 통합교육론. 경기. 교육과학사.

정은혜(2014). 특수교사의 수업 전문성 관련 요인에 관한 구조적 분석. 공주대학교 대학원, 미간행 박사학위논문.

정한호(2016). 초 · 중등 특수학급에서의 좋은 수업에 대한 특수교사의 인식 탐색. 교육문제연구, 29(1), 281-307.

조수진(2018). 초등학생들이 생각하는 좋은 지리수업의 의미. 학습자중심교과교육연구, 18(21), 991-1014.277

조현희, 김종윤(2019). 백워드 수업설계의 학습효과에 대한 메타분석. 교육과정연구,

37(1), 57-83.

최창우(2015). 예비교사와 현직교사를 위한 초등수학교육론. 서울: 경문사

한경화, 정명철, 박송희, 유하린, 김영순(2020). 특수교사, 수업을 요리하다(방법편). 경기: 교육과학사.

한경화, 정명철, 박송희, 유하린, 이수경(2020). 특수교사, 수업을 요리하다(설계편). 경기: 교육과학사.

한국교직원공제회(2020). 잘못하면 독이 되는 칭찬? 올바른 칭찬 방법5. https://blog.naver.com/ktcu_attic/221815546918.

황지애, 김성재(2019). 유아교육과 학생들의 '좋은 수업'에 대한 인식 연구. 예술인문사회 융합멀티미디어논문지, 9(6), 281-290.

행복한 일상 물빛(2017). 효과적 학습방법, 학습피라미드. https://m.blog.naver.com/ksy54000/221108086496

Bruner, J. S. (1960). *The Process of Education*. Harvard University Press.

Barrows, H. S. (1996). *Problem-based learning in medicine and beyond: A brief overview*. In L. Wilkerson & W. Gijselaers(Ed.), Bringing Problem-Based Learning to Higher Education: Theory and Practice(p.3-13). CA: Jossey-Bass Publishers. Bennet, S., Harper, B., & Hed

Barrows, H. S. (1994). *Practice-based learning: Problem-based learning applied to medical education*. Southern Illinois University, School of Medicine, PO Box 19230, Springfield, IL 62794-9230.

Barrows, H. S. (1994). *Problem-based learning*(2nd edition). 서정돈, 한병언 역(2005). 하워드 배로우스의 문제중심학습법. 서울: 성균관대학교 출판부.

Bruner, J. S. (1966). *Toward a theory of instruction*. MA: The Belknap Press of Harvard University Press.

Freudenthal, H. (1973). *Mathematics as an educational task*. Dordrecht: Kluwer Academic Publishers.

National Council for Teachers of Mathematics. (2000). *Principles and standards for teaching mathematics*. Reston, VA: Author.

Treffers, A. (1987). *Three dimensions*. Dordrecht: D. Reidel.

깜깜한 어둠을 밝혀줄 한 줄기 빛이 되길 바라며

조금은 더 특별한 특수학교에서의 오늘

살랑대는 봄바람과 따스한 햇살이 비치는 3월의 첫날, 새로 발령받은 특수학교에서 아이들을 만날 준비를 한다. 교실을 따뜻하게 데워 놓고 내가 가르치게 될 우리 반 아이들은 어떤 모습일지를 상상하며 아이들에게 처음 건넬 인사말을 되뇌어 본다. 10년 차 교사인 나에게 매년 맞는 3월의 이런 모습은 평범한 일상임에도 불구하고 오늘의 만남은 조금 특별하다. 지금까지 비장애학생들과 함께하는 일반학교에서만 근무하던 나에게 휠체어 경사로가 길게 뻗어 있는 특수학교의 낯선 환경과 중증 장애를 지닌 학생들이 대부분인 이곳에서 아이들과의 만남은 첫 만남에 대한 설렘보다는 걱정과 두려움을 앞서게 한다. 또한 특수학교에서는 관례적으로 처음 온 선생님이 중증 장애학생들 중에서도 힘든 반을 맡는다는 말을 들었고, 장애 정도가 심한 학생들을 한번에 이렇게 많이 맡아 본 적은 없었기에 그 부담감은 더 컸을지도 모른다. 내가 올해 맡은 아이들은 자폐성 장애와 지적장애를 지닌 1급 중증 장애학생들로 남자아이들만 4명이다.

범상치 않은 아이들과의 첫 만남

아침 등교 시간 노란 스쿨버스가 학교 안으로 들어오고 스쿨버스에서 까만 얼굴과 동그란 눈을 가진 한 명의 아이가 인상을 쓰며 내린다. 이 아이는 자신의 감정을 표현할 수 있는 아이인지 오늘 아빠가 자신을 혼내서 기분이 안 좋다며 씩씩대고 있다. 그 아이의 손을 잡고 교실로 들어오자 다른 아이들도 하나둘씩 엄마와 함께 학교로 온다. 한 명의 아이는 에너지가 넘치는 듯 오자마자 괴상한 소리를 지르며 교실 안에 있는 사인펜을 여러 개 잡고 두드리고, 다른 한 명의 아이는 엄청 덩치가 큰 거구로 서 있기가 힘든지 교실에 오자마자 책상에 앉아 양손으로 자신의 배를 반복해서 치는 상동 행동을 한다. 또 다른 아이는 틱장애가 있어 고개를 반복해서 까딱까딱했고, 손바닥을 눈썹 위에 올리며 스나이프처럼 나를 노려본다. 한 명 한 명 범상치 않은 아이들의 모습을 보며 앞으로 이 아이들과 어떻게 학급을 꾸며나갈지 고민에 빠진다.

중증의 장애아동들에게 어떤 배움이 일어나게 해야 할까?

첫 수업시간, 우리 반 아이의 손을 잡고 자신의 이름 따라 쓰기를 한다. 보조선을 따라 이름을 써 보긴 하지만 아이의 눈은 공책이 아닌 다른 곳을 응시하고 있고 손에는 힘이 없어 내가 연필을 꼭 잡고 있어야 한다. 또 다른 아이는 책과 공책의 의미를 모르는 듯 자신의 앞에 놓인 교과서와 공책을 손으로 찢고 있고, 다른 한 명은 힘 조절을 하지 못해 연필을 잡자마자 연필심이 부러져 버린다. 우리 반 4명의 아이 모두 글자를 모르는 까막눈이다. 글자뿐만 아니라 책과 공책, 연필이 왜 필요한지조차 알지 못한다. 이런 아이들과 국어시간에는 낱말카드를 반복해서 읽고, 수학시간에는 1부터 9까지의 숫자를 반복해서 써 보기도 한다. 장애학생에게는 반복학습이 중요하다고 하지만 이런 공부가 우리 반 아이들에게 과연 어떤 의미가 있을까라는 생각이 든다. 하지만 중증의 장애학생이라고 해서 학습의 기회를 주지 않을 수는 없기에 이 아이들에게 과연 무엇을 가르쳐야 할지에 대해서 고민하기 시작한다.

주제 중심으로 수업을 재구성한다면...

답답한 마음에 특수교육 관련 자료를 펼쳐본다. 그중 대표적인 것이 특수교육 교과서였는데, 장애학생들을 위해 만든 교과서이지만 국어, 수학, 사회, 과학과 같이 각 교과로 나누어져 있고 중증 장애학생들에게는 너무 어렵고 많은 내용이 담겨 있다. 그렇다면 우리 반 아이들에게 필요한 내용을 내가 직접 구성해 보아야겠다는 생각이 들었다. 내용을 구성하기에 앞서 내가 우리 반 아이들을 교육하는 목적이 무엇인지 떠올려 본다. 장애학생 교육의 궁극적인 목표는 초·중·고등학교 학령기 교육이 끝난 후 우리 아이들이 사회에 통합되어 자립적으로 살아가기 위한 능력을 길러주기 위한 것이다. 따라서 생활 속에서 접할 수 있는 여러 가지 상황과 소재를 활용하여 우리 아이들의 수준에 맞게 가르친다면 우리 아이들의 앞으로 삶에 유익할 것이라는 생각이 들었다. 또한, 지식 위주의 전달식 교육보다는 아이들이 실제 체험하고 활동하면서 기능을 익히고 문제를 해결하는 데 집중하고자 하였다. 하지만 무작정 나의 생각과 기준으로만 하기에는 불안감이 있었기에 교육과정의 성취기준을 분석하여 수업을 재구성하기 시작하였다.

활동모습

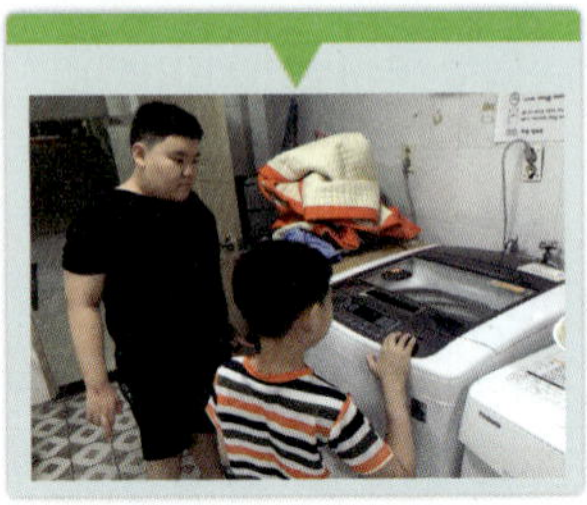

생활 속 소재를 수업에 활용하다

과학에서 생활 속의 전기기구를 이용해 보는 수업. 아이들과 함께 교실에서 머리를 감고 헤어드라이기를 직접 사용하여 자신의 머리를 말리도록 하였다. 머리를 감기 위해서 벗은 상의에서 나온 통통한 배의 모습이 귀엽다. 머리를 감은 후 홀딱 젖은 아이들은 자신의 머리가 빨리 마르기를 원했고 자연스럽게 헤어드라이기의 전원을 켜서 자신의 머리를 말렸다. 이 수업을 통해 헤어드라이기의 용도를 알 수 있었을 뿐만 아니라 헤어드라이기를 작동하는 기능적인 부분도 익힐 수 있었다. 또한 다른 차시에서는 청소기를 사용하여 직접 청소도 해보고, 학교 안의 엘리베이터를 이용해보는 시간도 가졌다. 그리고 전자레인지를 사용하여 팝콘도 만들고, 아이들이 점심 때 사용한 앞치마를 세탁기에 넣어 직접 빨아보기도 하였다. 이러한 활동들은 일회성 수업으로 끝나는 것이 아니라 생활 속에서 반복적으로 실행함으로써 아이들이 실제 생활 속의 문제를 해결해 볼 수 있는 기회를 주었다. 이렇게 실생활에 필요한 주제를 선정하고 아이들의 수준에 맞게 내용을 조정하니 아이들도 즐겁게 수업에 참여할 수 있었으며, 아이들의 배움과 삶을 연계시키는 데 많은 도움이 되었다.

깜깜한 어둠을 밝혀줄 한 줄기 빛이 되길 바라며

위의 이야기는 특수학급에서만 근무하다가 특수학교에 발령받은 나의 이야기이다. 10년 차 베테랑 교사라고 생각하던 내게 다수의 중증 장애학생들과의 만남은 어떤 수업을 해야 할지에 대한 막막함을 던져주었다. 특수교육 교과서는 우리 반 아이들의 수준에 맞지 않았고 수준이 높은 학생들의 교재는 쉽게 찾을 수 있었지만, 수준이 낮은 중증 장애학생들과 함께 할 수 있는 교재는 찾기가 힘들었다. 그래서 매번 혼자서 수업의 소재를 찾기 위해 다양한 자료를 검색하고, 활동을 구안하기 시작하였다. 중증의 장애학생과 함께 수업하기 위해서는 언제나 움직여야 했고, 혼자서 많은 쇼를 해야 했다. 하지만 내가 지금 하고 있는 수업이 제대로 된 수업인지, 아이들에게 좋은 영향력을 주는 수업인지는 확인하기 어려웠다.

이 책이 혼자서 외롭게 장애학생들의 좋은 수업을 위해 헌신하시는 여러 선생님들에게 깜깜한 어둠 속 방향을 제시해 주는 한 줄기 빛이 되기를 희망한다. 이러한 수업에 대한 고민과 노력으로 우리 아이들이 환한 미소를 지으며 등교하는 모습을 기대하며 글을 마친다.

저자약력

남윤석 교수님은 초등교사로 교직을 시작하였으며, 특수학급 교사로 아이들과 행복하고 유익한 시간을 보내고, 좀 더 큰 뜻을 품고 대학 강단에서 예비특수교사들과 씨름하고 있는 교수이다. 특수교육에서의 교과 교육에 관심이 많고 특히 수학 교육에 관심이 매우 커서, 현장 특수교사들과 수학 교육에 관한 이야기를 나눌 기회가 있으면 전국 어디든 서슴지 않고 달려간다. 이 외에도 수업 연구, 특수교육공학, 통합교육에 대한 연구나 강의를 오래도록 지속해오고 있다. 2015와 2022 개정 기본 교육과정 수학과 교육과정 개발의 연구책임자로 활동하였으며, 2011, 2015 개정 기본 교육과정 수학과 중고등학교 교과용도서 개발의 연구책임자로도 활동하였다. 특수교육에서의 수학 교육 발전에 대한 남다른 책무감을 가지고 있어서 앞으로도 몇 년 간은 예비특수교사나 현직 특수교사들의 수학 교육, 더 나아가 특수교육대상 학생의 수학 학습에 관련된 일이라면 여기저기 일거리를 만들거나 관여할 것으로 보인다.

이성진 선생님은 대학원에서 특수교육전공 교육학 박사학위를 취득하고 현장에서 아이들을 가르치고 있는 특수교사이다. 특수학급, 특수학교, 특수교육지원센터에서 모두 근무하였으며 특수학교에서는 초등연구부장, 교육연구부장, 교무부장 등 주요 보직을 역임하였다. 이와 함께 '이긍정의 특수교육이야기'라는 개인블로그(https://blog.naver.com/natural3735)를 운영하며 평소 아이들의 수업활동과 특수교육에 관한 고민을 블로그에 올리고 있다. 이를 통해 다른 사람들과 소통하고 학부모님과 특수교육 관련 종사자에게 유익한 정보를 제공하고 있다. 또한 교육부 블로그 기자로서 특수교육에 관한 기사들을 작성하여 장애학생에 관한 인식개선과 통합교육의 질 향상을 위해 노력한 경험도 있다. 저서로는 개정 교육과정에 따른 특수교육수학교육론(공저), 특수교육 기본 교육과정 중학교 수학 교과서 및 지도서(공저), 특수교육 기본 교육과정 고등학교 수학 교과서 및 지도서(공저) 등이 있다. 특히 장애학생의 수학 교육에 많은 관심을 가지고 현장에서 이론과 실제가 겸비된 수학 수업 실천사례를 전하고 있다.

감　수: **김영재**

나오는 이: **박민석, 박승현, 이해용, 정진엽, 정의호**

특수교육에서 함께 디자인하는 좋은 수학 수업

2023년 6월 25일 1판 1쇄 인쇄
2023년 6월 30일 1판 1쇄 발행

지은이 : 이 성 진 · 남 윤 석
펴낸이 : 한 정 주
펴낸곳 : 교 육 과 학 사

경기도 파주시 광인사길 71
전화 (031)955-6956~8 / 팩스 (031)955-6037
Home-page : www.kyoyookbook.co.kr
E-mail : kyoyook@chol.com
등록 : 1970년 5월 18일 제2-73호

정가 21,000 원
Printed in Korea.
ISBN 978-89-254-1791-2